U0755936

Britain's Black Debt

Reparations for Caribbean Slavery and Native Genocide

［巴巴多斯］希拉里·麦克唐纳·比克尔斯 著
Hilary McD. Beckles

宋庆宝 译

历史中的英国

加勒比地区的
奴隶制度与种族主义

中国政法大学出版社

2022·北京

献给我的孙子塔贾里·丹尼尔·比克尔斯（Tajari Daniel Beck-les）。

同时献给已故首领 M. K. O. 阿比奥拉（M. K. O. Abiola）；雷鬼音乐家伯宁·斯皮尔（Burning Spear）；安东尼·吉福德（Anthony Gifford）勋爵；已故国会议员伯尼·格兰特（Bernie Grant）；国会议员托尼·霍尔（Tony Hall）；芭芭拉·布莱克·汉娜（Barbara Blake Hannah）；阿里·马兹鲁伊（Ali Mazrui）教授；兰德尔·罗宾逊（Randall Robinson）；已故教授沃尔特·罗德尼（Walter Rod-ney）；已故博士拉斯·伊卡尔·塔法里（Ras Ikael Tafari）；恰凯·托马斯（Ciakiah Thomas）博士；已故大使达德利·汤普森（Dud-ley Thompson）；已故博士埃里克·威廉姆斯（Eric Williams）；大卫·康米西翁（David Commissiong）和已故教授雷克斯·内特尔福德（Rex Nettleford）。他们的宣传倡导和学术研究永远鼓舞和激励着全球赔偿运动的持续发展。

前　言

　　欧洲大规模地奴役非洲人，并使其在经济和社会制度上的全球化，"可能"是一种犯罪，这是欧洲政治家在 2001 年南非德班的"反对种族主义、种族歧视、仇外心理和相关不容忍行为世界会议"上的观点。但是政治家们坚称过去的行为不构成犯罪，外交家们也坚持其在过去是合法且道德的。法官、神学家和哲学家对此进行了反驳，奴役的行为在过去和现在都是错误的，奴隶贸易和奴隶制度在过去也是犯罪。但他们的声音遭到了压制，欧洲认定这些犯罪行为是为了维护其国家利益，是为了国家变得更富有。批评和反对奴隶制度的声音被忽视了，创造财富的奴隶机器就像一部战车碾压了整个新世界，战车上有欧洲的国王和王后、政府首脑、商人和雇佣兵、主教和银行家、战士和灵魂拯救者，也有普通的男女大众。

　　本书并没有为全球被奴役的非洲人的赔偿设定一个案例，它只是涉及了全球问题中的一小部分：英语加勒比地区，并没有涉及美国、加拿大、巴西和南美其他地区。针对这些地区的精彩研究已有很多，在本书的各个章节中也有所展示。本书也没有直接涉及西班牙、荷兰、法国、瑞典、丹麦、挪威、德国、俄罗斯、葡萄牙的奴隶买卖及跨大西洋奴隶运输和种植园的奴役问题，而主要关注英国殖民地的黑人案例。其他欧洲参与国的情况将会在今后的作品中讨论。

之所以这样处理，既有专业方面的考虑，也有个人原因。本书写作的背景是我于 2001 年在举世瞩目的"反对种族主义世界大会"全体会议上的演讲，会上我代表加勒比地区多个国家演讲和谈判，而曾经拥有奴隶的国家及其联盟者决定通过德班宣言，宣称奴隶制度和奴隶贸易在当时并不是犯罪，虽然"可能"是犯罪，这是在法律和哲学语境下对其政治权力的赤裸展示。

英国和其他西方国家从未想过严肃讨论"可能"一词的荒谬和无耻，这很令人尴尬。参会者对历史事实很清楚，明知这样的观点会遭到拒绝，但对他们来说这就是政治。会议取消了很多事前宣称的内容，英国表达了其政治立场，并通过暗中游说获得了支持，用幕后政治代替了历史和学术的讨论。真相被淹没在沉默中。这遭到了加勒比地区代表们的反对，他们宣称历史表明奴隶制度和奴隶贸易就是犯罪，在当时和当下都是犯罪，所以他们应当基于正义而得到赔偿。

本书支持并继续德班会议的赔偿议题，在公民社会领袖的支持下，加勒比地区各国政府继续推进他们在德班会议上的支持赔偿的观点，我自己也鼓励他们坚持拒绝德班宣言。应加勒比地区、欧洲、北美和非洲民众的要求，我在德班会议之后准备了一个文件，以求提出一个行之有效的加勒比地区行动路线。

正是在这一背景下，本书关注加勒比地区，以重点阐释政治意图。然而本书与赔偿议题方面的许多著名学者和社会活动家是团结一致的，都是为了在特殊背景下推动全球运动而发挥领导作用。17 世纪的加勒比地区最先开始了大规模奴役非洲人的经济活动，因此加勒比地区在 21 世纪也应当率先扛起全球赔偿运动的大旗。

致 谢

在本书的数年写作过程中，很多对话都令人难忘，其中的观点影响了我的思考轨迹、提升了我的写作内容。有的对话者与我分享其学术观点，有的协助我校对手稿。每个人都对本书的写作给予了大力支持和鼓励，在此我一并致以真诚的谢意。

2001 年联合国在南非德班主办"反对种族主义、种族歧视、仇外心理和相关不容忍行为世界会议"，与我并肩战斗的有赔偿运动的资深先锋达德利·汤普森、西印度群岛大学凯夫希尔分校的乔治·贝尔（George Belle）和巴巴多斯的大卫·康米西翁。我们组织了一个有建设性的谈话来推进赔偿运动，确保会议目标能得到广泛的支持。我们一起运用安东尼·吉福德勋爵的著作中关于赔偿的法律工具，我也力争提供历史证据来支持吉福德勋爵。

对英国资本主义、加勒比地区奴隶制度和奴隶解放有着杰出研究的伦敦大学学者尼可拉斯·德雷柏（Nicholas Draper），对本书的实证主义内容帮助甚大。我们之间的学术交流也对我深有启发，对此我表示衷心感谢。纽约大学的 S. D. 史密斯（S. D. Smith）用新颖和创新的方式挖掘加勒比地区的细节，在家庭和机构研究方面设定了新的标准，我非常看重他的学术研

4

究，对我影响深远。

洛夫莱斯伯爵（Earl Lovelace）、奥斯丁·克拉克（Austin Clarke）和乔治·拉明（George Lamming）等加勒比地区的杰出人物，他们的著作中都涉及了赔偿问题，还有海瑟·罗素（Heather Russell）的专业学术批评，其见解和思路都对我帮助甚大，对此一并表示感谢。

玛格丽特·蒙格丽（Margaret Mongerie）、卡密莱特·奈布莱特（Camileta Neblett）、埃娜·鲍恩（Ena Bowen）、科拉·贝尔格雷夫（Korah Belgrave）和珍妮特·卡罗（Janet Caroo）也协助我进行手稿的准备工作。2010年夏天，西印度群岛大学为本书的完稿提供了进修假期和财力支持。佩德罗·韦尔奇（Pedro Welch）、亨德森·卡特（Henderson Carter）、大卫·布朗（David Browne）、克里夫·斯科特（Cleve Scott）和阿兰娜·约翰逊（Alana Johnson）等，这些凯夫希尔分校历史和哲学系的同事们都是本书坚定的支持者。在厘清本书相关概念和论点方面，西印度群岛大学出版社显示了其工匠精神，大大提高了本书的质量，谨致谢忱。

最后我要特别感谢埃里克·威廉姆斯，他的学术观点奠定了本书的研究基础。他精彩分析了欧洲殖民主义的本质及对非洲奴隶的依赖，而且在研究剥削非洲对西方现代性形成的作用方面，他更为几代学者提供了一个新颖的视角。鲍里斯·毕特克（Boris Bittker）、罗宾·布莱克本（Robin Blackburn）、罗伊·布鲁克斯（Roy Brooks）、塞尔温·卡林顿（Selwyn Carrington）、理查德·邓恩（Richard Dunn）、戴维·埃尔蒂斯（David Eltis）、B. W. 希格曼（Higman）、约瑟夫·伊尼科里（Joseph Inikori）、保罗·洛夫乔伊（Paul Lovejoy）、肯尼斯·摩根（Kenneth Morgan）、沃尔特·罗德尼、理查德·谢里登（Richard Sheridan）、芭芭拉·索洛（Barbara Solow）、休·托马斯（Hugh Thomas）、魏丽娜·谢泼德（Verene Shepherd）和詹姆斯·沃尔韦恩（James Walvin），也都对我帮助甚大，若没有他们的研究作为基础，本书也不可能完成。我的研究生 M. 布鲁姆斯（M. Broomes）、C. 奈特（C. Knight）和 H. 卡明斯（H. Cummins）也都给了我很多启发和鼓励，在此一并致谢。

汇率说明

为了帮助读者理解当时的财政状况，本书在列举金额时都列出了相对应的当今（2010 年）的购买力，并参考了"1264 年至今英镑的购买力指数"（The Index Purchasing Power of British Pounds from 1264 to Present）（http：//www. measuringworth.com/ppoweruk/index. php）。该指数与零售价格指数不同，它使用的是平均收入。两个指数都为学者们所普遍使用，后者换算时更加保守，而前者更有利于理解购买力。

在此对英国伦敦大学学院的尼可拉斯·德雷柏博士的热情帮助表示衷心感谢。

引 言

"野蛮时代"（Barbarity Time）是英属加勒比地区被奴役的非洲人用来描述他们被奴役的时期的词语。奴隶制度和奴隶贸易是反人类罪行，当数百万非洲人被欧洲殖民主义者当作发财致富的工具而肆意践踏时，他们的罪行几乎没有受到任何遏制。被奴役者为了自由而战，无数人为此牺牲。1838 年终于迎来了正式的奴隶解放，但是在后奴隶时代，种族隔离政策又强加在被解放的奴隶身上，他们所追求的作为公民权利的正义和自由再次遭到了拒绝。如今最重要的议题就是对这一罪行的赔偿要求，我所说的赔偿既指自由的终极实现，也指真相被全球认可。为了促进后现代社会中带有尊严和道德的人类发展，这两个条件对于种族和文化救赎都不可缺少，呼吁赔偿也是为了集体疗伤和解脱。

——希拉里·麦克唐纳·比克尔斯，节选自 2001 年南非德班"反对种族主义、种族歧视、仇外心理和相关不容忍行为世界会议"的全会演讲。

目　录

第二部分

表格目录

导 论
关于奴隶制度及其赔偿的个人历程

贫富差距、保护主义、不平等贸易以及劳动剥削等造成奴隶的大量存在……如果这些不平等现象得不到解决，奴隶将会以现代版本在全球范围内永远存在……如果我们决心给所有人真正的自由，就必须认真思考应当如何解决这些问题。

——安·格拉斯哥（Ann Glasgow），国会议员，纪念废除奴隶贸易二百周年辩论，2007 年 3 月 20 日

尽管受到西方的政治威胁，但是大部分加勒比地区的公民仍然坚持认为，对于英国在奴隶制度以及随后的种族隔离时所犯下的反人类罪行，英国政府应当对赔偿问题作出回应。

过去实行奴隶制度的罪行与现在奴隶后代所受的伤害，两者之间的因果联系在加勒比地区随处可见，非正义、被奴役所带来的痛苦和伤害不仅使加勒比地区公民苦恼和忧虑，而且相比奴隶主后代，奴隶后代在行使公民权利方面也被弱化了。

正义的赔偿可以慰藉被奴役、被伤害的非洲人和土著人，对于加勒比地区之外的无数被伤害者进行赔偿也具有同样的意

义，包括曾经被英国暴力殖民所伤害的社会，以及被殖民罪恶所侵犯而至今伤口尚未愈合的社区。赔偿运动在全球得到了支持，希望能在普通会谈和学术研究之外更进一步。

作为一个公民，我也深深受到了侮辱和伤害，而我可能已经跳出了贫穷的束缚，躲过了残酷的虐待，但是大多数加勒比地区的公民并没有。虽然奴隶解放已经过去一个世纪了，加勒比地区的奴隶制度和种族灭绝仍然鲜活地存在着，其历史遗留影响了大部分人的生活，损害了他们的发展。

作为一个历史学家和关心社会的公民，我决定在个人经验和专业经历的基础上写一些反映现实的文章。在过去的三十年里，我和许多加勒比地区的知识分子一起探讨过这个问题，包括 C. L. R. 詹姆斯（C. L. R. James）、迈克尔·曼利（Michael Manley）、沃尔特·罗德尼和洛夫莱斯伯爵。他们从法律、政治和道德权利等不同方面帮我确立了赔偿的证据基础。牙买加的泛非洲主义者达德利·汤普森坚持让我代表加勒比地区人民从历史维度呈现这个政治和法律的案例。

如同任何活的生物一样，本书也有一个起源，其形式和结构取决于学术背景、公共宣传和独特家庭，甚至也可以说它是带有社会联系和独特身份的一份家谱，讲述了一个加勒比地区的故事，叙述了众所周知的英国殖民主义的事实，对成人的恐怖统治，对孩子的无情剥削，令人发疯的物质贫穷，庄园监狱里的种族暴行等。

我自己就出生成长在一个这样的监狱里，一个男人、女人和孩子都为甘蔗种植园主终生辛苦工作的小村庄，在那儿一切有价值的东西都属于种植园主。我小时候是外公照看的，他出生于 19 世纪末期，遭受了后奴隶解放时期社会改革的全面影响。他的父亲出生于 1838 年废奴法案之后的 19 世纪中期，因此我外公的祖父母就是奴隶。我的外公很少讲述家族历史，但我们能读懂他沉默中的无尽屈辱，他的童年记忆中充满了"野蛮时代"的恐怖故事，这个词是老人们专门用来描述奴隶时代的。

本书是对赔偿问题的激烈而有理有据的回应，基础是巴巴多斯的种植园历史，这个国家也是 17 世纪美洲第一个成熟的奴隶社会。在 1966 年独立时，如同加勒比地区其他国家一样，巴巴多斯人民仍旧生活在英国白人至上的种族压迫下。无数被奴役者的后代物质贫穷，也没有机会接受教育，在经济上又被剥夺了权利，他们仍旧被囚禁在英国人所建立的种植园世界里。

英国将在西印度群岛取得成功的非洲奴隶模式扩展到了其他殖民地，在全球推广这一对于财富积累至关重要的殖民观念，英国作为奴隶制度的创造者和最主要的受益者而得到称赞。加勒比地区的制度是只顾发财致富而不管人类感情的，英国的"蔗糖之岛"在被奴役的非洲人看来，却是"人间地狱"。1693 年奴隶船只"汉尼拔号"（Hannibal）的英国船长说："被奴役者对巴巴多斯的恐惧比他们对地狱的恐惧更甚。"

奴隶解放 150 年后，被奴役的非洲人的后代仍要面对无边的甘蔗地，他们的苦难明显写在脸上。英国政府派遣总督来管理这个"悲惨世界"，他们运用警察和军队来野蛮地统治，反抗者都被射杀、暴打或者关进监狱，民主的英国在从牙买加到圭亚那的广大加勒比地区实行的却是白人至上的集权统治。

我的曾外祖母谈到在这片土地上被奴役的她的祖父母，她认为奴隶制度仍然是鲜活的现实，充满了她的意识，占据了她的思想。她觉得奴隶制度是"魔鬼行为",骑在马上却驱使别人去工作的"英国人"再邪恶不过。但如果被奴役的祖父母看到当前的情况,也丝毫不会感到惊讶,因为150年来情况没有什么变化。

被剥夺了权利且穷困潦倒的我的父母从巴巴多斯来到了伯明翰,他们作为西印度群岛工人被工厂招募,这看起来完全不像是出国,伯明翰的工厂和巴巴多斯的甘蔗种植园是一样的,伯明翰比巴巴多斯冷很多,但是让黑人备受煎熬的种族歧视的热度是类似的。巴巴多斯的英国甘蔗种植园主和伯明翰的富有者在经济上有交集,财富以奴隶制度为渠道从分散的种植园流到了集中的大工厂。

我去赫尔大学求学是有讽刺意味的。赫尔是伟大的威廉·威尔伯福斯(William Wilberforce)的故乡,我们在巴巴多斯和伯明翰的学校里被告知是他解放了我们的祖先。在这个"伟大人物"的城市,处处都是他作为"人类战神"的证据。我选择的专业是哲学和政治科学,之所以做这样的选择是因为我总是痴迷于思考公平、公正、正义、平等,当然还有自由这样的观念。

我对哲学课感兴趣的时间并不长。在我看来,缺少历史维度的学术讨论意义不大。不久我对经济历史方向产生了兴趣,它对西方帝国的现代性作出了详细分析:欧洲列强如何大批杀害加勒比地区土著居民,如何残酷统治非洲以及后来的亚洲,如何惨绝人寰地在甘蔗地为发财致富而展开竞争。正是在威尔伯福斯猛烈抨击英国犯下至今没有解决的奴隶罪行的赫尔大学,我关于呼吁赔偿的想法初见雏形。

埃里克·威廉姆斯已经提出了赔偿案例的框架，他的 1944 年的巨著《资本主义和奴隶制度》（*Capitalism and Slavery*）仍然代表着最有说服力的论点，可是他没有作出对于赔偿的明确呼吁。但正如他的批评者所宣称的，他确实"大胆"地指出英国大规模的令人羡慕的工业文明来自于肮脏的殖民地奴隶制度。异议者认为英国最早改变经济的企业家所使用的是国内资本，奴隶制度并不是他们最关注的。但是很多学者提出了赔偿证据，其中最著名的是威廉姆斯的具有广泛影响的巨著，而现代加勒比地区的赔偿运动就是草根组织和政治团体对证据从法律、政治和道德方面作出的回应。虽然对威廉姆斯的作品有很多批评、加工和再确认，但它激发了很多后续研究，这也说明了这部作品的正确性。

联合国教科文组织（United Nations Educational, Scientific and Cultural Organzation, UNESCO）于 1994 年决定启动以"打破沉默"为主题的"奴隶之路项目"，这是我学术研究的更大背景。西方尤其是英国的沉默使得赔偿看起来是冲突，而非和解，英国媒体一直对威廉姆斯所展示的历史信息保持沉默。他的著作最初被大多数学者所忽视，在学术研究中很少被引用，大众也不支持其观点——英国有名的商业家族和机构是从奴隶罪恶中发财致富的，虽然统治阶层或多或少已经认识到这一点。

作为"奴隶之路项目"科学委员会的负责人，为了解英国对于历史的认识，我曾与学校教师、课程专家和政策制定者进行接触，不管我去英国的什么地方，他们的反应都是一样的，面对奴隶制度都是感到羞耻、内疚和尴尬，这些感情明显反映出英国的反对声音，但只有建立在事实基础上的富有建设性的对话才可能实现赔偿，并最终达成和解。

20 世纪 90 年代，我应荷兰克劳斯亲王（Prince Claus）之邀成为文化委员会的委员，此组织中有很多杰出学者，他们试图奖励表演艺术中杰出的文化积极分子，表彰他们对社会正义、和平与文化尊重所作出的贡献。委员会也总是涉及赔偿问题，有的委员是反殖民的提倡者，有的建议欧洲国家对他们所犯的反人类罪行进行赔偿。

2000 年，兰德尔·罗宾逊发表了著作《债务——美国对黑人的亏欠》（*The Debt：What America Owes to Blacks*），使我开始关注赔偿案例的程序。该书分析了美国国会通过绞杀委员会来挫败国家赔偿的技巧，也指出加勒比地区国家的领导人某种程度上没有完成为民众争取赔偿正义的政治责任。

在此背景下，赔偿倡导者们来到了南非德班参加联合国主办的"反对种族主义、种族歧视、仇外心理和相关不容忍行为世界会议"（以下简称"德班会议"），这是历史上第一次国家元首和非政府组织就欧洲在历史上的非正义犯罪行为进行交锋。加勒比地区各国政府的官方立场是应当在国际法框架下推进全球赔偿日程，需要进行一个修复奴隶制度和殖民主义损害的有意义的对话。

德班会议为参会各方寻求和解的诚意还不够，美国拒绝讨论这个问题并做好了会议失败的准备，国务卿科林·鲍威尔（Colin Powell）带领美国代表团退出了会议。欧盟国家同意讨论，但前提是结果不具有强制性。非洲国家在赔偿问题上也出现了分歧，亚洲和拉丁美洲也是如此。

赔偿议题所带来的痛苦和愤怒充满了整个城市，当英国、荷兰、西班牙、葡萄牙和法国代表团在土著灭绝、奴隶贸易和黑人奴隶问题上逻辑混乱时，有些人就表现了明显的愤怒。在拒绝反人类罪行的相关证据上，欧洲和其他西方国家政府已经准备顽抗到底。

德班会议之后，我在西印度群岛大学凯夫希尔分校做了一个公开演讲，爆满的听众都是密切关注这个复杂会议报道的。我总结说这个世界道德在堕落，在德班会议上展现的根深蒂固的种族憎恨不利于未来的全球种族关系。西方世界对殖民犯罪特别是非洲奴隶的立场是非常坚决的，拒绝将赔偿作为讨论议题，如果试图进行赔偿对话将会导致"西方"的愤怒。欧洲的愤怒是丑陋的，因为它包含着极端的仇恨。之后"9·11"爆发了，我对于这个恐怖的非人性事件并没有感到惊讶，但对一个种族对另一个种族非人性对待的最新证据相当震惊，它依旧在撕裂着我的灵魂。

德班会议也取得了一些进展，通过了谴责奴隶贸易的决定，但此决定对于因奴隶贸易而发财的国家并没有约束力，以美国和欧盟各国为主的西方国家运用其政治权力，减弱和转移了联合国的初衷。英国更是丧失了一个难得的机会，外交考量驱使他们在会议上拒绝承认事实，从奴隶贸易中获利的国家还没有做好正视历史的准备。在此背景下，我在德班会议前后接受了就英国官方政策和赔偿运动进行系列演讲的邀请。

第一场活动是"埃里克·威廉姆斯纪念讲座"，由威廉姆斯的女儿埃里卡·威廉姆斯-康奈尔（Erica Williams-Connell）和佛罗里达国际大学（Florida International University）合作组织。然后是英国华威大学（Warwick University）的"沃尔特·罗德尼纪念讲座”，以及非洲加纳库马西（Kumasi）的夸梅·恩克鲁玛科技大学（Kwame Nkrumah University of Science and Technology）的“R. P. 贝尔福（R. P. Balfour）纪念讲座”。欧洲阿姆斯特丹演讲的内容首先是广泛列举了欧洲案例，然后与对欧洲启蒙运动的道德伦理矛盾感兴趣的专家学者进行了交流。2011年3月我作出了从学术领域到公众参与的最终跨越，在联合国分享了德班会议后的思考，在纽约总部的演讲中表达了对非洲流散者的认可，后来也到日内瓦做了关于赔偿的全会演讲。在演讲的互动中，观众虽然因为欧洲一贯的敌对态度而有些谨慎，但仍然支持我的观点。在日内瓦与非政府组织和政府官员密集对话之后，本书的观点最终形成。

以上所有背景影响甚至决定了我的学术研究、公众参与和国际对话，思想情感通过写作得到了表达，写作中历史、政治、移民的多重视角决定了本书的形式和结构。对本书我承担全部责任，衷心希望它能为赔偿诉讼以及世界和平正义作出一些贡献。

第一部分

第一章

赔偿原则与政治

奴隶制度不仅是一个重大事件，也是一个摧毁非洲社
会的过程，它催生了非洲的消极自我形象和反传统文化，
将与黑人以及非洲相联系的一切都妖魔化了。

——道恩·巴特勒（Dawn Butler），国会议员，纪念废
除奴隶贸易二百周年辩论，2007 年 3 月 20 日

赔偿方面的理论家在引领历史研究方向上极具影响力，他
们发表的新颖且富于创造性的著作，对本书的构思和框架也大
有助益。理论和实证研究被视为赔偿案例的证据基础，因而本
书对那些著作中概念的依赖显而易见，对其总体观点也持肯定
态度。

反人类罪行是欧洲帝国主义在现代崛起过程中的主要特色，
世界上四分之三的人口和地区曾被西欧国家殖民过，进而造成
了反人类罪行的肆虐横行。西欧国家曾在加勒比地区灭绝土著
人口，他们的士兵侵犯当地女性，商人及军队头目侵占当地人
财产，所有的这些罪行都远远早于大规模的奴役非洲人。这样
的罪行对受害者子孙的心理、物质和社会条件方面都产生了长
久性和毁灭性的影响。[1]

12   犯罪赔偿的观点在后现代社会一直被坚持，为了修补心灵的创伤，赔偿是受害者和受益者之间取得和解的必要前提条件。奴隶制度和奴隶贸易的罪恶造成了人类大家庭的严重破裂，没有赔偿就不可能有和解。令人欣慰的是，最近几十年来，犯下罪行并在社会和经济上获益的欧洲国家逐渐开始反思和忏悔。[2]

非洲、亚洲和加勒比地区的民族独立运动在 20 世纪 70 年代达到高潮。自此以后，犯下罪行的欧洲国家相继发表正式道歉和"遗憾声明"（statements of regret），在后殖民时代发表的数量和频率也不断上升。一个众所周知的例子是，英国女王伊丽莎白二世就大英帝国对新西兰土著毛利人当年的种族灭绝行为作出了道歉。

南非种族隔离政策失败并被根除后，总统 F. W. 德克勒克（F. W. de Klerk）因其白人至上主义向百万黑人郑重道歉，也让整个世界对其怀有敬意。欧洲就二战期间对犹太人所犯下的种族灭绝罪行也作出了道歉，并成为当时大众媒体跟踪报道的新闻。

历史记录显示，各个种族和社会都存在可能犯下反人类罪行的意识和能力。记录也显示，犯罪者很少能接受受害者及其后代的赔偿要求。至于将从犯罪中攫取的财富转变成国家赔偿基金的策略，则更少有国家愿意接受。英国便是如此，其贩卖套着锁链的奴隶，依靠百万奴隶在种植园中的血汗劳作持续积累财富和权力，从中获取了最大的利益，但其一直否认这一罪行，并公开拒绝任何有关赔偿的正式对话和官方活动，在外交上逃避，在证据上颠倒黑白已成为一种常态。英国政府官员甚至授意学者，特别是大学学者，否定和驳斥英国国家犯罪的观

点。英国通过学者这剂"弹药"来武装自己，一直走在拒绝、 13
否认和对抗的道路上。

专家们表示，对于犯罪及赔偿事宜，国际法早已指出了明确的解决方式：反人类罪行所造成的破坏，无论是个人、政府还是民间团体，都可以通过犯罪方的赔偿而得到修补。也就是说，国际法早就承认受害方对于反人类罪行享有要求赔偿的法律权利。许多成功的案例就是依据国际法而得以解决的，有些国家的法律体系和政治机构，在赔偿正义方面已经走出了一条新路。[3]

对历史错误秉持客观公正的心态，采取相应的赔偿措施，这一概念已经被常设国际法院（国际法院的前身）所定义。面对持续反对赔偿的现实，为了促进赔偿进程，常设国际法院在处理德国与波兰 1928 年的"霍茹夫工厂案"（Chorzow Factory Case）时已经给出了明确定义："非法行为的实际概念所包含的基本原则是，赔偿必须尽可能消除非法行为的所有影响，也必须尽可能恢复到非法行为没有发生时的状态。"[4]

社会公正等概念的核心部分是让受害者回到非法行为实施之前的状态，如果承认因为非法侵害而使得个人和民族的发展道路发生了改变，那么这个社会应该尽力在法律和政治上向受害者作出赔偿。犯罪者、受益者，包括犯罪者的后代，都有责任作出赔偿。法律专家们也表示，国际法院承认与欧洲殖民主义历史罪行有关的案例的合法性。针对这类罪行及其相关错误，受害者可以向法庭提出诉讼，以寻求赔偿正义。[5]

国际法的根本原则是保证对人类的非正义行为（包括反人类罪行）作出赔偿的可能性，正义的实现需要一个最重要的前

14　提，即赔偿理论得到司法认可。然而在赔偿案例中运用这个规则也需要满足法院的特殊条件，因此，成功的赔偿案例一般都是国家层面给予配合的政治行为（例如提供造成损害的官方证据，包括公民和相关机构通过非法手段获得的财富数额；愿意提供辩护；愿意执行法院的判决等）。

赔偿案例显示，立法机构比法院更具政治灵活性。政治外交可以加速赔偿案例的进程，然而法官却可能倾向于减缓其速度。例如，政府可以组建一个类似的审判权力机构来听取辩论，以便结案。可见，法律权利的实现需要官方政策等政治行为的辅助。

加勒比地区赔偿运动（同样也是历史和殖民犯罪赔偿的所有案例）的中心问题是：什么构成了这一有价值的诉求？原告在阅读国际法基础上已经对此作了许多法律陈述，例如松田麻里（Mari Matsuda）所提出的颇具影响的观点：对人类的非正义行为提出赔偿要求，必须满足如下三条标准：

1. 非正义行为被完整记录。说明非正义详情的历史数据应当经得起科学审查，能够被审判庭或者法庭证实。对于加勒比地区的案例而言，很多证据已经被政治或法律机构认可。

2. 受害者作为一个独特群体具有可识别性。经历了英国和欧洲种族灭绝政策的加勒比地区土著人，以及被奴役的黑人后代，在英国和其他欧洲殖民者的手中遭受了罪恶的折磨，组成了可被识别的群体。

3. 团体中现有成员仍在受罪。加勒比地区土著人的后代，以及加勒比地区被奴役的黑人们，经历了以民族和种族为中心的后奴隶时代的种族隔离体系、财富分配体系、政治边缘化和司空见惯的种族主义后，形成了今天的生活状态。这种伤害与过去的非正义行为存在因果联系，即英国及其加勒比地区代理机构所建立和保持的种族主义，对土著人和黑人造成了极大的伤害和痛苦。[6]

加勒比地区的土著社区，仍然被英国的种族灭绝政策所影响，而黑人的经济权利仍然被完全剥夺，也被种族主义者视为低等种族，他们至今仍被英国所遗留的奴隶和后奴隶体系所深深地伤害。因此，国际法（特别是《联合国宪章》）承认这种历史犯罪的真实性，也为赔偿案例制定了一系列条款。

《联合国宪章》第55c条写道："联合国应促进……全体人类之人权及基本自由得到普遍尊重与遵守，不分种族、性别、语言或宗教。"这一条款在很大程度上是对欧洲殖民主义者在新世界所犯下的反人类罪行而作出的回应。[7]

加勒比地区黑人奴隶的基本特征是在法律上被降级到非人的地位，他们被视为财产，准确地说是不动产，和动物一样被剥夺了基本生活权利。除了《联合国宪章》的条款外，许多双边和多边的公约、契约、决议和条约，也已经被关注人权的政府批准。

所有这些文件都已经清楚地说明了所有人的权利，如果违反则有相应的条款来纠正。这就使得违反人权的犯罪行为在国内法面前无处藏身，当国内法被犯罪者利用以使其非法行为合理化或合法化时，国际法将对其提出诉讼，这体现了法律对于有关奴隶制度、奴隶贸易和种族灭绝等诉讼的支持。

1966年12月16日通过的《公民权利和政治权利国际公约》

（International Covenant on Civil and Political Rights）是《联合国宪章》之外又一项对于超越国内法范围的此类问题进行明确表述的法律。人类生存的核心条件应受到保护，免于出现以下情形：任意剥夺他人生命（第6条）；施以酷刑或残忍的、不人道的、侮辱性的对待或刑罚（第7条）；奴隶制度、奴役或者强迫劳动（第8条）。为了确保其执行，追加条款相应产生，用以保护受到很长时间侵害的受害者。[8]

关于受害者的后代，国际法承认反人类罪行应当经得起时间的检验，证明受害人仍旧在受苦。一个有价值的赔偿要求，必须能证实其所受到的伤害与过去对人类的非正义行为存在因果关系。松田说，这需要解决英国普通法中有关"时间久远"（remoteness）的问题，"时间久远"的概念可能会限制犯罪行为的诉讼时限，并将其当作常识使用。

美国法庭也运用了"相对性原则"（Privity Principle）的类似概念。松田说，以上两个概念都试图强调奴隶制发生在很久以前，受害者和犯罪者均已离世，不能来应诉。然而，反对者认为，虽然时间久远，但是"留下来的记忆"（living memory）表明，受害者的后代现在仍然被该罪行所影响，仍然能够列举出直接的因果关系。[9]

黑人是奴隶制度和奴隶贸易特别针对的目标，人类没有任何一个群体像黑人那般被奴役过。一般认为，所有的犹太人都是欧洲大屠杀的牺牲品。就如同殖民时代的黑人一样，屠杀作为一个特殊群体的犹太人被认定为是合法的。虽然很多犹太人由于社会关系、财富和对谋杀者有用等原因（有些犹太人甚至通敌）逃脱了屠杀，但这并不能否定这个事实的核心和真相。[10]

同样，有些加勒比地区的黑人并没有遭受奴隶社会的厄运，很多人被释放了，还有很多人被奴隶主任命为特别官员，但这并不能否定或者减少将黑人作为特殊目标群体的种族犯罪事实。从某些方面讲，受害者群体中合谋者的出现并没有减轻犯罪行为，反而使其更加恶毒。

在已经公开的奴隶制度和种族灭绝的证据面前，很多欧洲国家政府发表了"遗憾声明"。他们通常会尽量避免作出道歉，因为若在法律上承认有罪，就要对受害者及其家庭进行赔偿，所以很多国家政府更情愿给受害者钱财，而并非进行道歉。

英国政府及其国家相关机构坚决拒绝就其对黑人所犯罪行 17
进行道歉，拒绝承认这些错误已构成反人类罪行。他们更愿意用"遗憾声明"来代替道歉。因为"遗憾声明"是一个社会层面的而非法律层面的回应，英国希望能够从法律上保护自己，逃脱因奴隶制度造成的损害而需担负的赔偿责任。在处理英国在帝国扩张时期所犯下的罪行时，很多英国官员倾向于选择"了结"，即认为其诉讼未能满足获得法律赔偿的条件，英国不必承担任何责任，从而使问题得到解决。

加害者给予受害者金钱或其他物质回报，却拒绝承担责任，妄图通过发布一纸"遗憾声明"而简单地了结一切争端。但我们深知，赔偿问题绝不能通过这种方式解决，应该从道歉而非"遗憾声明"开始，承认犯罪并愿意承担责任，希望加以补偿。

然而在法律上，赔偿和了结都可以被当成是用金钱或者非金钱的交换来取得的正义与和解。更为重要的是，赔偿之目的不是单纯地惩罚或者处置犯罪者，还是为营造一个正义的、和解的未来创造条件。赔偿并不是要制造冲突，而是为了寻求一致，目的是修补破裂的关系。[11]

国际法明确规定，对于被证实的反人类罪行必须作出赔偿。而且，此类犯罪不再设诉讼时效，以保证可以将犯罪者依法惩处，在社会正义、法律赔偿和满足道义的背景下，受害者后代也可以要求赔偿。[12]

1946 年，联合国大会一致批准了纽伦堡宪章和纽伦堡审判（Charter and Judgement of the Nuremburg Tribunal）中确认的国际法准则，1948 年认定奴隶制度和种族灭绝属于反人类罪行。2002 年，联合国刑事法庭（International Criminal Court）进一步依据判例法确定了这一概念。

对加勒比地区土著人的种族灭绝是反人类罪行，在殖民社会对非洲人的奴役也是犯罪行为。但除去个别例外，常态是研究奴隶制度的英国学者都支持英国政府的政治立场，声称英国没有对加勒比地区的土著人实施种族灭绝政策，对黑人奴隶不存在犯罪行为。很多学者甚至与英国政府合作，认为奴役黑人在当时是合法的，声称所谓奴役是大英帝国在欧洲认可的标准之下进行的。

因此英国政府的政治立场是，所有其他欧洲国家都卷入了奴隶制度，这就使得奴隶制度不是一种犯罪行为，反而成了一个国际标准。因此，欧洲的种族主义就使英国（主要是英格兰和苏格兰）有理由将黑人种族群体视为终生财产。反过来，这种观点也成为当今英国政府所持政治立场的法律基础。

所有的这些都经不起历史、法律和道德的拷问，不能因为所有白人都参与其中，奴役黑人对于当时的欧洲殖民者来说再正常不过，所以就认为奴役黑人不是犯罪了。这不是一个严肃的法律论点。有观点认为非洲国家也这样对待他们的国民，但这是不准确的，在历史上并没有被证实。非洲国家并没有在法律上将隶属人员、政治囚犯和其他国民视作非人类，没有像对待永久的财产和牲畜一般去残酷地惩罚他们。

通过同样的方式，英国政府促进了白人契约佣工在殖民市场的增长，如罪犯、政治犯、流浪者等，都是非洲政治进程所带来的国外的低级劳动力，但英国人不允许将白人佣工作为动产终生奴役，因为白人的人性在法律和道德准则上是被认可的。同样的道理，非洲国家也不实行、不建议或者不允许在法律上将奴隶贸易中的黑人奴隶视为与其他财产没有差别的非人类。[13]

在现代社会的早期劳工体系中，有多种形式的奴隶和奴役，但是在欧洲和非洲都不曾将人作为动产。这一欧洲人对待非洲人的特殊案例，只在加勒比地区发展了起来。来到英国在加勒比地区殖民地的其他种族或者民族，都没有遭遇这种法律分类。这种新发明的标记财产的方式，始于 16 世纪的西班牙和葡萄牙，完善于 17 世纪的英国。相对非洲或者欧洲传统劳工，这是在道德和法律上的犯罪。而且在对人类的剥削上，它是最非人性的、暴力性的社会倒退。

许多有影响力的人物已经认识到当时英国的行为属于犯罪行为，例如杰出的自由理论哲学家、人类自由的倡导者、17 世纪最杰出的法律和政治思想家约翰·洛克（John Locke）。当英国为了民族利益而推行黑人奴隶制度时，他也被迫面临这个问题。他自己是奴隶贸易和加勒比地区奴隶制度的重要投资者，因此洛克的例子在哲学上是非常清晰的。作为一个支持自由和解放的哲学家，却在投资奴隶制度和奴隶贸易时不存在矛盾或

19

逻辑上的混乱。按照洛克的理论，奴隶制度不是对自由和解放的剥夺，因为黑人符合英国的国家利益，自由是英国这一新兴国家的重大标志，而奴役非洲人正是此进程中的一部分。[14]

英国政府制定了贸易法律，设计了帝国的政治关系，实施了服务于奴隶贸易的殖民地法律体系。加勒比地区是 17 世纪接收绝大多数非洲奴隶的地区，除了保护财产的规定外，在这里没有任何有关剥削非洲人的规定和限制。

和许多优秀的法律和文化名人一样，埃德蒙·伯克（Edmund Burke）反对奴役黑人，他对于国家倒退到奴隶制度而在道德上感到愤怒。但是利润的诱惑，市场利益的拉动，以及人类对财产的无限贪婪和巨大的占有欲，将这些反对的声音搁置在了一边。一个诗人、学者或者理论家的道德和智慧的声音，比不上商人、君主、经济学者、律师、哲学家和贵族的声音，他们渴求恢复失去的财富，创造崭新的发财之路。

英国人自己清楚奴役非洲人是犯罪，但是他们在很大程度上更渴望追求国家利益。英国的法律团体普遍认为，在遥远的殖民地时期发生这种犯罪可以容忍，但是不应当在英国扎根或者得到尊重。也就是说，奴隶贸易可以进行，利益也可以获得，但是不应在自由国度里培育，也不应当在英国本土开花结果。自 17 世纪以来，黑人奴隶在英国被宽容接受，但是英国的法律从来没有给予明确批准。英国政府所批准的殖民地法律明确规定，黑人不是人类，而首先被作为财产。

加勒比地区的黑人奴隶贸易活动，即便被政府、君主、个人投资者和其他受益群体视为关乎国家利益，也仍属于犯罪行为。有观点认为洛克哲学的立场经不起英国法律体系的检验，有些人以贩卖人口为生，不顾他们的拒绝和对抗将其捆绑起来，英国法律不能妥协并为这些人的利益服务。

为什么英国政府可以强行奴役加勒比地区的 300 万黑人奴隶？为什么英国本土没有却允许在其殖民地推行支持奴隶制度的法律？为什么英国对自己的公民实行一种法律却同时对殖民地的奴隶实行另一种法律？上述问题都可以从为了利益非法剥削非洲人所造成的窘境中找到答案。

大英帝国需要快速地积累财富，然而在自由劳工或者合同劳工的体系下，由于其劳工体系是在完善的劳工法和相互尊重的社会规则下建立的，因此不可能快速达到财富积累的新高度。为了帝国的财富积累，需要抛弃已有的法律、规则、道德标准、政治实践和法律框架，创造史无前例的劳工制度。

但是实现这种模式转变需要的是种族劳动力，而非国内工人。也就是说，英国和西欧文化不允许按照殖民地的方式来奴役白人工人，而非洲人是外人，从道德和法律劳工关系再到极端的犯罪行为，这种巨变可能发生，特别是当时种族主义者反对黑人的观念已颇为流行，并且在种族军国主义的发展过程中起到了作用。

当时的英国政府深知奴隶贸易和奴隶制度的罪恶，但是为了国家的利益准备冒险使其正常化。为此，英国政府积极制定了两项法律。第一，批准殖民地法律，建立奴隶社会的法律框架。第二，为创立工厂提供了法律和财政的规则框架，允许强行绑架非洲人，并把他们运输到加勒比地区和其他地方。

第一项法律是保证奴隶主对其拥有的奴隶具有法律权利，对这些奴隶可以采取任何必要的行为。也就是说，英国政府对殖民地的奴隶拥有在英国不能拥有的权力。第二项法律保护了加勒比地区的白人奴仆不会变成奴隶，同时试图用非洲人来代替他们，因为黑人使用起来不受任何限制。

英国政府的官方立场保证了奴隶制度的合法性，却经不起英国法律的严格审查。殖民地政府认为奴隶制度合法，但这一观点的证据并不充分。殖民地的法律虽然得到了英国政府的批准，但也可以反观英国司法双重标准的非法性，以及英国民法与普通法的矛盾之处。

而且，所有英国和欧洲贸易法制定的基础都是认为殖民地是国家经济的一部分，因此政府有权力推行贸易法或行使投资权力，以确保其与帝国国会的政策相一致。

欧洲在整个非洲西海岸建造的作为奴隶工厂和仓库的巨大堡垒，足以说明欧洲在西非军事实力的震慑性，在政治和经济上掠夺非洲人的背景下，这些矗立在西非的随处可见的高墙建筑，是象征白人军事强权的纪念碑。

22　学者们在许多论文中阐述了一些非洲国家领导人在奴隶贸易中获益的事实，在一些特定区域尤其明显。但是当证据显示，这些合谋团体最终如何被醉心人口贸易的英国人和欧洲人所利用和迫害时，这些学者的反应普遍是令人尴尬的沉默，这表明了政治驱动型学术的慢性衰竭。

面对欧洲霸权对非洲人所犯罪行的证据，无论是学者还是国家都不能掩盖、否认或者保持沉默。面对大量的实证证据，任何学者都哑口无言：奴隶船只经过伦敦、利物浦、布里斯托尔、格拉斯哥及其他地方，用最强壮、最年轻和最健康的1500万非洲人交换廉价的纺织品、玻璃珠、手枪及其他物品。学者们不愿意承认的是这个商业文化中所特有的不平等且带有剥削性的贸易条件。

加勒比地区要求英国的赔偿案例并不是旨在与英国社会或政府展开政治冲突。对抗性的赔偿方式与和解的主要目标貌似很不一致，然而和解是赔偿的必然结果。1838 年奴隶制废除以后，非洲奴隶后代仍然受害长达一个世纪，对他们来说，赔偿要求更是希望建立其与英国政府的一种相互尊重和负责的精神。

从正式合法的奴隶制度到改革的奴隶体系，加勒比地区采取的政策是种族隔离，它为大英帝国以及主要殖民机构的支持者，特别是那些通过种族主义垄断加勒比地区经济资源的所有权者，搭建了非法聚敛财富的平台。

毫无疑问，赔偿要求带有一定的情感因素，但这只是对现实深刻而全面的反映，奴隶后代继续在心理、社会和经济上被边缘化，而奴隶主及其商业支持者和伙伴的后代依然控制着加勒比地区的经济。这种带有情感因素的赔偿要求，在黑人和白人中间往往会产生一个看法，那就是这个案例不具备刑法和民法的基本依据，不可能在英国的国会或法庭上产生可行性的法律策略。与赔偿要求相关的法律和政治问题众多，但是英国国会及其法律、司法体系，可以用创新的方式来处理这些问题。

对于英国社会来说，认识到下面一点非常重要：作为一个民族国家，其经济的发展向可持续的工业化转型，作为一个曾经的超级大国，其屹立于世界民族之林，而这一切都是建立在300 年来在全球绑架数百万非洲人的基础之上的，都是建立在对非洲奴隶的惨绝人寰的种族犯罪的基础之上的。

英国法律和社会非常重视承认错误并负起责任，英国社会加入赔偿对话符合国家的、文化的和知识分子的准则，而事实上，英国知识分子和道德传统也应当坚持这一准则。寻求赔偿绝非意图对抗，因此英国社会应当率先推进赔偿进程，以示对其司法文化中优秀传统的尊重和颂扬。

侵权法的基础是认定受害者都应该得到赔偿，政治上的利己主义和道德上的怀疑主义都不应当阻碍正义和公平的推进。

和解必然是 20 世纪的主导思想，行动越早收益越大。希望赔偿对话能促进这一进程，而不是使已经紧张和分化的观念更加恶化。同时我们也应该认识到，若不通过赔偿实现正义，奴隶制度的黑暗将持续在我们头顶逗留盘旋。[15]

第二章

将"野蛮人"斩尽杀绝

——向风群岛的种族主义

我们必须认识到，在某种形式上，现代英国社会和许 24
多机构的繁荣都是缘于多年以前所发生的事情。

——文森特·凯布尔（Vincent Cable），国会议员，纪
念废除奴隶贸易二百周年辩论，2007 年 3 月 20 日

英国在 17 世纪早期登陆东加勒比地区，推行暴力掠夺土地
和驱逐土著居民的殖民政策，同时也运用军事力量征服当地居
民，遇到对抗时就将他们灭绝。这两种思维是一致的。[1] 开始时，
土著人被认为是不受欢迎和可有可无的，为了夺取他们的土地，
占有他们的劳动力，英国人对他们发动战争。如果土著人能够
被奴役，那就是更受欢迎的额外收获。英国支持这一政策并为
其执行提供资金，国家和私人部门联合在一起，都希望在物质
上取得丰厚的回报。[2]

加勒比地区的群岛中最著名的是亚里奥·苏德－巴蒂娄
（Jalil Sued-Badillo），这是新世界人口最稠密的地区。根据加勒
比地区历史学家、英国人迈克尔·科拉顿（Michael Craton）的
研究，1492~1730 年间小安的列斯群岛（Lesser Antilles）的土

著居民减少了 90%。土著人被称为"印第安人"（Indians）、
"加勒比人"（Caribs），有时也被称为"阿拉瓦克人"（Ara-
waks），在小安的列斯群岛他们也自称为"卡利纳格人"（Kalin-
agos）。[3]

这些岛上的军官、私人公司和政府官员，从英国政府那里
申请并获得了"消灭"土著人的许可。例如在 1681 年，背风群
岛总督威廉·斯特普尔顿爵士（Sir William Stapleton）在给帝国
官员的信中写道："打扰之处，请您原谅。但我请求您向国王陈
述消灭加勒比地区印第安人的必要性，我们现在非常警惕，如
同我们面对着基督教的敌人。不能让他们突袭我们，而是应该
我们突袭这些不信教的食人族，即使不全部消灭，至少应该将
他们驱逐出这些岛屿。"[4]

斯特普尔顿最终得到授权，他调动士兵和民兵发动了一场
全面的种族灭绝战争。他们即便不能将土著人全部歼灭，也要
将剩余的人继续驱逐出加勒比地区。英国国王也向巴巴多斯总
督查尔斯·达顿（Charles Dutton）发布指示，让他对这场种族
灭绝的战争在财务上给予支持。

卡利纳格人准备为了他们的生死存亡而战斗，他们与英国
人周旋，凭借对于地形的了解，尽量减少英国军事攻击的全面
影响。一个世纪以后，英国军队和殖民地军官因为受到持续的
抵抗而倍感挫败，为了实现最后的种族灭绝，他们又去英国政
府那里寻求进一步的帮助。多米尼克总督利伯恩（Leyborne）在
1772 年告知英国政府，"没有什么比这些贫穷昏聩者的灭绝更让
人满足的了"。[5]

卡利纳格人没有退缩，他们告诉英国官员，即使一英尺的

土地他们也不会放弃，这一态度触怒了英国政府。虽然有一些英国官员并不同意将"国王的军队"用在"执行危险任务和不确定的事件上"，但是岛上的军人，比如达尔林普尔将军（General Dalrymple）认为，只有通过这种方式才能确保英国的经济利益，特别是在圣文森特（St Vincent），英国殖民者们深信这是最明智的政治决策。[6]

英国政府对圣文森特种族灭绝的决心如此高涨，以至于《苏格兰杂志》（Scott's Magazine）上刊出了一篇文章，要求总督达特茅斯勋爵（Lord Dartmouth）"停止其前任所发出的灭绝卡利纳格人的命令"。该杂志指出，在加勒比地区的种族灭绝和西班牙政府征服墨西哥的行为没有差别，都是为了"满足贪婪的商人、地主和腐化的官员"。[7]

根据威尔士历史学家戈登·刘易斯（Gordon Lewis）的观 26点，加勒比地区的英国人将卡利纳格人视为"一群丧失理智的或不可说服的粗鲁野蛮人"。这一种族偏见的评论自然极大影响了官方结论，即黑人"因此必须被根除"。这位历史学家还表示，英国殖民者的思路就是，诋毁土著人以产生种族憎恨，从种族憎恨进而到种族灭绝，以便实现英国的军队控制和殖民占领。[8]

刘易斯还注意到，英国种植园的发展建立在"奴隶制基础之上"，"不容许其他制度来替代，也不能与其他制度并存"。因此"要毁灭建立替代制度的任何企图"。[9]

刘易斯认为，英国早期的种族灭绝政策与其后来的行为在性质上是相同的。对卡利纳格人的大屠杀也"预示了其后来会在澳大拉西亚对毛利人部落采取相同的方式"。英国承认了其对毛利人的反人类罪行，女王伊丽莎白二世发表官方道歉，政府也进行了赔偿。刘易斯总结说，这些卡利纳格人一旦试图通过对抗来表达生存的意愿，就会被英国人加以利用并"造谣中伤"，"反过来证明其种族灭绝的合理性"。[10]

卡利纳格人相信他们有权捍卫自己的家园，摆脱英国和其他欧洲帝国的统治而获得解放。他们不断地反驳说："我们没有觊觎你们的土地，为什么你们觊觎我们的？"[11]卡利纳格人的领导者准备好了与英国殖民者开展贸易，然而当英国宣布试图奴役他们的人民并占有他们的土地时，贸易就变成了斗争，外交谈判也降格为种族灭绝，这在向风群岛尤为明显。17世纪上半叶，英国为其在背风群岛的殖民据点也提供了经济援助。[12]

为了捍卫政治自由，保持对领土的所有权，卡利纳格人首先要对抗西班牙人，然后是英国人和法国人。卡尔·索尔（Carl Sauer）认为，"当劳动力供给减少的时候，西班牙将其注意力转向了南边岛屿。西班牙女王在1503年发布许可，允许被抓获的加勒比人成为奴隶，在此后的条款（1512年7月13日）中也指出，在巴巴多斯、多米尼克、马提尼克、圣文森特、拉亚松森、塔瓦科等地，加勒比人因对抗基督徒而成为被抓捕的对象"。[13]

27 16世纪末，西班牙已经接受了小安的列斯群岛没有黄金的事实，加之与卡利纳格人斗争中不可避免的巨大伤亡，西班牙人认为更加明智的决定是采取"不干涉政策"，同时将注意力转向了大安的列斯群岛（Greater Antilles）。正如特洛伊·弗洛伊德（Troy Floyd）所描述的"有毒铁幕"（poison arrow curtain）一样，大安的列斯群岛和小安的列斯群岛就这样在政治上分离了。[14]

英国人在 17 世纪早期开始殖民时，就有了一个清晰的选择，他们可以选择对抗"有毒铁幕"北边的西班牙人，或者南边的卡利纳格人，最终他们选择了后者。这一方面是因为英国人觉得卡利纳格人相对虚弱，另一方面原因是他们相信卡利纳格人是欧洲的"共同敌人"。

16 世纪末期，卡利纳格人在西班牙殖民者那里得到一丝喘息的机会，随后又马上遭遇了英国和法国的殖民侵略，英法在经济上更具侵略性，军事上更加坚决。卡利纳格人再次被重新组织起来进行对抗，这次他们边撤退边对抗。17 世纪 30 年代，卡利纳格人的数量迅速减少，小部分集中到了精心选择的小岛上，主要是在向风群岛，有时也在背风群岛。1511 年巴巴多斯还被西班牙人记录为卡利纳格人密集居住的小岛，但到后来已经不再有居民社区的存在了。

利用卡利纳格人重组和重新定居的机会，英国人在背风群岛外围的部分地区建立了早期的殖民地，因为那里的威胁不大，而在巴巴多斯的卡利纳格人甚至已经消失了。英国人想要毁灭卡利纳格人是缘于两个不同却相互关联的原因，不同时期他们采取不同的策略，但是所持的思想和立场是一致的，就是卡利纳格人应该被奴役、驱逐或者消灭。

随着种植园经济的扩张，大规模的商品生产要求征收卡利纳格人的土地，卡利纳格人拒绝土地被征收，因此面临着与大英帝国资本主义在意识形态和经济力量上的全面对抗。

英国在加勒比地区从事经济活动的基础是对土著人的奴役和输入被奴役的非洲人，这些人及其他非欧洲人在殖民经济时

28 期最重要的身份就是奴隶。然而小安的列斯群岛上的英国人并没有成功地将大量的卡利纳格人变为奴隶或进行其他形式的奴役。

压制不住的抵抗战争使加勒比地区所有的欧洲人都提心吊胆，卡利纳格人成了意识形态运动的首要对象。英国人认为，大安的列斯群岛战斗力弱的泰诺人（Taino）是"高尚的野蛮人"，而卡利纳格人是"邪恶的食人族"，应当通过种族灭绝的军事远征来将其根除。西班牙及后来的英国殖民者们都对卡利纳格人做了大量政治和哲学上的准备，号召对"野蛮人"展开"圣战"。[15]

1624 年英国开始在圣基茨（St Kitts）建立农业据点，随后在 1627 年来到了巴巴多斯，1632~1635 年间到达了安提瓜（Antigua）、蒙特塞拉特岛（Montserrat）和尼维斯（Nevis）。同时一小队英国远征军也从向风群岛的圣基茨来到卡利纳格人的中心区域圣卢西亚（St Lucia），但他们在 1639 年被轻松击退了。次年卡利纳格人对安提瓜的英国定居点发起了全面进攻，杀死了 50 个定居者，抓获了总督的妻子和孩子，摧毁了庄稼和房屋。[16]

英国在背风群岛的统治因卡利纳格人的对抗而进展缓慢，但唯独在巴巴多斯的发展没有受到很大影响。与其他背风群岛的岛屿不同，巴巴多斯的早期定居者很快扩展了他们的生产基地，以出口黄烟、靛蓝和棉花为生，唯一需要担心的只是契约佣工和少数被奴役的非洲人。

圣基茨的殖民者决定紧跟巴巴多斯的步伐，开始对加勒比地区的对抗采取统一的军事行动。尽管英国人和法国人都声称对这个岛屿拥有独家所有权，但 17 世纪 30 年代他们仍然达成了协议，商定一起对抗卡利纳格人。他们第一次"集合了力量"，在一次"夜晚偷袭"中杀死了80多个卡利纳格人，并把很多人驱逐出岛屿。庆祝完军事联盟胜利后，法国和英国又开始了对这个岛屿的争夺，直到1713年才通过《乌特勒支条约》（Treaty of Utrecht）作出了有利于英国的协定。[17]

卡利纳格人成功地占据了向风群岛的很大一部分据点，在背风群岛上也削弱了英国的殖民统治，这反过来加强了英国根除他们的决心。到17世纪中期，英国商人、种植园主和殖民地的官员们一致认为，卡利纳格人是"一群粗鲁且残忍的野蛮人，理性和劝说对他们是不起作用的，因此必须根除"。以奴隶制度为基础的种植园体系也需要在加勒比地区的岛屿拥有"绝对的垄断权"，这一认识在当时也格外清晰。[18]

理查德·邓恩指出，加勒比人的独立自主和自力更生，与种植园经济的财富积累在内在逻辑上存在着巨大矛盾。英国人急于展开对卡利纳格人的全面种族灭绝战争。当基于甘蔗种植和非洲奴隶的种植园经济成功建立时，英国人最先要做的就是试图消除"人类"的障碍，以便加速扩张这一有利可图的体系。在加勒比地区，英国殖民者拥有大多数被奴役的非洲人。奴隶主们相信，卡利纳格人的对抗将严重削弱他们对于被奴役群体的控制。

被奴役的非洲人很快就意识到：卡利纳格人正在与英国人和其他欧洲人斗争，如果他们逃到卡利纳格人的社区，他们就很可能重获自由。法国传教士佩雷·拉百特（Père Labat）对小安的列斯群岛上的"逃亡黑人奴隶"进行研究，认为被奴役的非洲人知道从巴巴多斯逃到圣文森特很容易，因此很多人"就

29

利用小舟和木筏从主人那里逃走了"。[19]

拉百特还指出，1645～1660 年间，卡利纳格人一般会将"逃亡的奴隶归还他们的主人，或者把他们卖给法国人和西班牙人"，但是 17 世纪中期当他们受到的袭击愈发猛烈时，他们对待逃亡黑奴的政策也随之改变了，拒绝归还非洲人，并将其视为"民族的补充"。[20]

据拉百特估计，到 1670 年有超过 500 个非洲人从巴巴多斯逃到圣文森特定居。1675 年一艘前往牙买加的载有数百名非洲人的船只在途经巴巴多斯时搁浅了，非洲人逃到了附近的贝基亚岛（Bequia），这使得当地的非洲人群体进一步加强。幸存者来到了圣文森特的海岸，并与逃跑的黑人奴隶融为一个社区。背风群岛总督斯特普尔顿在同年也注意到卡利纳格人中的非洲人明显增多了，他估计在背风群岛有 15 000 名土著弓箭手，其中 600 人"是从巴巴多斯或其他地方逃跑的黑奴"。拉百特还注意到，当时圣文森特的非洲人数量已经超过卡利纳格人。[21]

17 世纪末英国人尝试利用卡利纳格人和非洲人的紧张关系，鼓励前者将逃跑者归还主人，但这一尝试失败了。逃跑的非洲黑奴以男性为主，他们与卡利纳格女性通婚，这导致了两个种族之间社会关系日趋紧张。法国人和英国人都声称，卡利纳格人的领导者不时向他们寻求帮助，以铲除他们种族中的非洲人群体。

然而，我们应当在非洲人—卡利纳格人关系发展的历史背景下来评价这一声称的意义。首先，这个种族混合群体在 17 世纪中期开始被称为"卡利福纳人"（Karifunas）。在 1700 年，这一群体在圣文森特的数量已经超过了他们的来源群体。拉百特也指出,从巴巴多斯派出的英国远征军在17世纪70年代出发攻占圣文森特,被卡利纳格人、非洲人和卡利福纳人一起击退了。[22]

1664年,巴巴多斯一份题为"关于圣卢西亚所有权状态"(The State of the Case concerning our Title to St Lucia)的文件描述了该岛被卡利纳格人所"影响"的现状。1668年,巴巴多斯前任总督和甘蔗大户、牙买加总督托马斯·穆迪福德(Thomas Modyford)将圣文森特描述为一个"严重受印第安人影响"的地区。

1667年的威洛比倡议(Willoughby Initiative)是英国人第一次试图通过系统的外交努力在向风群岛建立一个立脚点。作为巴巴多斯总督的威廉·威洛比勋爵(William Lord Willoughby)认识到,如果最后向风群岛的待开发地区能够转变成以奴隶制度为基础的甘蔗种植园,那么他本人、巴巴多斯和英国都会获益匪浅。[23]

十多年来,巴巴多斯的制糖业巨头们一直在发出信号,表明其需要土地以扩大生产,而附近的向风群岛似乎是个完美的地方。鉴于小规模的武装远征已经在1630年被击退,所以威洛比没有组织大规模的军队进攻,而是倾向于派遣密使与卡利纳格人的领导者们进行沟通。[24]

卡利纳格人的回应显示出一定的灵活性,卷入长期战争的种族大都如此。威洛比想签订一个和平协议,以清除扩张奴隶种植园的障碍,进而使英国人受益,而卡利纳格人对此事既怀疑又警觉。1666年他们曾经被英国人欺骗过,当时正是一纸协议剥夺其在托托拉岛(Tortola)的居住权,并被驱逐出岛。向风群岛是他们最后的避难所，他们的受围困心态比任何时候都更强烈。[25]

1667 年 3 月 23 日，加勒比地区圣文森特、多米尼克和圣卢西亚的领导人在圣文森特与威洛比的代表团就和平问题展开谈判，签署条约的是"伟大的父亲"（或称"所有卡利纳格人的首领"）安穆瓦特（Anmwatta）和其他首领们，包括瓦普雅（Wappya）、娜依（Nay）、李苏柔（Le Suroe）、李步拉（Rebura）和阿鲁恩（Aloons）。条约的内容都是英国奴隶主所希望的：

1. 圣文森特的加勒比人应当永远承认他们是英国国王的臣民，是英国人的朋友，是他们敌人的敌人。

2. 加勒比人可以根据自己的意愿，自由出入英国的任何岛屿并受到保护。英国人在圣文森特和圣卢西亚也享有同样的权利。

3. 英国臣民，如果被法国或者印第安人抓获并尚在印第安人处，应被立即交出。任何英国抓获的印第安人俘虏，也应当被交出。

4. 以前从巴巴多斯逃跑的黑奴应当交还英国，其被视为英国岛屿的逃犯，此后也应当被立即抓捕或交出。[26]

威洛比倡议旨在以巴巴多斯为跳板，为英国人殖民向风群岛铺平道路。在卡利纳格—威洛比条约生效后两个月内，一只由 54 个英国殖民者组成的先锋队到达了圣文森特。卡利纳格人、卡利福纳人和非洲人反对他们在岛上出现，并把他们赶了出去，这样就破坏了与巴巴多斯的协议。巴巴多斯在外交上的失利引起了威洛比的震怒，他决定迅速执行下一步计划，发动全面的种族灭绝。

威洛比的机会出现在次年 3 月,当英国的军队指挥官约翰·哈曼爵士(Sir John Harman)将 1 个团的步兵和 5 艘驱逐舰留在巴巴多斯时,威洛比告诉殖民当局,既然他不知道如何"让士兵无偿保持安静",剩下的唯一办法就是"去圣文森特的加勒比人那里试试运气"。卡利纳格人又一次让威洛比遭受了惨败,远征军伤亡惨重地回到了巴巴多斯。[27]

英国人深知,卡利纳格人在小安的列斯群岛团结一致且沟通有效,这意味着他们会因威洛比的进攻而随时展开报复。牙买加总督穆迪福德熟知东加勒比地区事务,对威洛比的战争计划持反对态度,他告诉阿尔伯马尔公爵(Duke of Albemarle),当威洛比"正在与圣文森特的卡利纳格人战斗"时,他担心安提瓜和其他地方的居住者有危险,这样一场不合时宜的战争"会又一次将种植园置于危险的境地,最好的结果也是近乎混乱"。他继续说,"过去与他们和平相处要好得多,如果不这样做就会彻底破坏英国的岛屿,也浪费了巴巴多斯的收入"。[28]

穆迪福德是在评估加勒比人的反应后这样认为的。1669 年尼维斯的官员给伦敦殖民局发出了一份报告,题目是"关于印第安人对安提瓜居民的计划情报"(An Intelligence of an Indian Design upon the People of Antigua),上面写道:"加勒比地区的印第安人最近已经和威洛比勋爵打破了和平协议,当场杀死了安提瓜的两个臣民,还有两个后来也死了。"据说是 28 个卡利纳格战士乘坐两艘小船抵达蒙特塞拉特岛并袭击了安提瓜,目的是反击威洛比对圣文森特的攻击。

背风群岛总督斯特普尔顿在一份单独的文件中也概述了他

对背风群岛人民生活的担忧，这包括与卡利纳格人协议中涉及的在多米尼克银矿工作的工人。巴巴多斯人也对威洛比的战争进行了批评，1676 年阿特金斯总督（Governor Atkins）认为这是"毫无结果的设计"，全部的结果就是在"多米尼克、圣文森特、圣卢西亚不可能再有种植园"。同时作为预防卡利纳格战士攻击的保护措施，安提瓜人被迫保持"28 名士兵分成 14 个小组警戒"，在"月圆之夜前三天或后三天警戒强度还要翻倍"。[29]

斯特普尔顿总督对威洛比倡议的破产进行了反思，考虑到英国在向风群岛和背风群岛的殖民前景，他快速地将威洛比的议程推到了前台。斯特普尔顿总督总结道，只有全面摧毁"所有加勒比地区的印第安人"，才可能是"对这些地区定居点的最佳服务"。

1675 年 12 月，"伦敦商人代表"给贸易和种植园委员会写了一份请愿书，支持斯特普尔顿的灭绝计划，号召委任斯特普尔顿的副官菲利普·沃纳（Philip Warner）集合军队到多米尼克"摧毁野蛮人"。[30]

然而，在殖民当局响应伦敦商人的要求之前，斯特普尔顿已经采取了行动，派遣沃纳带领"6 个小型的步兵连"，总共约 300 人到达了多米尼克，对"背信弃义的邪恶的野蛮人"展开复仇。参加沃纳的远征军的威廉·哈姆林（William Hamlyn）描述道，这次对卡利纳格人的袭击就是一次大屠杀，至少 30 个卡利纳格人在第一轮袭击中就被抓获并杀害了，这还不包括"3 个举着休战旗走出来"却仍被射杀的人。[31]

哈姆林汇报道，这些人被处决之后，另外"六七十个男人、女人和孩子"被邀请到沃纳的帐篷里娱乐，以便解决争端。他们被以朗姆酒招待，当沃纳"发出信号"时，英国人"就扑上去杀死了他们"。被英国人杀害的人中包括印第安人沃纳，他是菲利普·沃纳同父异母的兄弟，他的母亲是卡利纳格人，他后来成了一位强大的领导者。伦敦商人将菲利普·沃纳描述为一个"伟大的忠诚者"，他服务于英国王权而毁灭卡利纳格人，因为"他们经常试图毁坏种植园"，菲利普·沃纳因此受到了赞扬。[32]

　　尽管在多米尼克遭受了损失，但是卡利纳格人继续利用其他岛屿作为军事基地来寻求自卫。1681 年 7 月，在一个自称"彼得队长"的人的带领下，300 个卡利纳格人乘坐 6 艘独木舟从圣文森特和多米尼克出发，袭击了毫无防备的巴布达（Barbuda）的英国定居者，杀掉了 8 个人，摧毁了其房屋，这次行动被描述为迅捷而毫无预警。[33] 因无力保护背风群岛的英国人和他们的财产，斯特普尔顿又一次倍感挫败，他重申了其灭绝卡利纳格人的想法，然而他内心很清楚，他无力在背风群岛的岛民中募集资金以发起一场大型战争，而且他也知道卡利纳格人有能力获取英国的计划与情报。

　　鉴于这两种情况，斯特普尔顿向伦敦请示，命令巴巴多斯总督针对卡利纳格人准备一场大规模行动。他补充说，巴巴多斯更靠近卡利纳格人"寄生"的圣文森特和多米尼克，考虑到殖民地的财富，这是对英国"最好的服务"。[34] 伦敦的殖民官接受了斯特普尔顿的全盘计划，指示他准备"全面镇压"卡利纳格人，或者"将他们驱逐出岛"，他们也指示巴巴多斯总督达顿全力支持这场战争。达顿虽然不想违背国王的命令，但也不愿意支持这项计划，于是对统治殖民官说，虽然他同意，但是巴巴多斯不支持针对卡利纳格人的行动，因为背风群岛的事情和

34

他们无关。

鉴于此，背风群岛必须寻求新的资源来支持和资助他们的军事行动。1682 年，背风群岛议会上提出了一项议案，建议筹集资金成立一支远征军以攻击多米尼克的卡利纳格人。该议会通过了此项议案，但是尼维斯的议会持不同意见，其理由是在此前超过 "20 年" 的时间里卡利纳格人从未攻击过他们，如果他们这样做会危及双方和平。几个月后，斯特普尔顿也没能得到大家对其计划的支持。[35]

直到 1700 年，这项大型计划还是没有得到资金支持，但是持续的战争不断削减着卡利纳格人的数量。根据拉百特的说法，当时圣文森特和多米尼克的卡利纳格人 "不超过 2000 人"，而且战士们 "数量太少了，不可能对英国人造成重大伤害"。虽然定居者都集中在 "边远地区"，但是他们仍然相信，卡利纳格战士可能在任何一个夜晚出人意料地出现，"割断他们的喉咙，烧毁他们的房子"。[36]

面对数量众多且不断增长的圣文森特的卡利福纳人，伦敦的殖民地事务大臣希尔斯伯勒勋爵（Lord Hillsborough）于 1772 年下令对其进行军事进攻，派出一支重要的海军力量登陆了该岛。该岛的英国总督汇报称，一发现有船逼近，卡利福纳人就向英国殖民者发起了攻击，杀死 72 人，打伤 80 人，另外有 110 人在战争爆发的一个月内因疾病而丧生。[37]

然而，由于无法抵御日益增加的军事压力，卡利福纳人首领查涛耶（Chief Chatoyer）和 72 个领导人在 1773 年 5 月一致认为有必要与英国达成和平协议。卡利福纳人被许诺特赦，并对该岛北边的一片土地拥有主权（占岛屿面积的 35%），以换取其

35

对英国国王乔治三世的效忠。[38]

和平不可能维持下去，因为不断扩张的甘蔗种植园和英国一贯的种族态度，使得政治环境非常不稳定。法国大革命和英国在加勒比地区的态度，为卡利福纳人的战略调整提供了一个契机。卡利福纳人反对1773年的不公平协议并对英国宣战，但是英国在加勒比地区的军事力量有了大幅提升，轻易就将卡利福纳的抵抗瓦解了。

18世纪下半叶在当地和国际政治发展的背景下，大英帝国主义侵略者决定拒绝当地人有关生活、自由和土地的要求。七年战争中卡利福纳人通过与法国人联盟来抵御英国人，这也是其最后和最大的机会，但最终英国人取得了胜利。1773年的和平协议允许英国设立殖民地，英国也在此基础上宣布对卡利福纳人的土地财产享有所有权。

战争之后，英国人立即鼓励圣文森特负责土地买卖的总指挥官威廉·扬爵士（Sir William Young）加速英国殖民的步伐。指挥官的立场是，或者对卡利福纳人发动全面的战争，或者严格执行和平协议，这是殖民扩张的前提条件。他告诉殖民局：

> 我们有最大的理由相信，加勒比地区的人仍然居住在原来的住处是非常危险的，在有些时候，对这个国家的居民来讲可能是致命的，因为加勒比地区的人的住地周围被树木环绕，这使得我们不可能对其实施有效的控制。他们也可以在那里发泄任何愤怒而免受惩罚；窝藏这个岛屿或者周围岛屿的奴隶；从法国来的流浪汉或者逃兵也可藏身其中；当与法国决裂时，他们可能会骚扰法国定居者，并试图征服这片殖

民地。[39]

18世纪90年代，圣文森特和圣卢西亚的卡利福纳人最终失败，这使得土著人的数量大量减少。

36　　圣文森特的最高统帅约瑟夫·查涛耶（Joseph Chatoyer）在1795年与英国士兵的流血冲突中被处死，数百名幸存者逃到了多米尼克的避难所，约5000名没能逃跑的幸存者被英国军队围了起来，赶到了格林纳丁斯群岛（Grenadines）的巴黎索小岛（Balliceaux），在那儿听候大英帝国的最后指令。在转移到拉丹岛（Rattan）之前的4个月监禁中，约有三分之一的人饿死了，据说这个远离洪都拉斯的小岛，即使蜥蜴都很难存活。[40]

随着圣文森特和圣卢西亚的卡利福纳人被流放，这个破碎的、被打败了的土著民族从加勒比地区的中心转移到了多米尼克。1804年，圣卢西亚和圣文森特按照协议割让给卡利福纳人的土地被英国政府没收了。在多米尼克，幸存者在热带雨林中艰难过活，在城市中买卖手工艺品，或在附近的庄园里打工，竭尽所能来维持生计。

然而，正是由于卡利纳格人以及之后的卡利福纳人拒绝屈服于欧洲联合军队的压力之下，背风群岛在200年间才没有完全沦为奴隶种植园。他们为争取加勒比地区人们的自由作出了重要贡献，这段历史也证明了英国殖民者种族灭绝政策的起源和遗留。土著社区因英国政策受到全面影响，今天的幸存者努力保存着自己"民族"的断壁残垣，他们在战场上失败了，被驱逐分散，在政治上被边缘化，但是受害者们仍然在为了重建而继续努力，他们有要求赔偿的法律权利，这是再清晰不过的法律赔偿诉求了，只是需要有政治团体和社区组织来提出这个诉求。

第三章

詹姆斯国王的版本

——英属加勒比地区的奴隶贸易

我们只需要看看布里斯托尔、利物浦和伦敦的建筑和道路……就能知道奴隶贸易的利润是多么巨大。

——杰里米·科尔宾（Jeremy Corbyn），国会议员，纪念废除奴隶贸易二百周年辩论，2007 年 3 月 20 日

英国人利用各种手段抓获非洲人并进行跨大西洋的奴隶贸易，其中绑架、摧毁反对奴隶贸易的国家、暗杀其政治领袖等都很常见。16 世纪中叶，在正式将套着锁链的非洲人贩卖到大西洋彼岸之初，英国商人们就对这一商业贸易的罪恶心知肚明。[1]

例如在 1562~1568 年之间，约翰·霍金斯（John Hawkins）从很多有名的投资者那里得到了大量的财政支持，包括城市大资本家和女王伊丽莎白一世等，并由此进行了 4 次奴隶贸易的航行。然而当女王读到招募"一船黑人"进行运输的相关报道时，其开始退缩并谴责这种犯罪行为，禁止英国奴隶贩卖者继续其违法行为，但实际上霍金斯在数周前就开始绑架黑人了。

根据皇家法令，在英国组织奴隶贸易是违法犯罪行为。[2]女王通知法庭，未经同意而带走非洲人是"可恶的而且会招致上天报应的"。[3]但是考虑到她对奴隶贸易的政策支持和财政投入，王室反对使用绑架作为招募手段实际上没有什么作用。根据 P. E. H. 海尔（P. E. H. Hair）和罗宾·劳（Robin Law）的评价，"英国人是奴隶贸易的新手"，霍金斯没有更多选择，只能对非洲村庄"首先通过袭击的方式抓到奴隶"。[4]但是，因为受到奴隶贸易巨大利益的诱惑，英国商人早就将王室的反对搁在一边了，英国人对非洲人的犯罪式袭击已成为常态。有记录显示，在霍金斯的第一次航行之后，英国人去西非的次数就更多了。[5]

17 世纪末期，英国人在抢夺奴隶方面变得更加野蛮，妨碍他们利益的非洲国王都被暗杀。海尔和劳这样评价 17 世纪：

> 包括英国在内的欧洲列强，对西非社会确实发挥了一定的政治影响力，……例如，英国人支持了柯门达（Komenda）在 1644～1699 年间对荷兰的旷日持久的战争。但当柯门达的国王和荷兰签订了和平协议后，他就在海岸角城堡被英国人暗杀了，这一事件也让英国声名狼藉。虽然此手段是为了确保和柯门达的友谊，但结果适得其反，由此引发了一场反对英国的暴力行动。[6]

通过谋杀非洲的政治领袖来确保控制和奴役当地人，这一做法也表明了英国商人发财致富的决心。"英国的军队相对强大，而非洲当地的社会政治分化"，这都为奴隶贸易的实现创造了政治环境，17～18 世纪的大部分时间西非的奴隶贸易一派繁荣。

英国也从 16 世纪末期的奴隶贸易"新手"发展到 18 世纪早期跨大西洋奴隶贸易的主导者，莫伊拉·弗格森（Moira Ferguson）指出，当时英国在大西洋的奴隶贸易已经占到奴隶贸易总数的 50%，包括强制的转移运输和野蛮的文化渗入，涉及的非洲人可能高达 200 万人。[7]

英国获得了 18 世纪奴隶贸易的绝大部分利润，并控制着贸易的发展，让非洲社会遭遇军事和政治浩劫，对欧洲竞争对手也发动了残忍且代价高昂的战争，以此增强了英国手工业和金融机构的经济实力。

英国商人极力为他们的贪婪之心披上正常化的外衣，以便将奴隶制犯罪"兜售"给国内公民。面对不知情的公众，奴隶贸易的既得利益者竭尽全力地鼓吹非洲人不是人类，本应受到束缚和奴役。这不仅毫不合理，而且使其犯罪性质更加严重。在所有的奴隶拥有者中，英国人在文字和思想上的努力是最细致，也最持久的，其目的是拒绝承认非洲人的人类权利。

英国人的行为对于黑人种族的影响最大。其一，英国人在 18 世纪将奴隶贸易全球化，并成为最大的运输者。其二，英国人创作了最丰富的作品，在知识和社会意识方面建立起了种族主义哲学，认为非洲人无权享有宝贵的自由权利。

17 世纪时，英国人一般都相信黑人奴隶是劣等人，这种观点在法律上和风俗上都有所体现，其目的就是统治奴隶。奴隶贸易也得到一些著作的庇护，作为文化权威的这些作品将奴隶和奴隶贸易合理化，并称之为一种创业活动。为了鼓吹奴隶贸易的合理化，英国人开始了一项大规模的知识和智力工程，用大量的文字和发表的资料来持续阐述这样一些观点：非洲人不是人类，充其量是次等人；非洲人的权利可以被拒绝或忽略。长此以往就形成了一个错误的共识，使人们接受奴隶贸易合理化的观点。这些作品昭示着英国人在道德上的沦陷，意味着英国人的思想坠入了种族憎恨的深渊中。[8]

否认非洲人的人类地位也需要教会在伦理上的支持，只有奴隶制犯罪被公然宣称是"正确的"且是符合民族利益的，英国大众才可能支持，而英国商人正是这样做的。他们为赢得公众在情感上的支持，采取双管齐下的策略：一是证明奴隶贸易不是犯罪，二是表明了其符合民族利益。

罗宾·布莱克本（Robin Blackburn）注意到，对于非洲奴隶贸易必须打包且捆绑兜售，需要"王室的商业资助、神职人员的祝福、贵族和绅士们的执行"。所有这些在17世纪的英国都实现了。这是士兵、学者、君主、商人、牧师、哲学家、实业家共同的胜利，他们在民族主义的大旗下聚拢在了一起。[9]

英国人相信，为了提升其经济、政治、军事和社会实力，奴隶制犯罪在日益民族化的欧洲是确实需要的。优先满足民族利益，这是约翰·洛克给国王及内阁提出政治建议的出发点，他将经济和政治利益置于道德和法律权利的论证之上。布莱克本总结道："洛克赞同殖民地的奴隶制度，因为他知道为了实现英国对殖民地的有效剥削，这种制度是必需的。"[10]洛克这样建议是因为他意识到，奴隶贸易必然会在道德、伦理和法律的基础上遭到反对。

作为一个保皇党人和一个奴隶贸易管理者，洛克明知女王伊丽莎白一世早期反对绑架非洲人，在非洲的很多英国贸易商也反对奴隶贸易，这些商人一般只做红木或者黄金贸易。例如，

1623 年冈比亚（Gambia）的英国商人理查德·乔布森（Richard Jobson），当被要求在他的红木和黄金货箱内装入拴着的非洲人时，他强烈反对并非常清楚地表示：他是一个诚实、讲声誉的商人，"我已经回答了，我们是人类，我们不能做这样的生意，我们不会相互买卖，或者买卖任何与我们自己同类的商品"。[11]

乔布森拒绝买卖"与我们自己同类的商品"，反映了女王伊丽莎白一世已经建立起来的法律基础，但是英国的财富积累和发展需要奴隶贸易，这个论点也越来越响亮，这也使乔布森这样的人变得少数而"古怪"。

1618 年，也就是在 1623 年的五年前，英国的詹姆斯一世国王曾授权成立"伦敦冒险者非洲港口贸易公司"（The Company of Adventurers of London Trading to the Ports of Africa），这家公司被授予在几内亚和贝宁贸易中的"永久"垄断权，以确保王室和核心阶层的利益。非洲贸易对英国精英群体的吸引力巨大，因此当非洲贸易王室垄断的议案在 1624 年呈交至国会时，就因为将英国人的权利排除在外而被严厉批评。[12]

1631 年，"几内亚商贸公司"（The Company of Merchants Trading to Guinea）成立，1640 年，支持英国国会反对国王的私营企业家控制了该公司。在这个公司发展的过程中，大型的股份制企业逐渐形成，英国商人可以自由地从英国"驶向几内亚获得'黑奴'，并把他们运到国外的任何地方"。[13]

1660 年英国君主制的复辟开启了非洲奴隶贸易新的政治方向，使其走上了一条持续的、更有利可图的道路。国王和国会合作使英国成为一个最重要的奴隶贸易国家，这项政策要求公众的积极投资和政府的全力支持。

随着制糖业的成功引入和发展，西印度群岛的奴隶劳动力市场异常繁荣，这是因为英国的工人阶级不能满足种植园对契约佣工的大量需求，囿于法律和文化上的限制，种植园主不能奴役白人合同工。

王室决定对英国在非洲的奴隶贸易进行根本变革，方式是成立资本化的股份制公司，这在经济形式上相较之前更加安全。这个项目的最高领导人是约克公爵（Duke of York），即后来的英国国王詹姆斯二世，在他的领导下成立了"皇家冒险者非洲贸易公司"（The Company of Royal Adventures Trading to Africa），一个在更大范围内再度获得垄断权的公司。为了扩大业务，约克公爵的哥哥查理二世授予他在冈比亚海岸非洲奴隶贸易中的一千年的特权，他也接管了黄金海岸的军事堡垒。作为总督的约克公爵极力确保这项投资是安全可靠且有利可图的。

1663 年 1 月 10 日，约克公爵取得了明确的特权：公司可以"进行买卖，交易或者交换任何黑人、奴隶、货物、器物和商品等"。公爵"每周都忠诚地在他白厅（Whitehall）的房间里举行董事会议"。他还发表公开声明，呼吁"英国国王的臣民们认购股份"，并得到了积极的响应，三次就认购了 10 万英镑（在2010 年的价值约合 1.72 亿英镑），用来购买了 25 艘船只以运送奴隶。公司因此承担起了奴隶贸易的任务，并认为他们找到了迄今为止回报最为诱人的生意。[14]

当船队的船只装满奴隶的时候，"约克公爵告诉威洛比总督（巴巴多斯），公司已经决定每年给巴巴多斯和加勒比地区岛屿提供 3000 个奴隶"。公爵还保证："运到岛上的奴隶，按照惯例整批出售，均价为每个奴隶 17 英镑。"[15]

从 1663 年 8 月 11 日至 1664 年 3 月 17 日，这家公司给布里奇顿的代理商输送了 3075 个套着锁链的非洲人，其中 1051 个男人、1081 个女人、136 个男孩，56 个女孩以 16 英镑的均价售出。成人按照协议价格是 17 英镑，儿童则便宜些。1668 年巴巴多斯岛的人口总数约 6 万人，其中有 4 万是非洲的被奴役者。[16]

运输到巴巴多斯的非洲人都被烙上了标记，"用灼热的烙铁在右胸的位置，烫上字母'DY'，代表'约克公爵'"。这是库存保管的有效方式，可见非洲人已被非人类化，降级到了与牲畜和物品同等的地位。随着公爵品牌的创立和利润的流入，"英国人变成了几内亚最主要的贸易商"。罗宾·劳总结说，荷兰人运输最多的是金子，"但英国人运输最多的是奴隶"。[17]

皇家冒险者非洲贸易公司的结束和 1672 年皇家非洲公司（Royal African Company）的成立，向英国投资者表明：贩卖非洲人利润丰厚，不应该局限于王室范围。

被剥夺了权利的私人部门强烈抗议，坚持加入这项贸易。"黑金"是如此诱惑人的商品，应当给所有投资者公平的机会参与。在 17 世纪的最后 25 年，英国的私人部门获得了全面参与奴隶贸易的许可，奴隶贸易成为一种全国运动。

私人投资者要求结束王室垄断，促进奴隶贸易自由化，这表明一个不争的事实：非洲奴隶贸易是全英国最具吸引力的投资项目。如同聚集在蜂房的蜜蜂，所有的投资者和贸易者都想品尝一下蜂蜜的甘甜。少数派虽有异议，但也只是小插曲，最终私人部门赢得了这场全国辩论的胜利。1698 年皇家非洲公司的垄断权被彻底打破，这一非法贸易在英国的自由贸易阶段正式开始。

43　　面向所有投资者"开放"奴隶贸易，是在 1688 年英国资产阶级大革命后颁布《权利法案》的政治背景下产生的。苏格兰人坚持他们的份额，组装了很多船只驶向西非海岸。国会也极力将针对非洲人的自由贸易作为国家政策，并认为这是符合国家利益的创举。

根据罗宾·劳的观点，自由贸易者"很快挤满了公司"。据 1708 年的估算，自 1698 年之后，约有 75 000 个非洲人被运到英国殖民地。英国人将针对非洲人的贸易变成了最重要的国际性贸易和最诱人的商业投资。18 世纪下半叶，当跨大西洋奴隶贸易在数量上达到高峰时，英国已经"占据了最大的份额"。[18]

克里斯托弗·布朗（Christopher Brown）指出，奴隶贸易对于"新兴的大英帝国的财富和权力"以及"英国作为一个国家整体"都非常重要。全英已达成共识，奴隶贸易带来的财富对于国家建设和帝国权力至关重要，对于如伦敦、布里斯托尔和利物浦等富有的城市，其对经济增长的贡献也是显而易见的。反对奴隶贸易就是反对国家利益。因此，结束奴隶贸易的运动在一开始就被"国家衰落的恐惧"所包围。[19]

政府官员和国会议员经常在政治辩论中响亮地为自己辩护，声称奴隶贸易与国家利益密切相关，而实际上他们作为私人投资者也是奴隶贸易的主要参加者。例如在 18 世纪 20 年代，汉弗莱·莫里斯（Humphrey Morice）就运输了数百名被奴役的非洲人。布朗说，当亨利·拉塞尔斯（Henry Lascelles）在 1745 年进入国会时，他贩卖非洲黑奴的历史已有 30 多年。在下议院至少有三位商人——乔治·奥弗雷尔（George Aufrere）、安东尼·培根（Anthony Bacon）和萨缪尔·图彻（Samuel Touchet），在

18 世纪 60~70 年代专门负责在西非为英国提供通商口岸并签订利润诱人的合同。布朗指出，国会的四个成员，萨谬尔·迪肯（Samuel Dicken）、查尔斯·波尔（Charles Pole）、佩里格林·卡斯特（Peregrine Cust）和爱德华·刘易斯（Edward Lewis），就在非洲商贸公司（Company of Merchants Trading to Africa）的执行委员会任职。[20]

英国国会有很多的奴隶贸易商，以此确保非洲奴隶贸易有利于英国的发展。议员们、受益者以及其政治选民一同发声，确定和维护了奴隶贸易有助于大英帝国利益的观念。他们在国家行政机构中发挥了重要影响，废奴主义者格兰维尔·夏普（Granville Sharp）论证道"因为奴隶贸易是国家项目"，引申开来就是国家在"犯罪"，虽然他更倾向于用"犯错"这个词。[21]

多恩顿（Daunton）和哈尔彭（Halpern）认为，"对于奴隶制度的创立以及种植园主阶级在加勒比地区的主导地位，国家权力发挥了最重要的作用"。为此他们得出结论，"无论在国内还是在殖民地，都可能会产生对剥削和腐败的国家的激进批评"。其实他们只说对了一半，英国政府在奴隶贸易中既没有"犯错"，也不是"腐败的"，而是直接参与到聚敛财富的罪恶活动之中了。[22]

英国的奴隶贸易者，在国会和社区声称他们的"产业是国家事业"，他们有权利"确保从国家那里获得经济支持"，并试图以此来改变他们行为的犯罪性质。18 世纪的奴隶贸易者确实持有国王乔治三世颁发的执照，政府和国会都参与并支持奴隶贸易，为之提供法律、财政和金融支持，使其成为最有利可图的英国产业。正如克里斯托弗·布朗所说，"不是英国国家，而是英国商人主导着贸易"。这是对这场辩论的误导。[23]

　　然而布朗承认国家在奴隶贸易中作了重要的经济投资，并且给国王乔治三世带来了很好的回报，他是前约克公爵以及皇家非洲公司理事会的董事和主席。英国政府用纳税人的钱来维持在西非的奴隶贸易战，没有这些就没有实际可行的国家奴隶贸易。布朗还说道：

> 英国的贸易口岸遍布西非海岸，从冈比亚河的詹姆斯岛（James Island）到今天贝宁维达（Whydah）的威廉堡（Fort William），对这些口岸的管理一直不令人满意。直到 1750 年，皇家非洲公司一直拥有和管理着这些口岸，在其 1752 年解体后，国会建立了一个非洲商贸公司来监管这些口岸。……在国会的指导下，财政部给予皇家非洲公司一份年度补贴，后来此项补贴转发给了非洲商贸公司，以便为英国在海岸上的设施提供服务和支持。[24]

45　　这份年度补贴证明，英国的奴隶贸易已成为国家利益的一部分，政府也为相应的行动做好了准备。

　　当国会和其他民间机构的领导人"反对用纳税人的钱来资助奴隶贸易时……国会却批准了年度申请书"。这是国家和个人共同定义并推进"国家利益"的一个典型例子。国会在 1698 年通过立法开放了对非洲人的自由贸易，这就使得个人能参与到快速敛财的盛宴中。但相关法案也指出，个人投资者应当支付公司 10% 的税款，以维持非洲海岸奴隶工厂的运作。关于征收税费的原因，国会认为"口岸和堡垒对于贸易的维持和运行非常必要"。布朗总结道，"下议院声称堡垒对于英国国家利益很有必要"。[25]

奴隶贸易商意识到其利润促进了英国的崛起,并不停炫耀,夸口说所有英国公民都在分享其中的利益。1730年皇家非洲公司的官方发言人强有力地指出:"这个王国的每一个人,都或多或少从皇家非洲公司在非洲的口岸和堡垒中获得了利益。"[26] "国会议员不断支持增加补贴,建议每年给公司1万英镑(在2010年价值约合1870万英镑)来保护奴隶贸易,这样船只就可以在数周而非数月内装满被奴役的男人、女人和小孩。"[27]

英国在17世纪开始了奴隶贸易的初期运转,在接下来的一个世纪里获得了投资的回报。到18世纪50年代约有33万的英国水手投入到了奴隶贸易之中。在追求全球利益的背景下,这是英国在海上人力资源的巨大投入,也表明了其奴隶贸易的巨大规模。这33万水手确保了英国成为欧洲最大的奴隶贸易体,英国也从中获得了最大的利益。[28]

很多非洲人发现,他们之所以来到奴隶船上是因为他们在英国人的袭击中被绑架了。这些贸易激起了非洲的政治动荡和社会混乱,促进了战争和冲突的螺旋式上升。社会灾难的结果是更多的非洲人面临着遭受绑架的危险,这构成了一个恶性循环,长久以来导致参与贸易的人数越来越多。 46

例如在1702年,梅苏拉多角(Cape Mesurado)附近的非洲人向荷兰西印度公司的人抱怨,"英国人乘着两艘大船到了那儿,毁灭了这个国家,破坏了所有的船只,掠夺了他们的房屋,并带走了他们的居民作为奴隶"。英国人却反驳说,荷兰人在冈比亚通过放烟火来吸引非洲人,然后通过武力抓获他们,这已司空见惯。反对这些贸易的非洲国王和贵族们被欧洲的贸易者暗中陷害，周边国家也对反对贸易的人不断发动战争，他们得到了奴隶贸易者在武装和财力上的支持。

反对贸易就会带来敌意，詹姆斯·沃尔韦恩（James Walvin）注意到，非洲人"对于满船的枪支，在小艇上或者居住地用于训练的枪支，或者水手们在海岸上扛着的枪支，慢慢都习以为常了"。沃尔韦恩说，为了保护自己，或者为了超越欧洲的军事力量，"非洲人特别渴望能得到武器，向非洲出售武器成为大规模的生意"。在 18 世纪中期的高峰时期，欧洲"每年卖给非洲大约 283 000~394 000 支枪"。西非的军事化也促进了贸易，社区倾向于自卫的暴力狂欢，有时袭击邻居，也经常为了保护自己而与欧洲人战斗。[29]

不断增长的国家军事冲突和得到政治支持的社区间暴力，都是英国奴隶主所直接或者间接赞助的，这些附庸政权在奴隶堡垒的周边扩展。1712 年形成的塞古的班巴拉政权（The Bambara State of Segu），被描述为"制造奴隶的巨大机器"。英国人为其附庸政权的领导人们提供马匹或者枪支，作为交换他们提供俘虏。在 17 世纪早期，一匹好马可以换取 15 个健康的被奴役的非洲人。这种市场交易被英国人认为是取得廉价奴隶劳动力的方式之一。

47   然而非洲的村民，不管他们是否隶属于附庸政权，都面临着非洲职业战士和英国奴隶贸易者的袭击。从塞内加尔到安哥拉，附庸政权不断涌现，这都是从旧政权中创造出来的，其中的一个最主要的功能就是推翻和代替反对奴隶贸易的国家及其领导人。

但是有一些非洲社区，懂得如何在新环境下保护自己，他们制定了自己的文化政策，反对英国及其附庸政权合谋者，反对其首领的奴隶贸易，并发动了大规模的抵抗运动。

叛乱逐步迫使政治首领们妥协，传统的反抗也在整个西非普遍开展，通过这种方式非洲人建立起了自己反对奴隶贸易的运动，这有着非常重要的政治意义，就如同国王、贵族和奴隶商人之间的客户协议。

利物浦的奴隶商人和"完美号"的船长威廉·波特（William Potter），在1758年亲身体验到了社区的抵抗力量，他成功购买了300个奴隶并准备好起航，但在冈比亚河上他的船只被目击了这场交易的社区成员袭击，在这次袭击中所有的船员都被杀了。休·托马斯（Hugh Thomas）也表示，奴隶船只经常在河上被乘坐小船的战士袭击，他们配有大量的枪支和刀具，经常登上船只释放被捕者。[30]

在数百个类似事件中，有些事件对贸易的影响相对更大。在1767年的卡拉巴尔（Calabar）发生了一个重要事件，7艘英国船只，其中5艘来自利物浦，一艘来自伦敦，另一艘来自布里斯托尔，在老卡拉巴尔河上等待"人类"货物，船长和代理人已经和新卡拉巴尔的国王建立起了贸易关系。有超过50人的老卡拉巴尔的武装小分队袭击了英国人，但因为有英国士兵的守卫，袭击未能成功。老卡拉巴尔战士的首领被抓并斩首，其他人被当作奴隶卖到了西印度群岛地区。[31]

有关对抗海岸和海上奴隶贸易一直有着生动的描述，其中有成百上千的非洲人跳河而死。"汉尼拔号"奴隶船只的英国船长在1694年写道："黑人们如此不愿甚至憎恨离开他们的国家，经常跳出小舟、船只或者轮船，跳进海里，沉到海底直到淹死，这样可以避免被追赶他们的船只带走或者救活。对他们而言巴巴多斯比地狱还要可怕。"他继续说道：

> 我们有 12 个黑人故意淹死自己，其他人也绝食而死，因为他们相信，这样死后就会再次回到他们的国家和朋友身边。我听说很多指挥官，砍掉了最想死的人的胳膊和大腿，以便杀鸡儆猴。因为指挥官们相信，如果他们失去了一个同伴，就不能再回家了。我的军官们也建议我这样做。[32]

一些奴隶船只的船长竭尽全力防止非洲人这样做，他们的做法更加过分。1774 年奥利弗·高德史密斯（Oliver Goldsmith）重述了他从奴隶船只船长那里记录的两件事情。对于第一件事情，他描述道：

> 一搜几内亚船只的主人发现在他的奴隶中涌现出了一波自杀的浪潮，是因为这些悲伤的生灵相信，死后他们会重新回到家庭、朋友和国家身边。为了能够说服他们，至少需要给他们一些屈辱感。他立即命令将一个尸体用绳子从脚跟绑起来，放到大海里，再很快拉上来。虽然时间很短，但是鲨鱼已经咬掉了他的身体，拉上来时剩下的只有脚了。[33]

马库斯·雷迪克（Marcus Rediker）记录下了更可怕的第二个案例，一个船长抓住了一个女人，牺牲她来"给其他人一个适当的教训"。他命令将这个女人从腋下用绳子绑起来放到水下，随后传来一声恐怖的惨叫声。人们开始以为是因为害怕被淹死才惨叫，但是不久她周围的海水都被鲜血染红了。人们发现被拉上来的女人，已经被一直跟随着船只的鲨鱼拦腰咬断了。雷迪克写道，奴隶船只的船长把人类当诱饵来吸引鲨鱼的做法极其恐怖。他引用了一个奴隶贸易者的话，"我们威胁黑奴的方式，就是在船头吊着一个死了的黑人，这样鲨鱼就会一直跟随着，直到完全吃掉他"。[34]

在非洲的英国人也相信，在把黑奴扔到海里之前，砍头是使他们不再自杀的最有效的方式。奴隶主试图这样告诉非洲人，他们与先人团聚的路途已经被阻断了，因为他们已身首异处。但是自杀作为一种抵抗形式仍然普遍存在。

在大西洋的航程中也伴随着持续的对抗，奴隶主们知道非洲人哪怕有一丝机会也会反抗，为了在旅程中确保秩序以达到最大限度的安全，他们用甲板上的枪支和大炮制造恐怖氛围，将枪炮指向储藏室以维持秩序。非洲人总是警戒又充满期待。

1770 年在艾斯艾利·埃廷（Essjerrie Ettin）的带领下，俘虏们登上了荷兰的奴隶船只"吉尼斯·韦林德厦普号"（Guinniese Vriendschap），他们控制了船只，但是不久就被战船"卡斯道号"（Castor）重新控制。1795 年非洲人控制了一艘名为"耐普突尼斯号"（Neptunius）的船只后，试图返回非洲，一艘英国战船警惕地发现了这一情况，并注意到船上没有英国人了，就开火将其击沉了。1780 年非洲人登上了"维基兰提号"（Vigilantie），打败了船员并控制了船只，船员们逃到了救生艇上离开了轮船，但非洲人最终仍被英国军舰捕获了。[35]

英国奴隶主对非洲人成功起义的报告不感兴趣，但是少数案例的确存在，1752 年发生在布里斯托尔的"马尔伯勒堡"（Marlborough）的事件就是其中一个例子。400 个非洲人分别从邦尼（Bonny）和黄金海岸的埃尔米纳（Elmina）登船，他们举行起义并杀死了35名船员中的33个，2个人被留作活口协助导航。这艘船只准备开回邦尼，可在黄金海岸登船的非洲人不同意。两组人随即发生了冲突，其中98人丧生。冲突的结果是在黄金海岸登船的人控制了这艘船并驶向埃尔米纳，其中一个白人是领航员。但这个故事也从英国的历史记录中消失了。[36]

17世纪和18世纪西非的社会和经济发展被跨大西洋奴隶贸易的恐怖统治所阻碍。许多国王和贵族，因为认识到结束奴隶贸易是不可能的，所以为了减少暴力和对生活的破坏，试图引入一种新措施。许多人试图在他们的国家规定绑架非法，只允许买卖那些罪犯或者政治犯。

18世纪80年代，C.韦德斯陶穆（C. Wadstrom）博士向英国枢密院通报了一个案例，在冈比亚河上有一个国王禁止绑架黑人，然而英国的奴隶商依然我行我素。英国船只虽然已经离开戈雷（Gorée），却被非洲人跟踪并捕获。他们迫使英国人释放罪犯，然后摧毁了这艘船。停靠在这个港口的另外3艘英国船只也遭受了同样的命运，且船上的大多数船员都因此丧命了。

反奴隶运动是西非一个重要的政治特点，正式的国家政策和大规模民间反抗都应当被理解。为反对贸易付出最大代价的是非洲人自己，今天他们继续在为此付出代价，因为在欧洲中心主义的背景下，他们的斗争未被写进历史，在废奴运动中也未见其踪影。

在跨大西洋贸易中被贩卖的非洲奴隶的数量，保守估计最低有960万，最高或达1500万。过去30年的辩论集中体现在菲利普·柯廷（Philip Curtin）的统计上，他在1969年第一次发表了全面的统计数据。据他估计，从 1500 年到 1900 年大约有 1120 万非洲人离开祖国，约有 960 万到达美洲新大陆，可能约有 200 万在途中丧命。

　　柯廷的数据引起了巨大的争论，特别是遭到一些学者的批评，认为他的数据过于保守，应当适度向上调整。根据保罗·洛夫乔伊 1989 年的计算，大约有 1186.3 万人被交易，约有 1020 万人到达了新大陆。1998 年对柯廷数据持批评态度的约瑟夫·伊尼科里提出了一个更大的 1268.9 万人的总数。然而他也指出，"这个数字遭到很多学者质疑，修订仍在继续，但在跨大西洋贸易中从非洲出口的俘虏，最后的数字很可能在 1200 万到 2000 万之间"。1995 年佩尔·O. 何那伊斯（Per O. Hernaes）提供的数字比伊尼科里多了 10 万。2000 年戴维·埃尔蒂斯（David Eltis）表示总共约有 1106.2 万人离开了非洲。[37]

　　研究表明，贸易早期奴隶在运输途中的死亡率高达 20%，到 19 世纪降到 5%。死亡率下降反映出奴隶贸易中运营效率的增长，也得益于帝国航线中运输管理的标准化趋势。

　　特殊设计和建造的船舶重约 200 吨，这是 18 世纪早期的标准。赫伯特·克莱因（Herbert Klein）坚持称，即使死亡率急剧下降到 5%，相比他们国家的人口来讲，这个数字仍然非常高。[38]

　　中间航程不是从实际的跨大西洋航行开始的，而是从在内陆抓到非洲人开始的，并以其在美洲的适应和调整而结束，这已成为广泛共识。大家公认中间航程有六个不同的阶段：

　　　　1. 捕获和奴役非洲人；

　　　　2. 去往海岸或其他出发点；

　　　　3. 储存和包装；

    4. 跨大西洋运输；

    5. 在美洲贩卖和分散；

    6. 在美洲调整。

这些阶段中概念的分类有利于详细的分析，特别是关于个人连续经历的分析。并不是所有的非洲人都能在每个阶段存活下来，有一些人多次经历某个阶段，每个人在每个阶段的时间也不相同，在不同地区个人所经历的这些阶段也有差异。

许多人在到达海岸之前，就被抓获并被不止一次出售，很多人在卖给英国人之前，却是被其他人抓获的。有些人很快被带到岸边，转移到即将启航的船上，然而有些人却要在堡垒里等待很长时间，或者航行前在不同的欧洲奴隶主间被数次转手。所有这些情况都会影响中间航程，也决定了非洲人的死亡率。

在跨大西洋航行之前就有很多人丧生，这也构成了这个时期的主要特征。非洲海岸被称为是"白人的坟墓"，也是名副其实的非洲人的墓地，许多非洲人被野蛮和恐怖压垮，或者因为对疾病缺乏免疫而被压垮。与被称为食人族的白人奴隶主接触，面对陌生的海洋、奇怪的疾病、身体的创伤，被烙上标记而使人格降低，以及普遍的营养不良，非洲人因此而遭受严重的心理影响，这是非洲人大量死亡的原因，也是许多人疯狂的根源。

在奴隶海岸——多哥、达荷美和尼日尼亚西部，非洲人被储藏在被称为"奴隶集中营"（barracoons）的海滩监狱里。例51如在加纳的埃尔米纳和海岸角，巨大的奴隶集中营被叫作"堡垒"，其"地牢"（dungeons）中可储藏上百个非洲人。就在被当作物品储藏时，由于过度拥挤和通风条件差，大约有8%的非洲人会直接在那儿死掉。

为了降低死亡率，皇家非洲公司让俘虏在口岸等待装运时 52
就参加工作，也鼓励船长们更加频繁的往返。例如在 1705 年，
一个口岸公司的经理在给雇主的信中表达了他的关切："我建议
船舶到达的时间间隔缩短一些，如果岸上没有船只，或者没有
船只到达，我们就不能购买更多的奴隶。因为奴隶等待的时间
越长，他们就越有可能死掉，而且养活他们也要花费更多。"[39]
同年的公司记录显示，650 个非洲人中，大约有 95 个或者
14.6%的人在储藏时死掉了。这个例子可能不是很有代表性，但
是它确实表明了在实际航行之前关注死亡率的重要性。

约瑟夫·米勒（Joseph C. Miller）的作品也显示了穿越大西
洋的中间航程的两种装运方式，即"松散装运"和"紧凑装
运"，英国奴隶主对于他们的相对优缺点进行了详细辩论。[40] 紧
凑装运是基于如下的假设，不管船上非洲人的数量如何，10%
的损失是不可避免的。所以最经济的方式就是将船满载，并寻
求最快的速度穿越大西洋。

有些奴隶主倾向于松散装运，认为如果俘虏身体舒适死亡
率就会降低，他们倾向于装载 75%的容量，目的是将死亡率降
到 10%以下。虽然奴隶主们对于装运的形式分成了两派，但证
据表明，总体来说超过正常值的紧凑装载对于死亡率并没有明
显的影响。

奴隶主们并不完全明白，在封闭空间内接触是传染病的传
播方式，这种接触对于一些人来说可能是致命的，对于另外一
些人却不是。他们对于类似事件只当作个案处理。传染病的流
行会使非洲奴隶死亡过半，也通常与极高死亡率相关。从不同
疾病环境来的非洲人，被一起扔到奴隶船上并接触到一些新的

病原体。第一次与欧洲疾病接触对非洲人影响会更大，疟疾、麻疹和天花被称为三大杀手。奴隶船上的医生被期待能观察到俘虏的疾病迹象。

为了保护看似健康的人，那些被诊断为有疾病的人就会被抛到船外。有人建议说，如果给机会，这些人应当能够恢复健康，而许多被医生认为是疾病的症状，可能只是由于压力和脱水。呕吐、腹泻、精神狂乱和麻疹，都被认为是疾病和感染的证据，有这些小病的人都被抛到了海里。所以医学的无知也在一定程度上增加了中间航程的死亡率。

有一点值得注意，女人在中间航程的幸存率要比男人高一点点，这个差异在奴隶贸易商的记录中表现明显。根据估计男人总的死亡率为20%，女人则为15%。这一差异可能有很多原因，其中大家均认同的一个原因是奴隶主为了对女性进行性剥削，给她们安排的船上生活环境相对好一点，这可能对其生存有较好的影响。据说女人也能更有效地管理压力，她们能更好地承受打击、疼痛和营养不良，她们的免疫系统对不熟悉的病原体也更有抵抗力。

然而历史学家不仅仅是计算中间航程每艘船的死亡率，米勒的分析得出了计算死亡率的方式，就是与航行相关的每周比例。在对损失率的研究中，人们得出了以下几个观察结果：

1. 在航行开始的前20天死亡率最高。（许多人可能储藏的时间过长，就会死掉。）

2. 在航程的中间死亡率下降。

3. 在航行到大约60~70天时死亡率再次上升，大多是由于食物和水源的短缺。

　　死亡率与船只大小之间没有直接关系。这并不奇怪，因为储藏非洲人的甲板下的条件，和船只大小没有明显的关系。欧洲人建造船只的技术惊人地相似，特别是储藏空间。18 世纪奴隶贸易达到高峰时，一艘奴隶船只大约运输 300 个非洲人。

　　皇家非洲公司 1675～1725 年的记录显示，每艘船只运送到巴巴多斯的平均人数为 235 人，到牙买加的为 270 人，船只的平均大小为 179 吨。到了 1720 年，一半船只的重量在 100 吨～200 吨之间，三分之一船只的重量在 200 吨～300 吨之间。典型的法国船只，特别是有名的商人所拥有的船只，能运输 395 个奴隶。葡萄牙的船只能运输 350 人，英国的船只往往更小一些。

　　中间航程的恐怖导致许多社会评论家对奴隶贸易持批评态度，但是却继续支持奴隶制。这并不奇怪，英国人在决定废除奴隶制之前，对奴隶贸易的抗议已经持续了很长时间。过度拥挤是所有奴隶船只的常态，不管是辩论中的"紧凑装运"还是"松散装运"，所有装载奴隶的船只条件都远远低于正常标准。为了防止逃跑、自杀和反叛，非洲人在甲板下被拴在一起，就如同"墙上的石头"，或者被判了死刑的囚犯。船上的恶臭味令人作呕，奴隶商人的死亡率有时和奴隶一样高。

　　然而中间航程的舒适感并没有随着时间而增加，苏格兰医生托马斯·特罗特（Thomas Trotter）博士报告说，非洲人被如此紧紧地装在一起，没有空间来移动。他描述他们像"勺子"似的一个个拴在一起，甲板下面弥漫着糟糕的脏臭味，充斥着受罪和疾病的声音。男女一般被分开储藏，船员们认为在航行中和俘虏发生性关系是他们的权利，许多女人在到达新大陆前因被强奸或者性侵而怀孕。对于奴隶船只上的条件，曾在欧洲和美国的废奴运动中在公开论坛上有所辩论。

据估计，有100万人在短短的中间航程中丧命，帕特里克·曼宁（Patrick Manning）说，在非洲人被抓捕和奴役的过程中死掉的更多。更重要的是，估计上百万的人虽然经过中间航程后幸存了下来，但到达新大陆后也在很年轻时就死掉了。[41]

在到达美洲种植园后死亡率仍然不断上升，其影响是非洲人在大部分的被奴役时间中不能自然繁衍。实际上加勒比地区非洲人口的最重要特征是，到19世纪时他们经历了一场自然的人口下降。殖民地的白人人口自然上升，与之相反的却是黑人因为高死亡率，特别是儿童夭折和低出生率，人口数量经历了一个全面的长期的停滞期。

在美国，黑人人口持续增长，这与在加勒比地区的下降形成了对比。实际上加勒比地区的大屠杀虽然是从印第安人开始的，但在奴隶制的大部分时期对非洲人的屠杀也在继续，因为印第安人只有在非洲人到来之后才能继续生存下去。

詹姆斯·沃尔韦恩将被奴役的非洲人称为"黑色象牙"，奴隶贸易在四大洲的400年时间里利润丰厚并吸引着源源不断的投资者。奴隶贸易是一个大宗生意，需要运用先进的管理经验、复杂的财务安排，以及顶尖的投资方法。而且它不是一个穷人的生意，参与此贸易所需要的投资数额相当可观。[42]

在400年间运输1000万被奴役者跨越大西洋，这是一项巨大的管理工程。大西洋奴隶贸易的各个地方都需要投资，包括欧洲、非洲和南北美洲，这项贸易不仅需要广阔的全球企业意识，也需要企业家具有坚定的信心，它还要求掌握一套特殊的商业伦理。

　　利物浦经验丰富且执着的奴隶贸易者威廉·达文波特（William Davenport），在 1757~1785 年的生意中存活了下来，他所做的记录是英国奴隶贸易最好的证明。达文波特从老卡拉巴尔和喀麦隆抓获俘虏并进行了 67 次奴隶船只航行。大卫·理查森（David Richardson）对他的航行记录进行了分析，这些航行需要 320 000 万英镑（在 2010 年的价值约合 4.291 亿英镑）的资本支出总额，产生的回报是 380 000 英镑（在 2010 年的价值约合 5.09 亿英镑），净利润为 60 000 英镑（在 2010 年的价值约合 0.804 亿英镑）。[43]

　　到 18 世纪中期，英国已经成为奴隶贸易最大的利润获得者，英国的工业和商业相对先进，使得英国奴隶主的单位成本相对低廉。比起他们的竞争者，英国人自然能够以更经济的方式装满奴隶船只，因为他们船上装载的货物，或是当地生产的，或是在亚洲和美洲获得的。

第四章

非人类

——英国的"黑财产"

56　　国会在立法（《废除奴隶贸易法案》）通过之前，已经通过了上百条关于奴隶贸易的法律。这些法律允许法庭将奴隶视为非人类的财产。许多人死掉了，很多人在极其罪恶的环境下被谋杀了，这些都没有得到赔偿。

　　　　——约翰·普雷斯科特（John Prescott），副首相，纪念废除奴隶贸易二百周年辩论，2007年3月20日

　　英国人在法律上将非洲人定义为"非人类"，认为他们并不是人类的一员，最多是次等人类，这构成其社会控制和经济管理中一组特别的法律。从社会角度讲，非洲人被当作"牛马"，为了英国利益和名誉而被迫劳动。在法律上他们被定义为"财产""不动产"和"动产"。[1]

　　这种法律和社会分类的观点，不仅局限在哲学家、神学家和律师中，也被经济学家和政治领导者所采用。这些观点最终体现在商法中并被国家所批准。加勒比地区的经济和社会发展是建立在奴隶劳动力的基础之上的，作为其前提的法律条款就是非洲人不属于人类大家庭的成员。

英国在法律和哲学层面将非洲人非人化，对于推动其殖民项目的民族主义起到关键作用，它使得奴隶贸易和奴隶财产成为英国人身份的核心部分。当英国奴隶贸易者购买非洲人时，他们也在购买附着在奴隶财产身上的法律权利，这样他们就可以得到法律支持来任意处置这些财产。被奴役的非洲人可以被买卖，被强奸或者用烙铁印上标记，扔到海里淹死，英国人可以从保险商那里要求财产损失赔偿。非洲人可以因为不守规矩而被谋杀，他们的儿孙可以不经过他们的同意而被卖掉，他们可以被强制劳动直到老死，也可以像动物那样被迫繁殖。[2]

当套着锁链的非洲人被从奴隶船上购买以后，主人的第一项任务就是像对待牛马一样给他们打上标记，用烙铁把主人的名字或者首字母烫在他们的身体上。1694 年运输奴隶的船只"汉尼拔号"的船长说，在从非洲海岸完成收购之后，"我们在我们所购奴隶的胸部和肩膀上，用烙铁烙上了船只的字母，在烙的地方涂上一点橄榄油，几乎没有疼痛，这个标记通常在四五天内就能显现，之后会非常清晰"。[3]

英国皇家非洲公司在 17 世纪 70 年代购买的非洲人，因为这个公司的管理者是约克公爵，所以烙上的标记是"DY"。西班牙的葛迪塔那公司（Compañia Gaditana）用字母"d"来标记，荷兰的米德伯吉斯彻·卡莫斯公司（Middleburgische Kamerse Campagnie）用字母"CCN"来标记，德国的彻法斯里奇–非洲–勃兰登伯吉斯彻公司（Churfarstlich – Afrikanisch – Brandenbur-gische）则在所购非洲人的右肩上用字母"CABC"来标记。[4]

一旦非洲人被普遍定义为"动物"，并在社会上作为财产被接受，那么从事奴隶贸易的奴隶拥有者，就会在英国人对非洲人的投资权利的基础上继续建立一套经济制度。例如在 1709 年皇家非洲公司的官员达尔比·托马斯爵士（Sir Dalby Thomas）就曾这样描写非洲人：

> 这里的土著人既没有宗教也没有法律，不能将他们与人性、善行或者忠实联系起来。他们经常为了排场而牺牲无辜的人，而这些牺牲者并没有因为犯罪而被指控。他们训练孩子从而使其变得残酷，给他们刀子来切割或者鞭打将要被杀死的人。他们没有任何自由或者财产的相关知识，这些黑人都是天生的无赖，他们的原则是不仅可以通过暴力或者欺骗来掠夺，还能为这些掠夺进行自我申辩，他们认为这些是他们自己的，好像他们已经付过钱了。[5]

58　　　商人和医生的思想不谋而合。外科医生詹姆士·休斯顿（James Houston）博士于 1725 年从西非撰文告诉他的读者非洲人不是人类，而是动物："[非洲人] 天生的性格就是野蛮粗鲁、自私自利、欺骗成性，他们的政府也一样野蛮。他们中有最大优点的人通常也是最大的无赖，邪恶对他们来说简直成了一种美德。按照习俗来说，他们非常像他们的土著同伴，就跟那些猴子们一样。"[6] 可见，英国的奴隶制度将商人和放债人，科学家和社会学家聚集起来，一起为国家利益服务。

罗宾·布莱克本说到，英国人对于非洲人的人性的否认十分坚定，并深深融入大众文化之中。英国的作家对于非洲人的看法是一致的，"他们不是人类，或类似于猿类"。[7] 同医学界一样，学界也被奴隶制度所渗透和污染，文学和科学上的宣传在奴隶贸易公司形成时达到了顶峰，反人类的罪行得到了知识分子的坚定支持。布莱克本进而得出结论："事实上，英属加勒比地区的存在就是为了营造这样一个惊人的新现实。"[8]

"新现实"就是一个种族主义世界，建立的基础是把非洲人当作财产而进行罪恶的奴役，源于英国新兴民族国家的想象和阴谋。大规模投资非洲奴隶之前，英国的雇主们使用白人契约佣工开始其殖民经济，他们从社会上招募了这些合同工人，当时的形式与西非的类似。

佣工包括政治犯、罪犯、穷人，他们被国家公开驱逐出境后被商人所招募，但是他们大部分是自愿者，希望到殖民地来试试运气。虽然也被剥削或者虐待，但是这些佣工并没有被当成奴隶，并不是那些雇主的财产。

那么英国的模式就非常清晰了。在殖民地发展的初始阶段，英国人无情地剥削白人契约佣工，用从中获得的利润购买被奴役的非洲人。佣工模式是奴隶制度的垫脚石，要获得利润就需要大规模的生产，这就意味着需要奴役非洲人。虽然是大量的白人契约佣工使种植园得以建立，但是大规模的非洲奴隶贸易及奴役他们所产生的财富，使得西印度群岛对大英帝国的崛起至关重要。

16世纪，西班牙人在大安的列斯群岛开始了这种模式，为17世纪英国人在东加勒比地区的殖民探索提供了诱人的模式。作为新加入者，英国修改并使西班牙模式标准化，以便符合其特殊需求。例如，为了在第一个种植园上建立明确的劳工关系，英国官员在1636年为巴巴多斯的殖民者制定了清晰的指导方案，从英国自愿来的合同工人将服务5~7年，被国家驱逐的人服务10年，"黑人和印第安人终生服务，除非前一个合同与这个相抵触"。[9] 对巴巴多斯的一份描述中反映了这种劳工模式：

> 居住在这个岛上的居民有四种。第一种是以前从
> 卡莱尔伯爵（Earl of Carlisle）那里获得土地的土地拥
> 有者……第二种是自由人，服务已经超出合同期限并
> 从主人那里获得了自由，现在是为了工资而工作。第
> 三种是与众不同的基督徒仆人，其还没有到服务期限。
> 最后一种是从圭尼海岸运来的黑人，是主人绝对的
> 奴隶。[10]

英国人就是这样创造了相关法律，在法律上明确了其对于非洲
奴隶的"绝对"拥有、控制和权威。

"绝对权威"条款意味着主人可以将他们当作财产来处置，
这一般是和奴隶制度联系在一起的。作为法律上的非人类，非
洲人经受了其他社会团体所不曾经历的苦难。即使白人被当作
劳工或者穷人遭受恶劣对待，但他们仍然享有合同规定的法律
权利，有文化身份和种族地位来保护他们不受侮辱。

1645 年巴巴多斯的乔治·唐宁（George Downing）写信给马
塞诸塞州总督约翰·温斯罗普（John Winthrop），解释修改的英
国劳工法。如果一个种植园主能够得到足够的契约佣工来清理、
规划和耕种土地，他就能"在短时间内……用增加的收益购买
奴隶"。这种劳工模式形成、影响并促进了后来的奴隶种植园
模式。[11]

60　　　这个殖民小岛被投资者改变了，他们随着蔗糖工业的发展
而变得富有，在劳动力上也更加依靠被奴役的非洲人。巴巴多
斯产生了一种新的分配方式，也成为美洲第一个全面奴隶社会。
到 1700 年，巴巴多斯已成为第一个完全依靠被奴役的非洲人的

岛屿，也成为英国在加勒比地区以跨大西洋奴隶贸易为基础建立甘蔗种植园的总部。为此，巴巴多斯在白人世界获得了"新世界最富有之地"的美名，但对黑人来说却是"人间地狱"。小安的列斯群岛代替了西班牙的大安的列斯群岛，成为殖民者发财致富最重要的地区，奴隶主们也得到了发明和认可奴隶体系的政府组织及其法律部门的支持。

奴隶法和种族主义理论

英国人通过不断增强的武力，包括地方民兵、帝国军队、陆军和海军，迫使被奴役的非洲人在暴力下屈服，并通过复杂的法律体系加强这种奴役。建立在恐惧和怀疑基础之上的社会秩序的最大特点就是极度暴虐和时刻警戒。奴隶主寻求对非洲人的绝对控制，不管是个人还是集体，都不允许有丝毫的不服从。第一个全面控制被奴役者的法律规则——《加强黑人管理法案》（An Act for the better ordering and governing of Negroes）[12] 于 1661 年在巴巴多斯通过。理查德·邓恩认为，这一法案"使黑人和白人之间的战争合法化，使严酷的种族隔离得到鼓励，针对奴隶反叛的早期警戒系统更趋制度化"。[13] 该法案的序言中写道：

> 鉴于迄今为止，为控制、规范和管理这个岛上的黑人奴隶，很多好的法律和条例已经被制定，为防止他们的不良行为、犯罪和犯错，各种惩罚也已经被使用，但都尚未达到期望中满意的效果，这也使得此岛的族长和其他居民非常关注奴隶遵纪守法的事宜，而

遵纪守法应是他们的本分。并且对于未开化的、善变的、危险的和傲慢的黑人奴隶，早期法律中很多条款并不完善，也未能全面阐述政府的真正法规。因此我们依据被授予的立法权力，为种植园的利益和福祉而制定严法，这也符合英国法律。然而在现存所有法律中我们找不到制定此类法律的相关指导，也没有任何法规说明如何去统治奴隶。但是我们都很清楚，本着理性和有序的正确原则，我们不会放任奴隶成为随意、残酷、粗暴的邪恶之人，我们这样来保护奴隶，就如同保护很多物品和动产一样。[14]

为了确保与时俱进，这个法案在 1676 年、1682 年和 1688 年都做了修订。有关非洲人的条款被描述为"异教徒的""残酷的"和"危险的一种人"，他们天生的劣根性在任何时候都应当被镇压。法案规定非洲人犯罪，除公共犯罪外，应当用烙铁加以标记，把他们的鼻子割开或割掉。[15]邓恩注意到，虽然法规没有明确规定，但阉割是"最受欢迎的惩罚奴隶的方式"。对于公共犯罪，例如反叛，那就是死刑。岛上的财长被授权来补偿奴隶主的财产损失。[16]

1688 年的法案宣布非洲人是不动产，而非只是动产，这就意味着被奴役的非洲人被合法地拴在种植园上，不能被轻易移动了。法案中写道：

> 鉴于该岛上有相当数量的财富包括黑人奴隶……特制定和颁布本法……无论岛上的法庭，还是其他所有地方，全部黑人奴隶都应当被持有和判定为不动产，而非动产。如果主人死后没有遗嘱，根据继承者有绝

　　对权利继承土地的规矩和习俗，奴隶的所有权应当传给逝者的继承人或遗孀。[17]

　　当法庭遇到关于继承和遗嘱检验等问题时，这一修订会让奴隶财产的拥有者备感安全。被奴役的非洲人现在被合法地绑在了土地上，就如同房子和其他实体建筑物一样。这样种植园就包括"土地、房屋、建筑和奴隶"。被奴役者是财产，因此不能拥有作为社会流动基础的个人财产。另外奴隶法强调，奴隶是具有市场价值的财产。1688 年的法案规定，奴隶主如果故意杀掉奴隶会被罚款 15 英镑（在 2010 年的价值约合 28 600 英镑）然而如果奴隶在惩罚中死去，奴隶主可以按照市场价值得到赔偿。直到 19 世纪早期非洲人依然不被允许在法庭上作证，来反对被"定义"为白人的人。 62

　　直到 1805 年，巴巴多斯一个谋杀奴隶的白人才首次被处以死刑。但另一方面是，如果被奴役的非洲人攻击或者威胁白人，或者偷窃，都可能被打死。很多被奴役者因为偷窃牲畜而被处决。1688 年的法案的序言中写道：

　　　　如果没有黑奴和其他奴隶的劳动和服务，这个岛上的种植园和地产就不能被全面地管理和利用。鉴于黑奴和其他奴隶野蛮、疯狂和残忍的性格，他们不适合用国家的法律、习俗或者实践经验来管理。为了营造良好的规则和秩序，限制奴隶的无序、掠夺和非人性，有必要制定和执行其他宪法、法律和规则等。[18]

　　根据这些法律规定，奴隶主应当给离开土地的奴隶一张签名的单据，上面列出离开的条款和条件。白人如果发现没有单据的非洲人在他的土地上时，可以根据法律将其逮捕和鞭打，如果不这样做就会被罚款 10 先令，其中一半罚款用于奖励告发者。另外，"如果离开种植园，却没有做合法的生意，没有主人的证明信或单据，或者没有白人跟随，所有的主人、监管者和其他任何人在任何时候都可以将这类黑奴或奴隶逮捕，特别是在周六晚上、周日或者其他假日"。[19] 1688 年的法案也规定，非洲人不允许"敲鼓或者吹喇叭，或用其他声音很大的乐器"。他们的房屋会被"经常搜查……每周一次"。任何白人招待"陌生黑奴"都会被罚款 2.10 英镑（在 2010 年的价值约合 4770 英镑）。奴隶用偷来的物品交易、袭击基督徒、逃跑、烧毁甘蔗，或者偷东西，都会面临一系列惩罚。此外，白人如果没有尽职监管非洲人，却帮助他们逃跑，或者进行煽动，都会被处以相应罚金。[20]

63   "防止残酷和粗野，不管是自己，还是脾气暴躁的主人或者他人"。虽然法案认识到这种需要，但被奴役的非洲人只受到非常有限的法律保护。法案第 6 条规定，"所有奴隶常年穿一样的衣服，男人是衬裤和帽子，女人是裙子和帽子"。因此对于保持和发展新兴种族主义和种族隔离的社会规则，这些法典都发挥了重要作用。在财富积累、社会流动和自由的社会经济进程中，非洲人皆被排除在外，这注定了其物质上的贫穷落后。

英国的奴隶主不承认非洲人享有任何人类或公民的权利，这一直持续到奴隶制度的最后十年。非洲奴隶没有权利去享受，例如家庭生活、娱乐或者宗教活动，这也是控制体系的重要部分。巴巴多斯的法律条文也为其他岛屿的殖民者绘制了蓝图，如 17 世纪的牙买加和背风群岛，18 世纪的向风群岛（圣卢西亚、圣文森特、多巴哥和多米尼克）等。非洲人在所有法案中都被描述为"野蛮的、疯狂的和本性粗鲁的"，不适合用英国的法律、风俗或者惯例来管理。"这样在加勒比地区应当制定其他的宪法、法律和规则"，以便对非洲人进行"更好的管理"，进而"限制他们因天性带来的混乱、掠夺和非人性"。在法律之下，非洲人被绞死，被阉割，被用烙铁打上标记，手足分离并无限期地被锁在地牢里，以此作为其不遵守规矩的惩罚。非洲人的这些标签和他们所受到的惩罚，反映了英国人对非洲人在社会和法律上的定位，将其定义为财产，动产和不动产，属于只配受到奴役的非人类。

英国奴隶体制在 18 世纪末期发展成熟，巴巴多斯模式在 17 世纪 50 年代被英国人大力发展，在 18 世纪日臻完善，并被推广到帝国的所有其他地方。布莱克本认为，在英国奴隶体制发展中，"个人的财产权利是基本的法律原则"，而所有法律的执行都是为了保证这一原则的持续。他进一步总结道，这一原则"在英国的司法体系中轻松持续了近 200 年"。[21]

白人可以把被奴役的非洲人当作财产，同时保留其财产权利，这成为当时的一种规则并被写进所有法律，被英国的公民和殖民地社会所接受。1788 年英国枢密院将加勒比地区的法律状况总结如下：64

> 奴隶司法制度中主流的观点是，黑人是财产，而且是一种需要保持高度警惕性来监管的财产。不管是在殖民初期，还是相当长的时间之后，不同岛屿上通过的诸多法律及其条款都是为了同一个目的：保护拥有者的权利和保持黑人的附属地位。这是所有立法者

最为关心的问题，而黑人的利益并没有引起他们足够的注意。[22]

奴隶主应当给被奴役的非洲人提供足够的衣服、食物和房屋，这样的表述在众多法律条款中非常有限，也与以上观点并不抵触，反而加强了奴隶主关于奴隶是财产的观念，因为即使对待无生命的财产，也应当好好维护并适当关心，考虑其社会和经济价值。

总体来说，欧洲人普遍认为非洲人是劣等种族，认为在殖民体系中他们的作用就是被奴役的劳动力。尽管帝国的背景各不相同，但在所有加勒比地区奴隶法典的结构和措辞中都能发现这一点。然而，如果不是从社会应用上讲，而是从起源和内容上讲，这些法典存在着重要的哲学差异。

黑人劣等的观念在英国到底是如何形成的，又是如何影响社会结构的，1801 年巴巴多斯白人历史学家约翰·普瓦耶（John Poyer）对此提出了一个清晰的构想。他说道：

> 在每一个构建良好的社会中，一定存在某种形式的从属状态，否则就不会有社会的长治久安。为了维持这一基本原则，保存其差异是绝对必要的，这或者是必然选择的，或者是偶然的。社会的状态来自于两个巨大的差异，第一个差异存在于白人和有色人种之间，第二个差异存在于主人和奴隶之间。自然界不仅在肤色方面存在巨大差异，而且不同物种在精神、智力和体力上也存在差异，我们的殖民法则已经承认和接受了这个差异。[23]

65

普瓦耶描述了一个具体的社会结构，其基础是对非洲人实行种族主义，否认其人性和自由。

结束对白人的"奴隶制度"

随着非洲奴隶制度的完善和奴隶主绝对权力的拥有，白人契约佣工和非洲人一起在田间劳作使英国政府感到尴尬。英国的政策是在法律和意识上使奴隶制度与非洲人建立关联从而实现种族化，而白人契约佣工的存在却与这一政策相违背。

英国政府已经将"买卖"白人劳动力合法化，后又将奴役非洲人作为种族主义的目标，因此英国政府决定结束白人劳动力在加勒比地区类似奴隶的状态。英国国会在 1659 年宣称，殖民地白人劳动力的存在是对民族的侮辱，不符合民族利益。只有非洲人应当被奴役，只有非洲人应当和奴隶这个词联系在一起。

两个英国人 M. 里弗斯（M. Rivers）和 O. 福伊尔（O. Foyle）在英国国会上请愿，1656 年他们被当作政治囚犯而抓捕，并作为契约佣工被"卖到巴巴多斯的奴隶体系中"。他们描述其在加勒比地区的工作性质和社会用途与周围的非洲人没有什么两样，"主人为了还债把他们和牲畜放在一起，从一个种植园主手中卖给另一个种植园主，主人为了取乐把他们绑在柱子上鞭打，还有很多其他的残酷方式，难以用语言表达，完全超出基督徒的想象"。英国国会议员对他们陈述的细节感到恐惧，白人竟然像非洲人一样被同等对待，这甚至触怒了有些人。[24]

请愿人质问，是什么样的权威让"做奴隶和有灵魂的人类
生意的商人"在英国自由人身上犯了如此巨大的错误，甚至连
"残酷的"土耳其人都不会为了寻求利益、财富和权利而奴役他
们自己的同胞。在巴巴多斯有巨大财产利益的西印度商人马
丁·诺埃尔（Martin Noell），因为参与有关"有灵有肉的人类"
的贸易而被叫去听证，前年他曾将一小货船的政治犯以 100 英
镑（在 2010 年的价值约合 192 000 英镑）的价格卖到了巴巴多
斯。他告诉下议院，"我憎恨因这 100 英镑而挑唆我的人，这样
做是错误的……白人所做的工作是很繁重……但并不像他们所
描述的一样。与世界上其他任何地方一样，巴巴多斯在贸易方
面是我们都应该感激的"。国会议员们被惹怒了，怀特上校
（Colonel White）说，骑士党罪有应得，为此他不会道歉，但是
他坚称："如果因为一个人不能很好地自我辩护而被判有罪"，
这将必然成为"英国人生而自由的一个反例"。[25]

亨利·范恩（Henry Vane）爵士对此立场坚定，认为"白
人奴隶"的问题超出了党派的范围，涉及基本的"人类权利和
个人自由"。他在回答伯奇上校（Colonel Birch）时说道："我不
认为这是保皇党人的事情，而是一个关乎英国人自由的问题，
他们被野蛮对待……竟然被以 100 英镑卖掉了。"对他来说，相
对于英国民众的自由不断增长的历史与现实，"巴巴多斯"这个
词代表的却是其对立面。[26]

对于英国社会"巴巴多斯化"的合理性，安斯利（Annes-
ley）先生曾在下议院说："对于大宪章和下议院的不一致，我感
到非常遗憾……我不知道什么流放的法律。"请愿人是英国人，
"为什么他们不应该得到保护？"约翰·伦索尔爵士（Sir John

Lenthall）说他希望"不是由于战争的影响而使得人变成了商品"。他说，英国人是"世界上最自由的民族"。他希望所有的英国人能离开加勒比地区的甘蔗地，把这样的工作只交给黑人和爱尔兰人去做。[27]

伦索尔的这个带有种族主义的劳动分工的观点得到了博斯科恩（Boscawen）先生的支持，他说他"和这里的任何人一样，反对骑士党……但是有保罗的案例在先，罗马人不应当被殴打，就像我们的生命不应当像黑奴一样廉价"。这是辩论中最重要的陈述，标志着英国黑人奴隶制度的建立。[28]

67

博斯科恩因为牙买加奴隶的巨大既得利益，以及黑人奴隶在西印度群岛的重要性，在辩论中进行了种族比较。高恩（Gewen）先生打算针对种族问题展开一场全面辩论，对于种族问题和契约奴役展开调查，他告知下议院，"他不希望人类像牛马一样被卖掉，买卖一个白人是对高等人种的侮辱"。阿瑟·哈斯莱瑞格爵士（Sir Arthur Haslerigge）因为英国人的困境而感伤到流泪，"英国人和野兽一样被卖作奴隶"，白人和非洲人一样被迫劳动，这就像异端邪说，即便查理一世自己也会觉得不可接受。[29]请愿人的服役期已经结束，国会没有权利干涉雇主和佣工之间的合同，但是可以决定禁止买卖佣工。

1659~1662年下议院支持非洲奴隶贸易，这导致了1663年皇家冒险者非洲贸易公司的成立。在其后150年间，英国国会从没有针对"人权"或西印度群岛劳动力自由的议题进行过任何严肃讨论。

第五章

"宗格号"大屠杀

——去往牙买加的非洲人遭遇谋杀

奴隶贸易是英国 300 年间经济和政治生活的重要部分。

——黛安·阿伯特（Diane Abbott），国会议员，纪念废除奴隶贸易二百周年辩论，2007 年 3 月 20 日

"财产"和"不动产"的标签被英国人及其殖民代表强加到非洲人身上，这意味着对黑人的犯罪可以被效仿。将人类的社会地位降低到财产状态，或者将商业财产的性质强加给人类，这意味着非洲人会被当作财产对待和使用。[1]

用炽热的烙铁在非洲奴隶身上打上烙印，以此来显示财产所有权，这仅仅是悲剧的开始。当非洲人的身体被购买之后，他们被储藏、打包和运输，就如同其他商品一样，其购买、打上印记、储藏和运输都有保险法作为保障，因为拥有人类财产的风险很大，所以必须对其进行评估和管理。与财产运输相关的海洋法对奴隶制度的经济收益至关重要，这些法律都有国家的全力支持，所以奴隶经济的整个过程，从购买到运输，再到分散到加勒比地区的各个地方，每个环节都有法律的保障。[2]

如果没有黑人是财产的相关法律，殖民经济及其对英国经

济的重要作用就无从谈起。黑人财产权的执行使得英国投资者的财富得到保护和增加，被奴役的黑人至少占英属西印度群岛财富的50%。相比在土地和机器上的投资，在"人类"上的投资通常更大，在财产目录中，"奴隶、马、牛、绵羊和山羊"都被列在一起。例如在1825～1832年巴巴多斯的劳瑟种植园（Lowther plantation）资金额的统计表中清晰地列出了奴隶、牛和马的增减情况。新出生的黑人儿童从其母亲那里继承了奴隶身份，与其他"牲口"一样被视作财产收益。（见表格5.1）[3]

70

表格 5.1 劳瑟种植园的出生与死亡统计（1825~1832 年）

1825 年的增加和减少 生下 9 个奴隶 生下 10 只小牛	死掉 9 个奴隶 死掉 2 匹马，3 头牛	
1829 年牲畜价值增加 生下 9 个奴隶，死掉 8 个 生下 10 头牛，死掉 5 头 金额：		余额：75 英镑 余额：50 英镑 增加总额：125 英镑
1832 年牲畜自然增加值 6 个奴隶，50 英镑/个 金额：	生下 10 个 死掉 4 个	 300 英镑
减掉 3 头牛，10 英镑/头 死掉 5 头牛，生下 2 头 死掉 2 匹马，30 英镑/匹 总额：	减 30 英镑 减 60 英镑	90 英镑 210 英镑 *

* 在 2010 年的总价值约合 151 000 英镑。

资料来源：劳瑟种植园文件，另：MS 43507，大英图书馆（British Library）。

英国国家利益和财产权利的实施

英国政府经常被要求重申其在财产法上的立场，"萨默赛特案例"（Somersett case）就是其中之一。虽然主人想把被奴役的萨默赛特运到弗吉尼亚，但法庭判决为不允许，他应继续留在英国。曼斯菲尔德法官（Judge Mansfield）在 1772 年对此案例作出了有名的判决，并尽最大努力加以说明，他支持奴隶主拥有财产的权利，但不支持奴隶主将其"财产"转移出他的领地，这种做法在英国找不到法律支持，因此这个判决并不是反对奴隶制度，而只是表明英国财产法在执行时是有限定条件的。[4]

詹姆斯·沃尔韦恩认为曼斯菲尔德在此案例以及其他案例上的精彩分析很有讨论价值。他说这个法官决心保护英国人对于其奴役者的财产权利，是因为他自己就是一个奴隶主，也是一个"商法专家，不愿意作出任何可能破坏黑人奴隶制度的财产基础的决定"。[5]

沃尔韦恩注意到，"巨大的商业财富从奴隶帝国流向英国，即使是与经济利益相悖的很小案件的判决，也会引起巨大的反对之声"。他总结道，"曼斯菲尔德所做的不是去释放英国的所有奴隶"。他的决定只是针对这一特定案例，用他自己的话说，"仅仅是主人不能用暴力驱逐奴隶离开英国"。[6]

然而最有名的有关黑人奴隶财产权利的案例是"格雷格森

诉基尔伯特案"（Gregson v. Gilbert），一般也被称为"'宗格号'案例"（Zong case）。英国把非洲人作为财产对待，而这一案例记录了奴隶贸易者对非洲人的大规模屠杀，也记录了其最为暴力的一面。

作为一个案例它不仅涉及大规模谋杀，也涉及英国法庭对 71
奴隶主人类财产问题的介入，更重要的是揭示了在法律上维持黑人奴隶财产地位的问题上，英国政府所发挥的作用。

"宗格号"大屠杀：英国为大规模谋杀辩护

沃尔韦恩告诉我们，"宗格号"案例"将我们带到了奴隶制度的中心"。他的评价很正确，但是需要进一步探讨的是他的结论，他认为此案例显示了"英国的奴隶贸易惯例与法律基本原则之间的矛盾"。而事实是英国法律在此之前的 200 多年间一直在支持奴隶贸易。

全球性的黑人贸易需要英国法律的实际支持或默许，英国法律承认黑人奴隶在殖民地是财产或者不动产，曼斯菲尔德法官所关心的问题与此也并不矛盾。他认为在英格兰或者英国的其他地方，拥有奴隶作为财产没有问题，但是不能随意将他们卖掉或运出英国，这一原则也同样适用于马、羊和牛等其他财产，特定的牲畜移出英国也需要特殊许可。

在利物浦注册的奴隶船只"宗格号"为詹姆斯·格雷格森联合公司（James Gregson and Associates）所有，船上共有 17 名水手，船长叫卢克·科林伍德（Luke Collingwood）。"宗格号"

运输非洲奴隶到加勒比地区的记录一切正常。这场最终引起国际社会关注的"宗格号"的航行始于1781年9月6日。最初这次航行与其他航行并没有什么不同。在西非海岸停留几周后，科林伍德船长买到了470个拴着的非洲人。他当时的任务就是用最快的速度横渡大西洋，并在8周内到达牙买加，然后将公司的财产卖掉。

　　但船长计算错误，航行12周后船只仍然看不到牙买加，这使船只面临着挑战。航行时间的延长也增加了奴隶和船员的死亡人数，17名船员中已经死掉了7人。以科林伍德的商业眼光来看，更为棘手的问题是已经有60多个或病或死的非洲人被扔到了海里，而且每天还在继续着。

　　航行时间的延长使得船上的饮用水变得异常重要，一般情况下船长会根据船只大小和船员的数量，预测航程后来决定带水的数量。沃尔韦恩告诉我们："'宗格号'船长科林伍德在11月29日将他的船员们集合到一起，建议将生病的奴隶扔到海里，一方面是保证饮水安全，另一方面也能使货运公司的损失得到保险公司的赔偿。"[7]

　　船长跟船员说得非常清楚，如果生病的非洲人死在船上，船员就要承担责任，对于公司获得赔偿也有影响。然而如果非洲人不是死在船上，而是为了保证船只安全而被扔到海里，那么损失就会由保险公司"基尔伯特联合公司（Gilbert and Associ-ates）"承担，相关的保险法在这方面已有明确规定：

　　　　对于奴隶的伤病、被俘或者死亡，或者其他任何不可避免的风险，保险公司将承担责任。但是自然死亡除外，自然死亡不仅指因疾病而死亡，也包括经常

72

发生的俘虏因为绝望而自杀等情况。但是当为了平息起义而将奴隶杀死或者扔到海里的情况，保险公司需要赔付。[8]

科林伍德船长是在为雇主詹姆斯·格雷格森联合公司寻求最大的经济利益，他需要熟知英国海上的法律规定和文化，面对任何情况只需作出一个简单的商业决定，既不构成犯罪也不涉及道德问题。在管理会议上船长和船员们评估了一下情况，每天都有很多非洲人生病死掉，但是水是充足的，因为他们每天都能用桶接到超过需要的雨水，但是风对于他们不利，船长此次横渡大西洋的航行不是最佳的选择。

对于船长为了得到保险赔偿而将非洲人扔到海里的决定，船员中有不同意见。这艘船的第一大副詹姆斯·凯尔索尔（James Kelsall）起初不同意这个计划，但是后来他改变了主意。 73 于是，他们开始把非洲人扔到海里，第一天有 54 人，第二天（11 月 30 日）有 42 人，12 月 1 日有 26 人。其中有 10 个非洲人被解开锁链后选择了跳海自杀，报告说通过"跳入海中，他们经历了拥抱死亡前的片刻成功"。[9] 这 10 个人作出这样的选择是他们自己的权利，他们有权选择自杀，或者被谋杀。最后，这艘死亡之船终于在 12 月 22 日到达了牙买加。

记录显示，有 131 个非洲人被扔到了海里，被紧随奴隶船只横渡大西洋的鲨鱼吃掉了，最后船上还剩余 420 加仑的饮用水。沃尔韦恩记录道：有 131 个非洲人"被残酷谋杀"，集体死于"非正当理由的卢克·科林伍德船长的经济算计及其船员的合谋"。[10]

当"宗格号"返回英国后财产损失赔偿就开始了，船只的拥有者向保险公司递交文件，要求按照财产损失的全部市场价值进行赔偿。赔偿的理由是根据法律规定，由于饮用水即将用完，所以将非洲人扔进大海是拯救船只的必要措施，而这明显与事实不符。

"宗格号"大屠杀是一个非常普通的事件，两周过后没有受到任何质疑，直到一个住在伦敦的重获自由的奴隶和反对奴隶制度的黑人积极分子奥罗达·埃奎亚诺（Olaudah Equiano）把这个消息告知当时一个有名的废奴主义者格兰维尔·夏普（Granville Sharp）。这个消息沉寂两周后也引起一个记者的注意，他在一份报纸上做了报道。可是英国社会对于谋杀黑人的案例已经司空见惯了，为了保护国家利益他们认为这类事件甚至不值一提。因此在伦敦市政厅复审"格雷格森诉基尔伯特案"时，大家都认为因非洲人死掉而要求保险赔偿很正常，可以就此结案了。

沃尔韦恩说，对非洲人的"暴力泛滥"有助于"保持奴隶制度"，为了使制度具有经济活力，"非洲人必须作出最大的牺牲"。这就是英国政府所定义的国家利益。沃尔韦恩总结道：74 "对'宗格号'上谋杀奴隶者的追查，将成为理解整个奴隶体制的第一步。"[11]

船只的拥有者和英国的司法体系都不认为将奴隶扔到海里就等同于谋杀，对他们来说这个案例只是简单的财产损失理赔案。格兰维尔·夏普和其他反对奴隶贸易的积极分子试图以谋杀罪控告船上的船员，但法庭并没有太在意。基尔伯特保险公司拒绝理赔，因为他们听到的报告是为了欺诈保险公司而冷酷地谋杀了非洲人。随后召开了一场法庭听证会，负责该案件的是法官曼斯菲尔德和其他两个人。

反对奴隶贸易的游说集团注意到，这可能是一个最引人注目的公众事件，审判的基本原则是英国公民可以采取最符合其经济利益的方式来处理其人类财产。还有一点也被提到，不管是在牙买加还是在巴巴多斯，都不认为谋杀非洲人属于刑事犯罪，可能只会因为造成的相应损失而交付罚金。

负责奴隶制度和保护国家利益的英国政府对这个案件很有兴趣，国家总检察长约翰·李（John Lee）在审判中代表死去的非洲人所有者。李接管这个案件是因为他关心这个案件在更广层面上的应用。格兰维尔·夏普代表保险公司一方，他也同样关心这个案件的法律应用。[12]

李直接反对谋杀控告，并以国家总检察长的身份表明了其诉讼观点，他告诉法庭对科林伍德船长和他的船员的犯罪控诉是"疯狂的"，这一事件在公海上非常普遍，从船上扔给鲨鱼的是"财产"，仅仅是财产而已。

这可能是对奴役非洲人的英国国家政策最清晰的表述。他们是动产或不动产，不具备人类的性质和人格。财产无所谓被杀死，因此对于船长和船员的谋杀控告也无从谈起。在李的陈述中，我们找到了英国政府的官方立场：

> 为什么要四处宣称是把人类扔进了大海里呢？可问题的关键是这是自愿的还是必要的行为？这是一个"有关财产或者物品的案例"。事实也的确如此：这就是一个为了得到保险赔偿而扔掉货物的案例。他们是物品和财产，不管这个观点是否正确，都与我们无关。不管是否为了获得赔偿，这些财产，如果你愿意也可

以将其称之人类，已经被扔下了船，这是问题的关键。[13]

李曾经是一名律师，他非常清楚案件的本质。他是正确的，参与的每个法官也都清楚，他并非在臆造一个邪恶的法律现实，这就是真实的英国的法律。被奴役的黑人是财产，他们被这样定义已经 200 年了。奴隶法典上明确写着，奴隶与英国人不可能适用相同的法律。英国人是人类，非洲人不是人类，因此就不存在违反人权的问题。

法官和总检察长的看法完全一致，他们都代表着国家法律。曼斯菲尔德在这一点上表达得更加清楚，他说："毫无疑问，在这个案例上，奴隶就如同马匹一样，从船上被扔到了大海里。"[14] 整个诉讼都与谋杀无关，夏普试图说服英国政府这是对人类的谋杀，但他失败了。沃尔韦恩解释了他失败的原因，"他遭遇到了官方的沉默和不作为，因为官方意识到这样的行为会破坏整个制度，并由此带来长久的争议和巨大的物质损失"。[15]

法庭的作用就是保护国家利益，而英国国家利益已经与奴隶贸易和奴隶制度的投资回报紧密融合在了一起。沃尔韦恩总结道："当时的英国人非常清楚奴隶制度为其带来的利益，又有多少人会因为道义而去破坏收益颇丰的经济制度呢？……杀死一个奴隶，或者一群奴隶，是会造成一定的经济损失，但绝对称不上是骇人听闻的人类暴行。"[16]

第六章
加勒比地区女性奴隶被迫沦为妓女

我们从相关记录中读到的不仅包括奴隶的辛苦工作，也包括他们必须忍受的惩罚和折磨……奴隶主的孩子是奴隶在法律上唯一被允许去爱的人。我们必须承认，这段历史在 200 年后深深影响了当今加勒比地区的社会。

——黛安·阿伯特，国会议员，纪念废除奴隶贸易二百周年辩论，2007 年 3 月 20 日

奴隶主可以不受限制地与作为商品的女性奴隶发生性关系，这是加勒比地区的奴隶体制在法律和风俗上赋予英国奴隶主的权利。作为奴隶制度下财富积累的迂回途径，提供性服务与生产物质产品没有明显区别。生产、性快感和生殖在奴隶市场经济中很难区分。就被奴役的女性而言，家务工作不仅包括体力劳动，也包括提供性服务以及（多次）生育，这些孩子将被视为财产进而加快财富资本化的进程。[1]

强奸一个女性奴隶，首先意味着对于女性作为人类个体的侵犯，但是英国法律拒绝承认女性奴隶属于人类。她们只是财产，而作为财产，她们不可能被强奸或性侵犯。正是由于这个原因，奥兰多·帕特森（Orlando Patterson）试图比较暴力强奸

与性胁迫的不同，他认为强奸常常是"不必要的"。这种观点也揭露了种植园的现实，奴隶主很少承认强奸，而是将被奴役的女性看作"性奴隶"。[2]

据理查德·邓恩所说，17世纪英国种植园的记录显示"主人喜欢霸占最漂亮的奴隶女孩，来强迫行使他们所谓的权利"。[3]约翰·奥尔德米克森（John Oldmixon）在1798年对这个传统作出了进一步解释，他在报道奴隶主的家庭生活时写道："最好看的和最干净的（黑人）少女被培养做一些不体面的服务"，以"各种方式"使她的主人得到满足。[4]

18世纪末反奴隶运动势头强劲时，对于黑人妇女的性剥削和黑人家庭生活破坏的关注也加强了，奴隶主的性权利也受到了更广泛的监督。职业军人希尔顿上校（Colonel Hilton）曾谈及英国社会的普遍现实，他说1816年他被西印度群岛社会的一幕震撼到了，在当时的奴隶市场上，白人妇女用"极其粗俗的方式"来检查男性奴隶的生殖器。[5]

19世纪20年代的英国旅行作家F. W. 贝利（F. W. Bayley）同样也发现，虽然在西印度群岛组织奴隶卖淫是很令人不快的，但是白人男性认为妓院里的性奴隶是社交方面不可或缺的。[6] E. 芬维克（E. Fenwick）太太是19世纪布里奇顿的一名英语教师，她所看到的当时的事实是：年轻的白人男性一般都是在被奴役的佣人和妓女身上开始他们性的初体验的，"组建家庭仅仅是为了性爱"。E. 芬维克太太极力尝试接受这一现象但最终失败了，她害怕她年轻的侄子在道德上受到影响，所以准备让他搬去费城。[7]

对奴隶主社会生活的辛辣评论，似乎并没有为其带来困扰。

他们并不认为将被奴役的黑人女性和其他有色人种女性作为性目标是多么低级的趣味。接触女性奴隶的不仅是种植园主和经理们，这种现象在城市里也非常流行。在西印度群岛的城市中，有组织的卖淫活动或找奴隶作为情妇的现象在白人家庭中再普通不过，而在种植园里与女性奴隶发生性关系则更为隐蔽，外边的人是看不到的。[8]

　　黑人妓女在城市里大受欢迎。当时城市经济发展使得很多海员在城市短暂停留，他们很可能去买春。城市生活的自由及思想的开放造成了奴隶妓女服务机构的繁荣。

　　克劳德·利维（Claude Levy）告诉我们，奴隶妓女从 17 世纪开始已很正常，B. W. 希格曼（B. W. Higman）说在牙买加"奴隶妓女在城市中很常见"。[9]城市中的旅馆和酒馆常常也是妓院，奴隶妓女同时也是那里的女佣。妓女在殖民地是非法的，但是在城市里对此没有明确的规定，这种犯罪活动得到大英帝国和殖民地官员的宽容和鼓励。

　　伊丽莎白·芬维克（Elizabeth Fenwick）认为，利用女性奴隶作为妓女的城市奴隶主，和将女性奴隶作为"生育机器"的农场主，两者并没有很大的不同。她也认为这些角色之间会有交叉，很多性奴隶也是白人男性的情妇，他们也经常鼓励女性奴隶生孩子，以便卖掉孩子并在经济上获益。

　　在芬维克的评价体系中，这一特殊背景下的奴隶制度是"恐怖和耻辱的"。她对于"受害的"被奴役的女性表达了明显的同情，对于白人家庭中普遍有奴隶妓女和家庭情妇（一定也是管家）感到特别恼怒，认为这是一种非正式的社会两性关系。按照她的理解，"女性奴隶确实被鼓励从事妓女行业，因为她们

78

的孩子也是主人的财产。这些孩子被女人们像宠物一样抚养，经常被从奴隶的房间带到她们房间里来喂养和睡觉，将其细心和娇惯地抚养长大后，这些孩子就被立刻派去劳动，被像奴隶一样对待"。[10] 她还说，隐藏在家里的奴隶妓女，在城市和乡村的白人家庭中都很"常见"，并不是什么"暴行"。

79 从巴巴多斯牛顿种植园 18 世纪 90 年代的数据看，1796 年有四名女性奴隶——麦默巴·朱巴（Membah Jubah）、法尼·安（Fanny Ann）、叶梅尼玛（Jemenema）和小多利（Little Dolly）——都生过"白黑混血儿"，这些女人都在 13~16 岁时就怀孕了。

  白人男性，包括有时在城里居住的种植园主们，通过女性奴隶卖淫而获得经济利益。一个在 18 世纪 70~80 年代生活在巴巴多斯的管理者、英国人威廉·迪克森（William Dickson）发现，男人经常把他们的奴隶情妇作为妓女"出租"，并以此作为一种便捷的赚取现金的方式。他说这些女人被特别租赁给特定时间来访的商人、海军军官和其他客人。

  付给女性奴隶主人的性服务费用，经常会超过女性奴隶的市场价值。在收完甘蔗之后，很多女性奴隶立即被作为妓女投放到城市市场上，这样做的奴隶主越来越多。同样也有很多的男性工匠，在合同基础之上出售他们的技术。这两种情况都会使奴隶主获得全部或者部分的经济收益。[11]

  1790~1791 年在下议院听证奴隶贸易之前，奴隶妓女的问题又被提了出来。对于女性奴隶被主人当作妓女租赁的问题，尽管证据显示它是非法的，但这毕竟是一个"非常普通的事情"。传教士也听说过乡村的妇女被送到城市，城市的妇女被送到军营等类似事件。总之，妓女对于英国的殖民管理者来说并不是一个很大的问题。[12]

19 世纪早期关于奴隶卖淫的资料中强调了城市与乡村环境的不同。1824 年托马斯·库珀（Thomas Cooper）说，城市中的白人妇女也为顾客提供年轻的黑人女孩。J. B. 莫尔顿（J. B. Moreton）在 1790 年注意到，有色人种奴隶"从年轻时就被教导如何做一个妓女"，希望能够在"不道德的收益"中谋生。[13]

为了支持废奴立场，库珀将甘蔗殖民地奴隶人口自然增长率下降的原因，部分地归结为年轻女性奴隶在种植园和城市中卖淫的盛行。但是对于卖淫会影响女性奴隶生殖能力的观点，奴隶主并不认同。爱德华·朗（Edward Long）是 18 世纪后期牙买加支持奴隶制度的思想家，他也赞同一般英国人的观点，认为女性黑人奴隶已习惯于卖淫而且从不进行道德反思。[14]

英国军官库克船长（Captain Cook）在 1790～1791 年的国会会议前提交了证词，列举了奴隶主使用女性奴隶卖淫的很多方式。他对殖民社会的认识是基于 1780～1782 年的几次访问，得到了英国家庭文化的第一手资料，也注意到被赋予权利的男性的性实践。他描述了佣人、黑人和有色人种在城市里如何被用作性奴隶，其结果是海员买春"非常普遍"。[15]

库克说被奴役的妓女在港口官员的特别安排下被送到船上，通过卖淫来赚钱。他承认在他管理的船上也有这样的安排，因为这是殖民生活的一部分。但是这种行径是非常低俗的，他还说到一个他所认识的"黑人女孩在回到她主人家时，因为没有交上全部工资而被严厉惩罚"。[16]

　　隐秘组织奴隶卖淫更是富有白人妇女中流行的生意，特别是对寡妇以及那些丈夫没有很大影响力和经济能力的女性。白人精英团体为了维护其社会形象，与妓女们保持着一定距离。但对于经济上不稳定的白人女性来说，这却是她们赚钱的最好方式，她们加入这项活动时并不感到羞耻和忏悔。例如在 1806 年一个英国海军军官报告说，他认识一个非常受人尊敬的克里奥尔妇女，为了生活"她将黑人女孩以洗衣工的名义，租给愿意付钱的人，但如果她们不拘礼节而不回家，她就会非常生气"。[17]

　　一个在 1808 年访问过巴巴多斯的英国人约翰·沃勒（John Waller），对于上流社会白人妇女、奴隶妓女和"租赁"劳工体系的关系做过类似的描述，他在游记中写道：

　　　　在我所寄宿的一个家庭中，一位非常受人尊敬的女性在晚餐时对客人遗憾地说，她之前租出去几个月的一个年轻女性奴隶就要回家了，这样她每个月就会损失 12 英镑，这是她租赁的价格，此外她还需要供养她。晚餐之后，我跟她谈起租赁奴隶的话题，得知她口中的那个女孩是被军营的一个军官租去作情妇了。对于这样一个奇怪的交易，我感到非常吃惊，但是几天之后我发现，这个女性奴隶的租赁广告又在《布里奇顿公报》上登了出来，下面还写着奇怪的词语，"租赁裁缝，非常漂亮的 17 岁混血女孩，针线活儿娴熟等。每月 12 英镑，非诚勿扰，尽快联系等"。我之前也注意到类似的广告，我以为用不了几个星期就会消失，然而事实是这些广告经常出现。[18]

81

　　卖淫的组织据点一般设在酒馆、酒吧和旅馆，军舰上的军医乔治·平卡德（George Pinckard）博士在 18 世纪 90 年代经常访问西印度群岛，了解布里奇顿小旅馆的卖淫活动。平卡德告诉我们，很多旅馆"一张床一晚上大约是半美元，或者是一周三美元，是很容易接受的价格，小费自愿"。妓女们"被她们的女主人以最残酷的方式对待，主人的目标就是从她们身上赚取更多的金钱"。平卡德说，"看到妓女受到这样的对待我很气愤，但当意识到她们在卖淫时并没有感到耻辱或者不光彩时，我的反应就没有这么激烈了"。他补充说，一个"最受欢迎的妓女反而会成为大家嫉妒的对象，她也会因自己的与众不同而感到自豪"。[19]

　　1837 年杰出的英国废奴主义者约瑟夫·斯德奇（Joseph Sturge）和托马斯·哈维（Thomas Harvey）开始在英属加勒比地区开展奴隶解放运动时，布里奇顿大部分的酒馆和旅馆仍旧被看成是"堕落之地，很多妇女在那儿被迫卖淫"。斯德奇、哈维以及其他殖民地的访问者都注意到，不管是奴隶还是自由人，有色人种都比黑人更有市场，提供服务的价格更高。

　　然而与黑人女性相比，有色人种女性很少会做妓女，更可能是白人男性的情妇。有记录证明"黄色皮肤"的女人最受欢迎，她们大部分会在更高级的旅馆和酒店里。例如 1804 年一个英国海军军官谈到一个白人妇女赚到了"一大笔钱"，方式是通过给欧洲人提供"有色人种"女孩做妓女，而对外却说是做"女管家"，或者白人妇女本人更希望说成是"把她们嫁出去一段时间"。[20]

第七章

罪恶敛财

——建立在奴隶制度基础之上的大不列颠

　　银行家和制造商从奴隶贸易中获得了巨大财富……在我的城市伦敦，有时人们会弱化或者低估它参与奴隶贸易的程度。但是相比不列颠群岛的其他地方，伦敦涉足奴隶贸易时间更长，程度也更深。

　　——黛安·阿伯特，国会议员，纪念废除奴隶贸易二百周年辩论，2007 年 3 月 20 日

　　所有的西欧国家都参与了对非洲人的运输和贸易，并作为投资者通过奴役非洲人获得了利益。但是英国比任何其他欧洲国家所获利益都要大，其经济上和金融上剥削非洲人的艺术都堪称完美。18 世纪末期英国已成为最大的奴隶贸易国和最重要的加勒比地区奴隶所有者，英国人在奴隶贸易和奴隶剥削两个方面都独占鳌头。[1]

　　英国从奴隶贸易中获得了巨大财富，这也对其财政起到了决定性作用，使其成为首个奴隶贸易的超级大国和首个工业巨头。在包括初级产品、制造业商品和非洲人在内的复杂的跨大
西洋贸易网络中，英国人是以奴隶贸易为基础的加勒比地区经

济的最大受益者。其傲人的经济成就为 18 世纪末的大不列颠赢
得了良好声誉。[2]

　　加勒比地区被奴役的非洲人受到的来自英国的伤害，要比
其他殖民国家的更大。英国在奴隶贸易上的霸权，以及在 1800
年对加勒比地区最大的奴隶殖民地牙买加的所有权，都使这个
国家成为市场的领导者和潮流的缔造者。约有 300 万非洲人乘
坐英国的船只被运出非洲，这一数字是其他国家的两倍。英国
因此成为运输非洲人能力最强的国家，可以将非洲人从其故乡
重新安置到世界任何地方。[3]

　　直到 1807 年英国奴隶贸易末期，英国殖民地约有 150 万被
奴役的非洲人，尽管其中也有很多是被欧洲其他国家运输到殖
民地的，但是英国强加给被奴役者的种族灭绝政策导致了其人
口的大量流失。在大多数的英国殖民地，被奴役的非洲人不能
也不曾生育，在近 200 年的时间里，这些殖民地因为人口自然
递减而造成了系统的人口流失，死亡率常常超过出生率，很多
殖民地为了对冲人口减少，就重新输入大量的非洲人。

　　劳工体制破坏了被奴役的非洲人再生育的潜在可能，这种
破坏是残酷而血腥的。在被奴役者看来牙买加就是一个灾难，
而在英国的奴隶主眼里这一殖民地却充满机会，并已经取代巴
巴多斯成为最有利可图的殖民地，但是在奴隶人口自然增长方
面，牙买加并不像巴巴多斯那般成功。巴巴多斯作为第一个奴
隶社会和英国最大的奴隶投资项目，那里最广泛地体现了英国
的反人类罪行。[4]

　　很多历史资料都讲述了加勒比地区在 18 世纪英国经济转型
过程中所作出的贡献。在埃里克·威廉姆斯的著作《资本主义

和奴隶制度》一书中，西印度群岛被描述为"帝国的港湾"。17世纪末期一些经济评论家，如查尔斯·达芬南（Charles Davenant）、约西亚·柴尔德（Josiah Child）和达尔比·托马斯，都认为西印度群岛是英国海外投资最有利的地方。18世纪的分析也从侧面支持了这一观点，即英国的殖民贸易和国内经济增长都与奴隶种植园的利润密切相关。例如对于亚当·斯密（Adam Smith）来说，殖民生产中甘蔗种植园的作用非常明显，"西印度群岛殖民地甘蔗种植园带来的利润，一般比欧洲或美洲任何其他作物种植园的利润都要高很多"。阿瑟·杨（Arthur Young）指出，"甘蔗殖民地对大不列颠的财富贡献大约是每年300多万英镑"。[5]

英国在加勒比地区殖民地中发现了加速经济增长的引擎，这个引擎的驱动力就是奴隶贸易和奴隶制度。加勒比地区是大英帝国作为经济大国的起点，也是其全球金融网络的核心，并使其最终控制了公海。权力、名声和利润就是加勒比地区对英国的贡献，它助力现代英国实现了成功的第一跳。英国充分利用加勒比地区的机会，实现了利润的最大化，而且从来没有后退过。

1600年英国对这些"碎片土地"的兴趣并非来自其清晰的殖民计划，而是来自对西班牙殖民和贸易进行不定时暴力袭击的"对抗计划"。袭击和掠夺成为常态，似乎也代表了英国能力的增强。[6]

在1585~1604年英国与西班牙战争的20年内"无和平可言"，英国在加勒比地区捕获西班牙商船，卖掉船上货物给立功的官兵分发赏金，这些赏金的价值大约是每年10万~20万英镑

（在 2010 年的价值约合 2.63 亿~5.26 亿英镑）。与走私贸易相联系的捕获商船活动直到 18 世纪对英国都非常重要。出于政治原因伊丽莎白政府不希望公开支持反西班牙的加勒比地区活动，然而冒险家们有信心也有办法解决在美洲遇到的任何问题，他们呼吁经济和财政实力雄厚的国家代表提供帮助，最终确实得到了资助，政府也为其提供了隐性投资，谨慎的担保和军事上的协助。[7]

英国人在殖民化方式上跟随荷兰人，因为荷兰已经在加勒比地区的贸易和移民方面初具规模。位于西班牙的奥里诺科河（Orinoco River）和葡萄牙的亚马孙河中间的圭亚那海岸（Guiana coast）吸引了英国人和荷兰人，在雷利（Raleigh）9 年努力之后的 1604 年，查尔斯·利（Charles Leigh）试图在威尔坡科（Wiapoco）建立殖民地。其他人也进行过类似的尝试，如哈考特（Harcourt，1609~1613 年）、雷利（1617~1618 年）、洛奇·诺斯（Roger North，1619~1621 年）。最终英国人在勘测向风群岛和背风群岛方面获得了机会，而这一区域正是西班牙人所忽视的区域。[8]

西班牙人认为小安的列斯群岛没有什么经济利益可图，因为这些岛屿不能生产大规模的贵金属。第一批来到这些岛屿的英国人也遭遇到卡利纳格人（土著人）的坚决抵抗，他们像西班牙人一样灰心丧气。事情的转折点是 1622 年托马斯·沃纳（Thomas Warner）访问圣克里斯托弗（圣基茨），沃纳参加了诺斯的圭亚那项目，认为圣克里斯托弗是建立烟草种植园的理想之地。在约翰·鲍威尔（John Powell）的领导下，一群海员于 1625 年到达巴巴多斯，他们途经圭亚那时也得出了相似的结论。

沃纳和鲍威尔回到英国后，就开始为这个新的英国殖民活动寻求经济支援。

在圭亚那的失败促使英国商人开始探索加勒比地区殖民的新途径。弗吉尼亚公司（Virginia Company）于 1624 年倒台，其管理权由王室接管，这也显示了英国将商业企业转变为永久据点的更大决心。股份制公司、辛迪加和个人所共同支持的农垦项目进一步发展，这也标志着英国人在观念上开始不再坚守海盗传统。

同时加勒比地区的巨大机会也得到了英国殖民势力核心的支持。1625 年 7 月 2 日，第一代卡莱尔伯爵（Earl of Carlisle）詹姆斯·海（James Hay）获得国王查理一世赐予的一笔"加勒比群岛"补助金。在接下来的十年内，"英国人蜂拥而至"加勒比地区，来到西印度群岛的人数要比任何单一大陆殖民地都要多。[9]

1624 年英国人在圣克里斯托弗建立了殖民地，随后 1627 年在巴巴多斯、1628 年在尼维斯、1632 年在蒙特塞拉特岛和安提瓜分别建立了殖民地。在 1655~1656 年英国和西班牙冲突之前，即奥利弗·克伦威尔（Oliver Cromwell）占领牙买加之前，这些小岛都是英国海上运输的脊梁，也是美洲财富积累的最重要的据点。

86   这些岛屿的经济重要性远远超过了清教徒的新英格兰，这并不是说清教徒对西印度群岛不感兴趣。个别的清教徒，包括重要的温斯罗普家族和唐宁家族，在西印度群岛也待过一段时间，但是总体上说，清教徒从来没有获得足够的将西印度群岛发展为传播福音的新耶路撒冷的政治权力。甚至在尼加拉瓜海岸之外的普罗维登斯岛（Providence Island），清教徒们为在此建立殖民地提供了财政支持，也加强了政治控制、海盗活动和走私文化，同时残酷地剥削奴隶，将建立宗教乌托邦的想法全部抛到了脑后，这一社区也变得与周围岛屿上的其他欧洲殖民地并无二致。[10]

到 1640 年，英国人相比加勒比地区的其他欧洲人在人口上占据了优势。到 1660 年，英国的岛屿殖民地比大陆殖民地吸引了更多的定居者，这表明岛屿殖民地更有前途，具备更多的"物质和社会优越性"。到 1660 年，白色人种迅速增长到 47 000 人，占英国跨大西洋殖民地总人口的 40%。据亨利·格梅里（Henry Gemery）估计，在 1630~1700 年之间约有 378 000 个白人移民到了美洲，大约有 223 000 人（约占移民总数的 60%）移民到了广阔的加勒比地区殖民地。[11]

17 世纪 20 年代及 30 年代早期的经济低迷和政治混乱，以及对殖民地是所有阶级、投资者和移民机构的机会之地的有效宣传，使得巴巴多斯的人口在 17 世纪 30 年代增长尤其迅速，在 1635~1639 年间增长了 7 倍。对于定居者来说，这一时期没有别的殖民地能与巴巴多斯相媲美，西印度群岛在经济扩张中领先其他殖民地而获得发展。投资和贸易的增长与人口增加直接相关，早期的西印度群岛投资者能够确保美洲获得大量来自爱尔兰和英国的劳动力。

烟草和棉花等主要产品的运营，在开始时主要依靠成千上万的英国契约劳动力。与西班牙人的大安的列斯群岛不同，小安的列斯群岛缺少大量的可以被奴役的土著人口。在这样的情况下，引进契约佣工就成为解决这一问题的良方，就如同西班

87 牙人剥削墨西哥人和秘鲁人一样，这就意味着谁控制的佣工最多，谁就最可能成功，正如切萨皮克（Chesapeake）的情况一样。[12]

殖民地的投资者在17世纪上半叶出版了很多宣传性的作品。巴巴多斯依托领先的大规模制糖业，发展成为最大的西印度劳动力市场。是否从烟草和棉花转移到制糖业完全取决于巴巴多斯种植园主的自主选择。由于葡萄牙控制的巴西爆发内战造成了生产地的转移，使得17世纪40年代蔗糖价格在欧洲市场上升很快。在荷兰的巨大财政和技术支持下，很多更具冒险精神的英国种植园主转到制糖业中来，并占有重要的市场份额。

到17世纪50年代，巴巴多斯的蔗糖年产值超过300万英镑（在2010年的价值约合58.8亿英镑），被誉为新世界最富有的地方。该岛的贸易和资本总额要比英国其他殖民地的总和还要多，巴巴多斯已经取代西班牙成为加勒比地区的"蔗糖中心"。而法国岛屿落后于英国，虽然其蔗糖生产在一百年间也稳定增长。

理查德·利根（Richard Ligon）按照种植园主的期望阐述了经济爆炸的本质，并举出一个典型的案例。这个案例的主人公是他的朋友托马斯·穆迪福德（Thomas Modyford），也是埃克塞特（Exeter）市长的儿子。1645年穆迪福德来到巴巴多斯，收购了一个500英亩的种植园，包括28个英国仆人和大量的非洲奴隶。他"暗下决心，甘蔗种植园的运营价值一日达不到10万英镑（2010年的价值约合2.13亿英镑），就一日不回英国"。穆迪福德的乐观主义是有道理的，1647年他的确发了财，并于1660年被任命为总督。在同样的10年时间里，他将利息投资到新取得的牙买加，并于 1664 年成为牙买加总督。在他去世的 1679 年，他在西印度群岛拥有最大的种植园和超过 600 个被奴役的非洲人。[13]

在巴巴多斯以及背风群岛经济活动的重组被称作"蔗糖革命"，巴巴多斯大规模的甘蔗种植园稳定地取代了小规模的烟草、棉花和靛蓝的种植，这些种植活动在其他岛上也被慢慢取代了。甘蔗种植需要大量的劳动力和资金设备，也刺激了对大片土地的需求。地主排挤佃户，一些小农在被买断土地后也被排挤出去，这造成了土地价格飞涨，非糖类作物的种植面积和产量也快速减少。在很多岛上，一些小规模的农场主继续占有优质土地，在种植园的边缘继续进行经济作物生产，但是小农场主发现，当烟草和棉花价格下降时，他们很难参与到市场竞争中，因为他们的生产通常无利润可言。到了 17 世纪 80 年代，对于贫穷的欧洲移民而言，"蔗糖之岛"已经不再是好客之地，相比 17 世纪英国控制下的大西洋的其他地区，巴巴多斯甘蔗种植的发展也造成了对自然环境的更快更广泛的操纵。[14]

对社会结构的影响

经济转型对西印度群岛的社会结构和政治生活产生了巨大影响，使得上层阶级奴隶主被认为是美洲最富有的殖民者，"蔗糖之岛"的闻名也使他们卓尔不同。在大多数殖民地，这些精英家庭的男性继承者们主导着政治、立法和司法机构，在巴巴多斯岛建造了与英国贵族家庭相媲美的舒适豪宅，也建造了很多港口城市和教堂，使得这些热带岛屿在外表上与英国颇为相似。

经济转型给西印度群岛社会带来的消极影响也同时存在，日益成功的奴隶主，特别是巴巴多斯和牙买加的奴隶主，利用排他体制，例如财产资质、专业团体会员或者拥有大学学位等条件来牺牲包括非白人中小农场主的利益，进而确保他们自己继续主导殖民社会。这些奴隶主们也在进一步的殖民扩张方面发挥着重要的领导作用。对牙买加、向风群岛、圭亚那、大陆上的弗吉尼亚和卡罗来纳等加勒比地区定居点的赞助和支持，很大一部分就来源于巴巴多斯精英的移民和投资。

89　　1645 年巴巴多斯和背风群岛有 5.5 万英国人，而当时生活在新英格兰的英国人只是这一数字的一半。当法国的殖民者艰难地在加勒比地区殖民地定居下 5000 人时，英国已经拥有了最多的海外人口，加勒比地区就是英国人所构想的全球帝国的开始。

制糖就意味着要奴役非洲人，就像在西班牙和巴西一样，那些熟悉巴西蔗糖生产的人都深知这一工作机制是靠被奴役的非洲人来运转的。蔗糖生产及其相关工作异常繁重，包括相当多的制造业投入和艰苦的农业劳动。工人们先要清理土地上茂盛的自然植物，并在烈日下耕种、照料和收割甘蔗，而且还要立即将甘蔗运到糖厂榨出汁来，再将甘蔗汁在发酵之前放到锅里煮熟。甘蔗种植园的全年工作都是艰苦且高强度的，收获季节更甚。因为制糖不能间断，工人一般采取换班制来使生产继续，17 世纪中叶制糖业的巨大利润保证了甘蔗种植园主有能力承担高额的劳动力费用，他们很快就用被奴役的非洲人代替了契约佣工,将这个岛屿发展成了英国最大的非洲奴隶市场。将这一市场彻底变成奴隶劳动力市场所需要的资本和贷款可以轻松获得,因为英国和荷兰的商人以及金融家迫切希望与甘蔗种植园主合作。[15]

最大的份额

当英国掠夺者在 16 世纪末进入加勒比地区时,人们认为他们也如同公海海盗、自由掠夺者、反西班牙恐怖分子一样,会成为加勒比地区财富掠夺者中的失败者。西班牙人在 1492 年哥伦布发现美洲新大陆之后,已经用暴力征服了加勒比的大部分地区,他们到处挖矿,奴役当地居民,试图消灭所有反对者。西班牙对加勒比地区的军事控制,也使西班牙的君主和雇佣兵更加强大。帝国的财富通常也意味着国内政治实力的强大,不久西班牙也的确被证明是一个完全不可小觑的欧洲超级大国。

在激进的欧洲民族主义年代,英国担心它的安全和主权,担心被排除在加勒比地区财富之外,不能获得加勒比地区的荣光和帝国荣誉,因此英国也开始在加勒比地区释放其民族主义。荷兰人已经领先了,法国人也采取了有效措施在加勒比地区赢得了声誉,这样英国就不仅是落后于西班牙,而且也落后于荷兰和法国,其经济地位的优势就很令人担忧了。

英国开始殖民的 17 世纪,也正是欧洲政治和军事环境极度紧张的时期,加勒比地区已经按照西班牙的意志而被强行设计,伴随着英国的非正式宣战,再到战略时刻的正式宣战,加勒比

90

地区就变成一个"战争全面打响"的区域。

英国的民族主义在加勒比地区被以一种崭新且特别的方式重新定义，英国在加勒比地区的所有现实活动都是为了其身份测试和全球利益。英国开始时是试探性前行，但很快就有了信心，到17世纪末它在加勒比地区成功应对了荷兰和法国的挑战，也赢得了西班牙的尊敬和战略上的屈服。英国通过贸易和农业有效地加入到奴隶体系中，利用其在加勒比地区和更广阔的大西洋所获得的财富，取得了预期的军队和政治优势。

加勒比地区依靠被奴役的非洲劳动力所带来的财富繁荣，使世界经济积累的中心发生了转移。世界上没有任何一个地方能够像巴巴多斯一样无限制地利用奴隶劳动力。非洲人在加勒比地区所经历的就是"人间地狱"，英国的甘蔗种植园主和奴隶贸易者就是这场奴役最主要的施行者。

当代人告诉我们，这些岛屿忽然变成了世界上最具价值之地而被觊觎和争夺。17世纪英国的政治经济学家达尔比·托马斯（Dalby Thomas）爵士，也是一位英属加勒比地区的建筑师，曾经评论道，英国的乐趣、光荣和伟大的最重要的推动力并非别的产品，而是蔗糖，蔗糖自然就意味着对非洲人的奴役。他也引用了另外一位经济学家约西亚·柴尔德的观点，柴尔德也是一位有名的17世纪英国民族主义发言人，他认为加勒比地区已经变成了历史上最宝贵的殖民地。[16]

柴尔德曾经根据英国制造业市场和就业市场的财富估算过加勒比地区回流到英国的价值，巴巴多斯在17世纪对英国贡献的财富超过了其他所有美洲殖民地的总和，因为它是英国在新世界奴隶制度的中心。到1775年为止，英国在西印度群岛种植

91

园获得的财富是 5000 万英镑（在 2010 年的价值约合 717 亿英镑），3 年之后其财富被评估为 7000 万英镑（在 2010 年的价值约合 979 亿英镑）。[17]

在展望即将来临的 18 世纪的时候，柴尔德得出的结论是，英国之前从未拥有过如此快速的财富增长。国家利益就意味着对非洲人的束缚和奴役，在 17 世纪和 18 世纪使西欧陷入僵局的军事化的民族主义，也使非洲人陷入了欧洲商业竞争的牢笼之中。

英国人的所有军事力量都是针对非洲人的，而他们将所有的文化憎恨又都强加给非洲人。起初非洲人是欧洲战争的工具，在加勒比地区使用被奴役的非洲人作为劳动力使其具备经济优势，由此产生的财富可以被广泛用来资助战争，也能更好地服务于英国人的自我解放和种族认同。因此英国自愿在 18 世纪开始了反对其对手的战争，战争之目的就是控制非洲奴隶市场，控制尽可能多的土地来奴役非洲人。这不仅使英国的军国主义，而且使它的企业、文化和工业实力都获得了自由发展。

加勒比地区的确是"帝国的枢纽"，服务其意志的实现：培育了大规模的英国商业活动，充当英国制造业的成长型市场，刺激英国国内的金融和货币体系，为商业界的无数从业者提供了工作机会，使英国人的心灵在内战后得到修补，在《联合法案》之后的一段时间内自觉高人一等。最重要的是它刺激了英国称霸全球的野心。

加勒比地区不仅是"帝国的枢纽"，也是大英帝国威力的来源。在"赢者通吃"的年代，加勒比地区所创造的机会造就了帝国的成就，加勒比地区套着锁链的被奴役者使这一切成为可 92

能并有利可图。18 世纪末期英国赢得了所有的权力、利益和名誉，也在加勒比地区拥有了最大数量的被奴役的非洲人，具有了更大的帝国扩张的欲望。

英国运到加勒比地区的 300 万非洲人是其帝国扩张的基础，牙买加在 18 世纪成为英国的领先经济体，也是近 30 万人的监狱。随着法属殖民地圣多明戈的 50 万人起义并赢得独立，英国也就成为加勒比地区最大的奴役者——一个拥有近 400 万奴隶的国家。

主要运往加勒比地区的被奴役的非洲人是增值链条上的最终产品，使英国的港口、国会议员、国库、财政部、保险公司、造船者和制造商均获得了巨大利润。詹姆斯·罗利（James Rawley）说，奴隶贸易"有助于且有利于英国对商业、运输和大企业的控制"。英国有"巨大的商人阶层，其对公共事务的影响很大"，他还说，英国"工业产品的出口额在奴隶贸易的高峰期增长迅速"。[18]

随着 1672 年皇家非洲公司的成立和 1698 年公司垄断权的移除，英国商船的运输吨位从 9 万吨增加到 26 万吨，到 1700 年英国人已经在运输吨位上超过了其主要竞争对手荷兰人。据当时的皇家非洲公司计算，通过贩卖非洲人到加勒比地区，英国每年可获得 300 万英镑的利润。[19]

这些利润会流向以约克公爵为首的众多投资者手中，包括国王的弟弟鲁珀特亲王和巴斯伯爵。国王查理二世说，奴隶贸易是"英国臣民的巨大优势"。在 1680～1697 年间，有 95 艘船只用来运输从塞内冈比亚（Senegambia）和塞拉利昂（Sierra Leone）地区抓到的非洲人，"英国人从中获得了 38% 的利润"。

这一利润相当诱人，吸引着更多英国人参与到奴隶贸易中。并不是所有贸易都能让人获得财富，但是奴隶贸易却不同，它不仅吸引了有创业精神的新手，也留住了经验丰富的老手，并同时为他们带来巨额利润。[20]

加勒比地区市场是快速致富的最重要据点，17世纪被誉为 93 "皇冠上最明亮的珠宝"的巴巴多斯是其最大市场，在18世纪时被牙买加赶超。所谓的"基尼贸易"（guinney trade），符合"国家利益"，影响无处不在，从国会到宫殿，从政府所在地到贫民窟，它是摆在套着锁链的非洲人肉体上的盛宴。[21]

根据罗利的说法：

> 在18世纪50年代的十年间，英国成为大西洋世界最大的奴隶国家，其占据这个位置直到1807年（该年奴隶贸易被废除）。1751~1800年间，英国出口的非洲奴隶占总数的42%。1791~1807年这一份额上升至52%，英国每年出口的奴隶也从17世纪末的7000人，到18世纪40年代成倍增加，到了18世纪晚些时候则达到大约4万人。[22]

这些数字体现了英国恐怖统治的峰值，也可窥见其对非洲人口的残酷掠夺。下表中的数据也表明，英国在1690~1807年这段时间，对大约300万非洲人开展了奴隶贸易。（见表格7.1）[23]

表格7.1　欧洲人对非洲奴隶的贸易（1701~1800年）

国　家	数　量(人)
英国	2 532 300

续表

国　家	数　量(人)
葡萄牙	1 796 300
法国	1 180 300
荷兰	350 900
丹麦	73 900
瑞典/德国	8000

资料来源：保罗·洛夫乔伊（Paul Lovejoy）："大西洋奴隶贸易的数量：综合分析"（The Volume of the Atlantic Slave Trade：A Synthesis），载《非洲历史杂志》（*Journal of African History*），1982 年，第 22 卷第 4 刊，第 483 页。

有英国王室和政府作为主要投资者，非洲奴隶贸易快速开始，又在 1807 年快速结束。在贸易的最后 10 年，英国政府成为非洲人最大的单一购买者。英国政府表里不一，一方面提出废除奴隶贸易，另一方面又大量购买，这在贸易的中心城市如伦敦、布里斯托尔和利物浦众所周知。然而从某种程度上讲，为了不让政府陷入尴尬境地，废除奴隶辩论的双方都没有借题发挥。经过一段时间后，事实变得模糊，鉴于英国政府在道德和法律层面都致力于结束奴隶贸易，因此其作为一个主要贸易者的角色就被秘密地掩盖了。

罗利在研究奴隶贸易时给出了很多证据，显示了英国作为规则制定者、购买者和市场操纵者的角色。他写道："英国奴隶贸易末期的非凡一面最近被揭露了出来。西印度军团面临着招募失败而造成的兵力危机，大不列颠开始集中在'黄金海岸、科罗曼提或者刚果'购买奴隶。"[24] 政府暗地里与有特别任务的商人做生意，他们为了压低价格和避免尴尬，只是小规模地贩卖非洲人。在 1795~1808 年间，政府为西印度军团购买了大约 13 400 个非洲人，花费了大约 92.5 万英镑（在 2010 年的价值约合 7.12 亿英镑）。此项支出被掩藏在一个未经审计的军队账户里，并美其名曰"军队特别津贴"。这一事实不仅清楚表明英国对待废奴表里不一的态度，也让我们看到官员们想努力去掩盖的事实：在奴隶贸易受到媒体和国会抨击的那些年里，英国是最大的非洲人购买者。[25] 皮特首相也注定成为毫无原则地对待黑人的一位领导人。

C. L. R. 詹姆斯注意到，当皮特首相看到入侵杜桑·卢维杜尔（Toussaint L'Ouverture）的圣多明戈（Saint-Domingue，现在的海地）的机会时，他急切地放弃了他支持的废除奴隶贸易的主张。如果英国能够控制巨大的甘蔗种植园和 55 万黑人，其中的财富是巨大的，他当然会对此垂涎三尺并难以释怀。因此面对政局的突然转变，他重新定义了国家利益，建议俘虏且再度奴役被卢维杜尔解放的黑人，并以此作为大不列颠的新政策。[26] 为了颠覆海地人获得的自由，英国对海地发动了战争，无数英国士兵在战争中被不幸屠杀，这显示了英国政府的极度伪善。

皮特首相去世后，英国购买被奴役的非洲人的政策仍在继续，并试图建立一支军队来守卫这个帝国。根据罗利的说法，"在 1806 年末期，当废奴即将发生时，政府仍疯狂地与利物浦的奴隶贸易公司——道森公司（House of Dawson）进行协商，决定在法案生效之前从黄金海岸部落购买 2000~4000 名奴隶"。[27]

在法案生效之前囤积被奴役的非洲人，这不应该是政府的正常活动。在奴隶制度和奴隶贸易的大背景下，私人部门的贸易者与这样的行为是联系在一起的。然而根据罗利的说法，"1807 年 3 月废除奴隶法案通过，1807 年 3 月 1 日是允许携带奴隶到达西印度群岛的最后一天，英国政府在此期间还购买了1000 个非洲人……可以说，奴隶贸易为国家利益服务到了最后一刻"。[28]

奴隶金钱之于英国城市

虽然布里斯托尔、利物浦、伦敦和格拉斯哥在 18 世纪已经足够繁荣，但是贩卖非洲人的贸易仍是英国港口城镇和城市的主要资金来源，从中产生的财富让这些城市更加繁荣，无数的水手找到了工作，银行家及金融机构也发展和繁荣起来。

贩卖非洲人的贸易是这些城市最大的商业活动，经济回报率也最高，持续为其带来政治和金融财富。作为 18 世纪公认的最快的赚钱方式，奴隶贸易吸引着有名的商人愿意冒风险参与其中。

大不列颠所有的港口城镇和城市中的很多制造商聚集起来，把在非洲买卖和交换的货物装满了奴隶船只。因为对瓶子和其他玻璃制品需求的快速增长，布里斯托尔的玻璃工业繁荣起来。为了支持轮船制造业，满足对炊事用具的市场需求，铜厂和黄铜厂也在不断扩张。对奴隶船只的需求也使布里斯托尔的轮船制造业和钢铁业在 18 世纪繁荣发展。

　　布里斯托尔的工业、奴隶贸易者、甘蔗种植园主和加勒比地区的居民，由于被拴着的和被奴役的非洲人而形成了一个组织良好的财富网络。布里斯托尔国会的一些政治家，如著名的埃德蒙·伯克（Edmund Burke），相当狡猾和虚伪地表现出对该城市奴隶贸易的顺从，而实际上布里斯托尔的商人在18世纪进口的蔗糖数量，远比其他英国城市都要多。当布里斯托尔的奴隶船只与大西洋贸易结合在一起时，其商业就繁荣起来了。

　　这一犯罪联合体得到了包括市长、议会议员和国会议员在内的各级政治组织的守卫和庇护。1740年布里斯托尔在糖类和奴隶贸易竞争中遥遥领先，但是到了18世纪50年代，利物浦成为其竞争对手并最终超过了布里斯托尔。作为兰开夏郡的制造业港口腹地，利物浦发展出了与加勒比地区奴隶体系更加契合的共生关系，但是强大的布里斯托尔的奴隶贸易公司，如艾萨克·霍布豪斯公司（Isaac Hobhouse and Company）或者詹姆斯·罗杰斯联合公司（James Rogers and Associates），仍然是英国奴隶贸易中的精英，并确保了该城市作为工业助推剂的声誉。

　　利物浦要求奴隶贸易者大量投资，以求超过布里斯托尔成为奴隶贸易的领头羊。利物浦奴隶贸易社团的一个重要人物罗伯特·诺里斯（Robert Norris）在1790年告知下议院，这个城市在奴隶贸易上的投资超过了2 088 526英镑（在2010年的价值约合2.56亿英镑）。他说这个城市至少有141艘注册奴隶船只，33%的奴隶贸易者占有着69%的财富。利物浦控制了牙买加的奴隶贸易，那里也是英国最大的奴隶市场。[29]

　　奴隶贸易和英国金融崛起之间的关系在利物浦的表现似乎最为清晰。罗利总结说："非洲和西印度群岛贸易的增长，促进了工业、银行业和保险业在利物浦的发展。……利物浦在 1774 年时还没有银行，但是在这之前，利物浦的商人们就开始汇票贴现，进而增加了这个城市的资金流动和购买能力。"[30]

此外，在利物浦，"商人大部分是西印度群岛和非洲的贸易者；海伍德的银行就是在这个资源基础上产生的。奴隶贸易者托马斯·莱兰（Thomas Leyland）也成了一名杰出的银行家"。这些金融方面的发展，正是由于从加勒比地区奴隶贸易的利润中获得了能量，并给利物浦带来了 18 世纪末期西北商业之都的美名。罗利总结道，"在 1793 年金融危机期间，利物浦的银行家们与布里斯托尔的同行不同，他们给予了这个港口城市坚定的支持，接受利物浦自己发行的纸币，为其经济发展重拾信心"。[31]

为了保护建立在奴隶贸易基础上的金融部门，利物浦的资深政治家们也支持这些战略决定。金融家因为给这个城市所带来的利益也受到了这个城市的礼遇。例如约翰·哈德曼（John Hardman）是 18 世纪 50 年代的国会议员，也是重要的非洲奴隶和西印度群岛蔗糖贸易者。在他去世时，整个利物浦都为他的离去而哀悼，认为他在 18 世纪末期给这个城市带来了市场繁荣，他的去世对这个城市打击巨大。

利物浦大贸易商也是城市的商业精英，领导者是托马斯·莱兰公司（Thomas Leyland and Company）、威廉·达文波特（William Davenport）、威廉船舶公司（William Boats and Company）、约翰·格莱斯顿公司（John Gladstone and Company）、塔尔顿家族公司（the Tarleton family）、约翰·道森公司（John Dawson and Company），该行业在城市和国会得到了很好的保护。

1807 年当奴隶贸易受到挑战时，该城市的国会议员加斯科因将军（General Gascoyne）在他的辖区曾对事态做过这样的总结："从商业观点看，这是一个重大项目，因为可以雇佣 200 万人，有 4 万吨的运输量和 4000 名船员的项目，其所需的资金绝不是个小数目。"[32]

奴隶贸易者约翰·格莱斯顿（John Gladstone）借此机会创造了自己的未来，也为他的儿子威廉成为英国首相打好了基础。他在牙买加购买了甘蔗地，将甘蔗投资和奴隶工厂联系起来，同时也扩展了他在德梅拉拉（Demerara）的奴隶事业，于 1816 年投资了 8 万英镑（在 2010 年的价值约合 5560 万英镑），使那里的奴隶劳动力翻了一倍，以服务于西印度的咖啡和蔗糖生产。1828 年时他至少拥有 1050 个非洲奴隶，从中获得的间接利益就更多了。

而且罗利指出："在国会解放奴隶后，为了所宣称的作为个人财产的 2039 个奴隶，格莱斯顿获得赔偿金 93 526 英镑（在 2010 年的价值约合 6970 万英镑）。依靠加勒比地区奴隶贸易的利润，杰出的英国政治家的事业在唐宁街 10 号及其附近开始了。"[33]

类似的例子还有很多，最重要的奴隶贸易商约翰·塔尔顿（John Tarleton），在 18 世纪 80 年代向城市的商人们汇报了他和首相会面的内容。从克拉伦斯公爵阁下（Duke of Clarence），即后来的威廉四世（William IV），对英国奴隶贸易的口头支持来看，塔尔顿起到了至关重要的作用。克拉伦斯公爵喜爱塔尔顿，也使利物浦的奴隶贸易得到了强有力的支持。在 18 世纪的最后 25 年，1754 艘奴隶船只从利物浦航行到西非。在同样的时间里

98

布里斯托尔有船只649艘，利物浦占据了18世纪70年代奴隶贸易的60%，到了1800年增加到了80%。事实上"利物浦成了这个世界上最大的奴隶贸易港口"。[34]

伦敦虽然没有和利物浦就奴隶贸易的中心地位而竞争，但是作为通晓金融技巧的城市，伦敦也积极促进其奴隶和蔗糖贸易机构的发展，使所有的殖民贸易效率达到最大化。伦敦的重点是将战利品变成遗产，从这个方面讲，在1838年废除奴隶制度之前，这个世界上没有其他城市能够与伦敦相比。但那时奴隶制度已经完成了其使命。

英格兰银行在英国精英的财富积累过程中起到了重大作用，它于1694年成立，在很大程度上是为了规范和引导加勒比地区奴隶利润的流向，并使其扩展到英国的各个地方。建立在奴隶基础之上的利润，需要加以引导以流向农业和工业领域，并确保其他创业者能利用上加勒比地区的资本。

1732年的《信贷法》是一项重要的立法干预行为，它促进了资本从加勒比地区更自由地向英国流通。这一举措使伦敦的制糖厂，例如拉塞尔斯公司（the house of Lascelles），能够有繁荣的安全保证，因为他们知道如何在西印度群岛的法庭上对西印度群岛的奴隶拥有者提起诉讼，这种特权在传统上是被拒绝的。

伦敦商人控制着奴隶和蔗糖贸易，最终也控制了保险领域。"伦敦保险公司"（London Assurance）和"皇家交易公司"（the Royal Exchange Company）是两个最重要的海上保险公司，控制了西印度群岛的商业。在这个金融大山之后是大量的制造业地区，装满了奴隶的船只在甘蔗种植园找到了市场。罗利注意到，

"伦敦商业界关心非洲贸易，包括纺织品、枪支、金属制品、啤酒、烈酒和糖类"。到 1800 年大量的加勒比地区蔗糖通过英国船只被运到伦敦。[35]

在将西印度群岛贸易者吸收进下议院以保护奴隶制度方面，伦敦的做法非常有效。在 1788 年至少有 60 个印度商人成为伦敦国会议员，他们用财富来购买政治席位，影响在殖民事务上的投票结果，成为国会里的西印度群岛游说团体，也是 18 世纪大部分时间里得到王室赞助、令人敬畏，又倍感压力的团体。

英国奴隶贸易城镇网络的中心是布里斯托尔、利物浦和伦敦，此外几乎每个城市的港口都有奴隶船只，从北边的格拉斯哥，到南边的南安普顿、兰卡斯特、怀特黑文、普利茅斯、普雷斯顿、赫尔、达特茅斯、考兹、普尔、朴茨茅斯和切斯特等，每个城市都在一个较低的门槛下加入了奴隶贸易。有港口的地方就有奴隶船只，因为到处都在说奴隶贸易是城市里最有利可图的冒险。没有奴隶船只这个港口就会变穷。奴隶贸易风险巨大，许多航行在经济上都失败了，但是对于成功的企业来说利润却是巨大的。

奴役非洲人虽然充满罪恶，但是为了保证英国有足够的实力与欧洲大陆展开竞争，能够促进其经济增长的这种罪恶有时又是必要的。非洲奴隶使英国在创造财富的方式上达到了前所未有的水平，在全球范围内高歌猛进，却没有受到道德的限制。作为奴隶的非洲人对英国人来说意味着财富，对其他民族也是这样的。英国人挑战西班牙人和荷兰人的商业霸权，作为一个有军事实力的强国，确保其在获得"黑金"方面占有最大的份额。

18 世纪的政治经济学家，如传奇的亚当·斯密，认为"英国民族财富"的大部分是从殖民贸易中产生的，特别是非洲贸易和昂贵的劳动力产品——蔗糖，通过外贸积累财富主要就是从加勒比地区经济开始的。

英国的商人从商品贸易中获得财富，回到英国本土再次投资并获得收益，在宽广的乡村土地上建起了豪宅，在城市里也有自己的房子。他们给农场主和商人贷款，资助民间机构，包括大学和教堂。他们投资政府债券，在银行存款，资助保险公司，在城市建造商业基础设施。他们也因为对英国工业经济增长的贡献而受到尊重。

在 19 世纪卡尔·马克思（Karl Marx）对于非洲奴隶在英国工业发展中的作用有过很多论述，在英国经济发展普遍依靠奴隶和殖民的大背景下，马克思认为灭绝土著、黑奴贸易和奴役亚洲，对于财富的积累都起着重要作用。他写道：

100

> 在美洲黄金和白银的发现，在美洲大陆上对土著人口的灭绝、奴役和在矿井中将其埋葬，对于印度的征服和掠夺，把非洲变成商业性捕猎黑人的保护区……这些都是资本主义财富积累开始时的特征……这些不同场景在英国 17 世纪末期系统地综合在了一起，这个综合包括了殖民、国家债务、现代财务和保护体系，其中部分是依靠残酷的暴力，例如殖民制度，但是更多的是利用国家的权力，集中的和有组织的社会力量，就如同在温室中，加快了封建生产方式到资本主义生产方式的转变，缩短了这个转变的过程。[36]

马克思非常清楚，奴隶制度没有创造工业革命，但促进了其崛起和成熟，使它成长得更快，变得更加强大。

建立在黑人基础之上的经济增长

　　20 世纪早期，一些无视历史的学术观点占据了上风。当英国为其作为世界上第一个工业大国而庆祝，为其世界的领导地位而自豪时，奴隶制度在其经济发展中的作用却更加边缘化了。在这一背景下埃里克·威廉姆斯于 1944 年发表了《资本主义和奴隶制度》一书，通过清晰的细节和数据来追踪奴隶主在其城市从事金融事业的足迹，追溯他们因为富有而进入国会的历程，进而展示了加勒比地区蔗糖业对衰退的 17 世纪英国经济的输氧作用。

　　受奴役和奴隶制度的利润驱使，英国经济在 18 世纪被激发和转变，并上升到一个经济持续增长的更高水平。威廉姆斯说，这主要是受到在西印度群岛奴隶体系中殖民贸易的影响，其中加勒比地区是一个枢纽。如果没有奴隶制度，对于英国和欧洲来说，大西洋的经济就不会如此具有投资吸引力。如果没有加勒比地区的蔗糖经济，以及与之相关的奴隶贸易和商品贸易网络，18 世纪英国的经济增长也不会达到一个足以使用"工业革命"来命名的水平。

　　《资本主义和奴隶制度》一书遭到了学术界的质疑，保守的英国和美国经济历史学家对其展开讨伐。在大多数情况下，这些学者的学术意图并不明朗，其实际上包含很多层思想，其中欧洲中心主义思想是明确的，有时还伴有潜在的种族主义。罗

101

宾·布莱克本注意到，鉴于这一命题已经被以不同版本清晰讲述了两百多年，因此劳动力方面的历史学家倾向于支持威廉姆斯的观点。"英国记录这段历史的著作，如埃里克·霍布斯鲍姆（Eric Hobsbawn）的《工业与帝国》（*Industry and Empire*，1964）和克里斯托弗·希尔（Christopher Hill）的《从改革到革命》（*From Reformation to Revolution*，1968）都认为，英国的殖民扩张确实为其资本发展提供了重要的经济空间"。[37] 这样学者们就"不难理解 17~18 世纪，正是政治家和政治经济学家助推殖民发展，进而促进了民族经济的发展"。[38] 因此大卫·理查森（David Richardson）很可能会被挑战，因为他曾说道，"在解释 18 世纪英国出口的增长，以及评价出口对于工业革命的影响方面，西方工业文明国家的历史学家一般会有分歧。加勒比地区的历史学家认为，英国海外贸易，特别是奴隶贸易及相关的种植园产品贸易，对于英国工业革命起到了积极和重大的作用。双方学者在这方面的观点基本一致"。[39]

当然，也有加勒比地区学者提出了与英国类似的问题。令人惊奇的是肯尼斯·摩根（Kenneth Morgan）的评论："对于威廉姆斯在《资本主义和奴隶制度》一书中的观点，支持者主要是黑人学者，而批评者虽不绝对但主要是白人学者。"[40]

英国学者，无论是研究劳动力历史的，还是致力于社会正义的，往往能更加公正地看待威廉姆斯所提出的问题，而致力于劳动力研究的历史学家，总体上承认非洲奴隶对于工业资本主义的重大作用，清楚资本会使劳动力保持在维持基本生计的水平。奴隶制度是剥削劳动力的典型案例，而商业阶层最深谙此道。

布莱克本关于欧洲新世界帝国设计的重要作品，支持了威廉姆斯的总体观点，即使他在有些特定问题上吹毛求疵或夸大其词，但他的作品仍然发挥了重要的作用。他说"18世纪英国已经建成了大西洋体系以助推其经济发展"。在18世纪末，殖民世界占据了英国出口份额的三分之二，在所有的欧洲国家中，"英国是新世界商业的最重要的受益者"。[41]

布莱克本继续说道，尽管有这些证据，"这个所谓的'威廉姆斯命题'仍被大家反复尝试加以证明，证明不管是大西洋奴隶贸易，还是种植园贸易，对于英国的经济增长都没有发挥很大的或者决定性的贡献"。[42]布莱克本认为这是不可思议的，并引用在这段时间的两个最重要的学者埃里克·霍布斯鲍姆和克里斯托弗·希尔的话而评论道，"英国的殖民扩张确实为英国资本主义的发展提供了经济空间"。布莱克本将他们的作品当作"一股修正主义的浪潮"并总结道，威廉姆斯的批评者反对"以官方数据作为证据"，但这些数据正好显示了加勒比地区的奴隶制度及其所培育的大西洋殖民体系对于英国经济增长的巨大贡献。

随着亚当·斯密的早期作品和卡尔·马克思思想的成熟，与威廉姆斯一样，布莱克本表明"奴隶区域的商业支撑着整个北美的经济购买能力，这使得英国的贸易范围扩展到了所有美洲殖民地"。这是研究英国工业贸易的重要出发点。布莱克本表明，西印度群岛是"美洲体系"的中心，在18世纪"英属西印度群岛进口的熟铁比非洲和亚洲进口的总和，或者北美的殖民地进口的都要多"。[43]

对于那些用英国金属工业的发展作为工业革命晴雨表的学

者而言，这一点也非常有说服力。甚至是对威廉姆斯最猛烈的批评者也都让步，认为西印度群岛的需求不仅刺激了英国的工业革命，而且"最早棉花工业品也几乎全部出口到了非洲或者西印度群岛的市场"。对于那些用棉花制造工业作为晴雨表的学

103 者而言，这是另外一个有说服力的论据。[44]

关于英属加勒比地区奴隶经济及其对英国经济发展的影响的研究，也证明了"威廉姆斯命题"的正确性。美国的加勒比地区经济学者理查德·谢里登（Richard Sheridan）认为，西印度群岛奴隶贸易的总利润在1770年是230万英镑（在2010年的价值约合34.6亿英镑），而J. R. 沃德（J. R. Ward）认为，同一时期英属西印度群岛生产的所有产品的年利润为250万英镑。大卫·汉考克（David Hancock）却认为，谢里登和沃德都大大低估了投资西印度群岛种植园的伦敦商人的利润。[45]

布莱克本告诉我们，许多威廉姆斯的批评者们没有意识到，很多种不同的贸易连成网络进而构成了三角贸易。制造业商品被从英国运到了非洲，在那儿出售或者交换加勒比地区的奴隶劳动力，随后这些英国轮船会载满加勒比地区的产品再返航英国。布莱克本总结道，"三角贸易的利润都被更富有的阶层所占有，且利润的30%~50%都被用于再投资"。[46]

布莱克本继续表示，以上还不是全部，"如果利润的再投资率只维持在较低值，那么根据最保守的估计，三角贸易的利润可能达到英国总固定资本的20.9%，而如果利润的50%都被用来再投资，这一比例可能会上升至28.7%"。这与威廉姆斯的观点相同，也就是说，"种植园的利润以及其他以奴隶为基础的贸易，可能是帝国收益的最大单一来源"。[47]

这一观点有其合理性。"［英国］和欧洲资本主义积累的熔炉所要的氧气，正是由奴隶贸易及与种植园相关的贸易所供给的，否则这一资本积累的熔炉就会熄灭"。加勒比地区殖民地每年生产80万吨蔗糖，在18世纪末，欧洲每年从非洲运走0.8万~1万名"年轻男女"，平均每年给非洲提供10万支枪。英国的商船队到1750年雇佣了2.5万名水手，同时也为同样数量的码头工人和轮船制造者提供了工作机会。[48]

在18世纪中期，"英国海外贸易一般是糖类和烟草运输"。当糖类超过谷物成为世界贸易的最大单一商品时，加勒比地区提供的蔗糖占所有美洲和欧洲殖民地的至少70%。巨额的贸易财富正是产生于英国殖民地的非洲奴隶，奴隶的数量从1680年的64 000人增长到1750年的295 000人，又增长到1790年的480 000人。[49]

非洲人为了英国经济发展所付出的巨大代价是显而易见的，英国人在1700年至1800年间，将160万非洲人运到加勒比地区殖民地，但只有不足50万人幸存下来。也就是说，为了给18世纪英国工业发展提供利润支持，至少有100万非洲人在这个过程中丧命。1712~1734年间约有75 893个非洲人被卖到巴巴多斯，而岛上的黑人人口仅从41 970人增长到46 373人，即仅增加了4403多人。又如1700~1774年间，英国人将50万非洲人卖到了牙买加，然而在这段时间其人口的最终增长只有15万人。[50]

加勒比地区的利润很吸引人，因此他们对英国经济增长的投资是持续的。大卫·汉考克的研究超越了威廉姆斯、谢里登和沃德的研究，证明了伦敦商人作为加勒比地区财富生产者和掠夺者的角色。通过对 23 个伦敦商业机构的研究，他发现 1750 年伦敦商人拥有 9000 英亩的种植园土地，到 1763 年是 21 000 英亩，到 1775 年则为 130 000 英亩。[51]

这些土地在牙买加和背风群岛都被发展为甘蔗种植园，伦敦公司在南卡罗来纳、佐治亚和弗罗里达都拥有财产，而毫无疑问"加勒比地区的甘蔗种植园是他们最有利可图的财产"。这其中最重要的商人是亚历山大·格兰特爵士（Sir Alexander Grant），他在 18 世纪 60 年代和 70 年代在牙买加拥有 7 个甘蔗种植园，每年可产生 3450 英镑的财富（在 2010 年的价值约合 519 万英镑），"资本投资的回报率不低于 29%"。这在整个加勒比地区都一样。[52]

例如，布里斯托尔人约翰·平尼（John Pinney）于 18 世纪 60 年代在尼维斯继承了一个甘蔗种植园，深深地卷入了奴隶和蔗糖贸易，其在英国的经济投资也相当巨大。1782 年他是英国最富有者之一，在加勒比地区的财富达到 7 万英镑（在 2010 年的价值约合 9200 万英镑）。当他于 1818 年去世时，他的财富达到惊人的 34 万英镑（在 2010 年价值约合 2.47 亿英镑），其中 14.6 万英镑（在 2010 年的价值约合 1.026 亿英镑）为西印度群岛的土地、奴隶和其他产品的收益。[53]

奴隶贸易、蔗糖贸易、加勒比地区奴隶基础上的产品和殖民地间的贸易"滋养了整个英国生产体系"。对于支持这一事实的证据，威廉姆斯的批评者们很难去驳斥。例如，一位热心的批评者大卫·理查森，虽然尽量不在其作品中表达威廉姆斯观点的"广泛性和彻底性"，但其在本质上赞同威廉姆斯的研究完全正确。[54]

一篇题为"1748~1776 年间奴隶贸易、蔗糖与英国经济增长"（The Slave Trade，Sugar，and British Economic Growth，1748-1776）的文章认为，加勒比地区奴隶制度与英国工业化之间的关系，远比威廉姆斯所认为的更加复杂。理查森总结道：

> 在 1776 年之前的 25 年里，基于加勒比地区的需求可能占据英国工业产量增长的 12%。在 1750~1775 年之间，加勒比地区市场上出售的苏格兰的重要工业品，如纺织品，也进一步体现了相似的产量增长比例。虽然相比威廉姆斯所构想的，西印度群岛及其相关贸易为英国工业生产增长提供了更加适度的刺激，然而在 18 世纪的最后 25 年中，西印度群岛及其相关贸易对促进英国工业转变和出口增长所发挥的作用，可能比大多数历史学家所认为的还要大。[55]

通过减弱 300 年来经济学者的证据，如从 17 世纪中期的查尔斯·达瓦嫩特（Charles Davanent），到 19 世纪中期的马克思，再到 20 世纪中期的威廉姆斯，理查森作出的让步也表明了一个研究上的重要转折。通过与斯坦利·恩格尔曼（Stanley Engerman）、罗杰·安斯蒂（Roger Anstey）、尼古拉斯·克拉夫茨（Nicholas Crafts）分道扬镳，理查森已经懂得如何看待证据，且已经在相当程度上持有学术公平的态度。

2000 年，肯尼斯·摩根针对奴隶制度对英国经济增长的影响给出了一个总体评价，他的评论及原因分析都很中肯，然而他的结论有些令人吃惊，他认为对于奴隶制度滋养英国工业的"程度"还存在分歧，需要去做更多的研究。[56]

经济历史学家往往忽视在财富积累过程中的受罪者，而更

106

关注财富数值。而且经济历史学家，特别是那些保守派，倾向于关注"平均水平"，并运用这种策略来掩盖利润峰值的存在。极力关注平均水平就会使奴隶贸易和奴隶制度貌似表现平平而不会产生影响。

　　一些奴隶运输创造了超级利润，而有一些却亏损了，因而平均水平就成了产生财富的奴隶贸易的潜在基础。同样的情况是，一些甘蔗种植园使他们的主人成为英国最富有的人，而有一些种植园主却濒于破产，因此平均水平也被用来表示英国经济发展的适度水平。而且奴隶和奴隶制度往往会保证英国商人得到最高的社会地位，对于这方面的作用并没有被充分认识到。英国商人进入政界后成为君主、首相、国会议员或精英群体，从而促进了其从事国际贸易的声望，而这对于企业家是最具吸引力的选择。当地的商人常会看到奴隶贸易商和甘蔗种植园主作为最富有的人在城市中耀武扬威，这样的人甚至被"王室"所嫉妒，他们为精英社会树立了一个新的标准。所有人都知道西印度群岛的种植园主若展示其财富，会使国王都感到窘迫。

　　肯尼斯·摩根号召做更多的研究，他保持中立，并回溯了这样的历史事实："奴隶制度和大西洋贸易在英国长期经济发展中所起的作用，即便不是决定性的，也是重要的，其在使英国变成世界工厂方面发挥了应有的作用。"他的最终结论与之前要求更多有决定意义的数据相比，可能相互矛盾，但却是有指导意义的，"越来越多的学者认为，奴隶制度、贸易、帝国在英国工业化进程中起到了积极作用"。这并不奇怪，这方面的研究已经有200多年了。对于摩根来说，奴隶制度不是英国发展的原因，而是"一个刺激"，对此威廉姆斯也绝不会有异议。[57]

但是哈佛大学的经济学家芭芭拉·索洛（Barbara Solow）更试图分离英国的经济增长与奴隶贸易、奴隶制度、建立在奴隶基础上的生产和商品贸易之间的关系，这会导致在学问上的吹毛求疵。测量由奴隶驱动的利润和贸易对英国资本形成和国内生产总值的贡献率是必要的，但是若认为这种贡献率是微不足道的，这种观点也会令人啼笑皆非，就如同我们不能因为车辆的引擎在其总重量中只占 10%，在物理质量中仅占 5%，就认为引擎对车辆的运转没有很大作用一样。[58]

索洛的立场是，即便试图减少"奴隶制度对于现代世界发展的至关重要的作用"，也不能无视基本的经济事实。她号召学术研究回归真实，指出"在殖民地种植甘蔗的黑奴数量众多"。"那些用黑奴来种植甘蔗的殖民地是最富有的殖民地"，加勒比地区正是其中心。[59]

奴隶和甘蔗的集合体成为欧洲扩张的最重要的载体，这是非常容易理解的。不断扩张的"财富、劳动、蔗糖和制造业的流动，将这些殖民地一个接一个地变成了国际贸易的中心"，将非洲和欧洲变成了一个"复杂的交易网络"。加勒比地区也成为这些财富创造活动的中心，索洛总结道，"与种植园奴隶制度相关的资金和贸易流通的微观世界，对于英国经济在 18 世纪的发展有着数量上的重要作用"。[60]

索洛提醒我们，不能试图拒绝或者弱化加勒比地区对于英国日常生活具有重要影响这一事实。她认为事实大量存在，无需特别伪造。她说：

> 1750 年，即便是最贫穷的英国农场工人的妻子，在喝茶时也会放些糖。从西印度群岛的糖浆中酿出的

朗姆酒迎合了 18 世纪英国最臭名昭著的饮酒习惯，也大量供给海军。1660 年，进口的蔗糖价值超过了所有其他殖民产品之和。1774 年，蔗糖占了所有进口账单的 20%，远远超过其他产品。英国在头半个世纪占据了欧洲消费的三分之一……而正是奴隶劳动力制造了这些糖类。[61]

她继续评论道，对于资本投资的方向、财政收入的来源、银行和保险等金融业和制造业市场而言，西印度群岛的奴隶种植园变成了英国最重要的中心。

"以加勒比地区为中心的大西洋网络"比起欧洲之前的经济集中，其规模更大、更集中。"它在工业革命初期对英国的经济增长至关重要，因为殖民地的奴隶制度提升了投资的回报率——使得投资更加富有成效，因此提升了国民产值。"总的来说，1773 年奴隶殖民地的资本投入是 3700 万英镑（在 2010 年的价值约合 550 亿英镑），"这一数字足够形成一股巨大力量"。[62]

索洛对那些因"狭隘民族主义"目的而拒绝承认事实的人提供了些许安慰，"加勒比地区奴隶对于英国经济增长的重要性依赖于特别的环境，局限于一个特定的历史时期"。建立在奴隶制度之上的加勒比地区经济"使英国受益匪浅，当时投资落后，技术革新缓慢，产品国内需求的增长远低于国外，北美的殖民地依靠英国的制造业，也依靠西印度群岛的外汇购买这些产品"。[63]

承认加勒比地区在 17 世纪和 18 世纪英国经济发展中的作用，就是去客观地观察帝国与其为了商业剥削而建立的殖民地之间的关系。正如索洛所告诉我们的，加勒比地区奴隶综合体首先是英国所拥有的北美殖民地的"外汇"来源，其次是大英帝国本身的外汇来源。"坚持奴隶制度对于英国经济增长的重要性，并不是要宣称奴隶制度造就了工业革命。"她总结道，"奴隶制度并没有造就工业革命，而只是在其模式和时间选择上起到了积极作用"。到19世纪20年代，大不列颠已成为一个独立的工业国家，"西印度的作用就减弱了"。因为它已经完成了其光荣使命，大不列颠现在可以将其放在一边继续前进了。[64]

第八章

魔鬼利润

——巴巴多斯英国国教会的奴隶

> 威廉·威尔伯福斯要面对的最重要的战争之一是必须和英国国教会的主教们斗争，因为他们都不支持废除奴隶贸易……其中埃克塞特（Exeter）的主教因为拥有 665 个奴隶而获得了 13 000 英镑的赔偿。
>
> ——克里斯·布莱恩特（Chris Bryant），国会议员，纪念废除奴隶贸易二百周年辩论，2007 年 3 月 20 日

对非洲人的奴役被所有英国政权的主要机构所管理和资助，包括英国国教会。民选出来的政府、司法机构、立法机构和英国国教会都唱着同样的赞美诗，都崇拜同一个上帝：从奴隶贸易和奴隶制度中所获得的利润。[1]

英国国教会以其神职人员为代表，从 17 世纪到 19 世纪传遍了加勒比地区，在以奴隶为基础的经济中心舞台上扮演了重要角色。它和奴隶的关系不像牧师与信徒一样是精神层面的，而是经济的和企业的关系。神职人员参与了维护非洲奴役的思想工作，他们保护奴隶贸易和奴隶船只，主持处决反叛者等活动。最重要的是，神职人员是他们所拥有和管理的奴隶种植园的重

要个人投资者。[2]

　　在 18 世纪 80 年代奴隶贸易高峰期的巴巴多斯，最有名望的 ₁₁₀ 约翰·布莱斯维特（John Braithwaite）是圣约翰教区的牧师，也是该殖民地最大的奴隶所有者。他是其他在奴隶的地狱——种植园中寻求利益的牧师的楷模和导师。作为牧师和商人，他们在教堂里对白人传教，对黑人却用鞭子来管理。他们宣称非洲人是劳动力，但是没有灵魂，他们就是被带到大西洋彼岸的土地上劳作的，如果没有他们，一个地方"就会荒芜而不会有地产"。

　　拥有被奴役的非洲人的英国国教会神职人员是可以准确统计出来的（见表格 8.1）。[3] 例如 1834 年，英国和爱尔兰有 128 名神职人员在西印度群岛拥有被奴役的黑人。当时有将近 1 万名英国国教会神职人员，在西印度群岛进行奴隶投资的大多数人都是殖民地的商业精英。许多神职人员既是奴隶拥有者，也是教会有影响力的领导者，他们在整个帝国宣讲拥有奴隶的思想观念。他们不断重申，非洲奴隶的存在是上帝的意愿，与《圣经》是一致的。[4]

表格 8.1　因在加勒比地区拥有非洲奴隶而得到赔偿的神职人员数量

殖民地	数量（人）
安圭拉	1
安提瓜	16
巴巴多斯	20
圭亚那	1

殖民地	数量（人）
多米尼克	1
格林纳达	1
牙买加	62
蒙特塞拉特岛	1
尼维斯	4
圣基茨	6
圣卢西亚	2
圣文森特	6
多巴哥	2
特立尼达	1
维尔京群岛	4
总数	128

资料来源：尼可拉斯·德雷柏（Nicholas Draper）：《奴隶解放的代价：奴隶制末期的奴隶所有权、赔偿问题及英国社会》（*The Price of Emancipation：Slave-Ownership，Compensation and British Society at the End of Slavery*），剑桥大学出版社 2010 年版，第 303～307 页。

111   1710 年，英国国教会的传教机构"海外福音传播协会"（The Society for the Propagation of the Gospel in Foreign Parts）在巴巴多斯获得了两个巨大的且有很多奴隶的甘蔗种植园。这次收购是由于英国人克里斯托弗·科德林顿（Christopher Codrington，1668～1710）的去世，他是有名的奴隶主家族的后代。科德林顿家族领导了针对背风群岛土著人的种族灭绝战争，进而在安提瓜、巴布达以及巴巴多斯站稳了脚跟。科德林顿曾是国王威廉三世时期的一名战斗英雄，他去世时将"在巴巴多斯的两个种植园"赠送给了"海外福音传播协会"，并特别说明他"希望让种植园继续经营下去，至少要让300个奴隶继续留在那里"。[5]

英国国教会占有了这两个种植园及其"黑人财产"，将他们置于自己的管理之下。约克大主教和伦敦主教是奴隶制度后期土地和劳动力的主要领导者，他们制定了奴隶管理政策，并确保政策与教会思想一致。主教们在其雇佣的西印度群岛代理人的帮助下管理这些地产。根据哈里·贝内特（Harry Bennett）的说法，教会"从他们那里获得必要的利润，对于他们的管理方式很少干涉"。从这个方面来讲，教会的奴隶所经历的与其他被奴役的非洲人差不多。从"地狱"获得的利润被送到伦敦主教那里去了。[6]

这两处与圣约翰教区毗邻的地产有750英亩，住着300个被奴役的女人、男人和儿童，这说明这两处地产与岛上的其他种植园并没有什么两样。主教们雇佣了一个经理、一个监工和其他白人作为管理者，他们直接向伦敦主教和约克大主教汇报工作。甘蔗种植园是有利可图的，每年有超过2500英镑（在2010年的价值约合480万英镑）的利润。他们在制糖经济繁荣时期继承了种植园，收入很高而且奴隶的价格适中，高额利润值得 112 其在神圣讲坛上大为庆祝。

主教们时常会询问经理向奴隶传播基督教圣经的情况。"海外福音传播协会"的指令十分清晰：非洲人应当被教导"在天堂里寻找回报，而在今生他们也要在其所处之地遵守同样的信条"。[7]奴隶们常被教导，作为没有自由的人，他们应当是"有用的和勤劳的仆人"。作为教会的奴隶，他们应当顺从、忠实和勤奋，因为种植园的利润要靠他们。主们依靠巴巴多斯的财富来扩展其教会的牧师工作，这些资金也使整个英格兰教区教会的金库富足了起来。

在科德林顿种植园的教会奴隶与加勒比地区的其他奴隶一样要被烙上标记。1724 年约翰·斯马尔里奇（John Smalridge）经理付了 1.2 英镑 6 便士（在 2010 年的价值约合 2000 英镑），做了一个新的银牌，用大写字母刻着"协会"的字样，因此这些非洲人就如同"许多野兽"一样被"烙上标记"，获得了身份，而奴隶和马匹在这片土地上被烙上了同样的标记。[8]

非洲人被"盖章"并正式登记为教会的奴隶后，监工会重新给予他们一个名字来确定其新的身份，经理会确认新的名字，并且将其发送给伦敦主教。新的名字有时代表着奴隶的种族起源，有时也代表着他们被分配的工作。在科德林顿种植园的非洲人被重新命名为"帆船·约翰尼""卡夫·陶工""夸舍·锅炉"。其他的名字还包括"伦敦""布里斯托尔""塔山""凯撒""赫克托尔""该隐""西皮奥"，也有"花""玫瑰""植物""哑巴"和"勇敢男孩"。通过被烙上标记和重新命名，这些非洲人作为英国国教会的奴隶被簿记员记入账簿。非洲人失去了自由，也没有权利沿用他们父母给起的名字，成了种植园里的终生仆人。[9]

为科德林顿种植园购买被奴役的非洲人，与教会作为甘蔗种植园重要拥有者的角色是一致的。有一个适用于所有奴隶主的招募模式：非洲人被带到布里奇顿港口并被公开拍卖，然后被带到种植园去劳动。当他们因为过度劳动、营养不良、疾病和伤害而死亡时，他们就会被其他奴隶所替换。　113

　　1712 年巴巴多斯共有奴隶 41 970 人，1734 年为 46 362 人，然而实际上这段时间共有 75 893 人被运输到巴巴多斯，虽然有一些被再出口到别的殖民地，但是大多数都在到达殖民地后的几年内就死去了。这一令人难以置信的人口悲剧在科德林顿种植园中非常典型，在其他种植园中也都存在。教会的对策是雇佣和购买更多的奴隶，来填补高死亡率带来的劳动力缺口。经理们试图说服女性奴隶"生育"，以增加奴隶劳动力，但是效果不明显，奴隶生育政策被认为是一个"巨大的失败"。[10]

　　教会的奴隶因劳动过度而导致死亡率惊人。专家注意到在18 世纪种植园发展中，为确保生产效率，250 亩的土地需要 170个奴隶劳作。而在科德林顿种植园的 500 亩土地上却只有 250 个奴隶。在人力不足的情况下，经理们就驱使奴隶过度劳动来弥补损失。1725 年经理约翰·斯马尔里奇给伦敦主教施压称"再补充 300 人"是"绝对必须的"。斯马尔里奇和他的继任者们因种植园劳动力短缺而不停地向主教们抱怨，他们印象深刻的是疲惫不堪的劳动者每天从日出工作到日落，在收获的 3 个月里更要一直工作到深夜。[11]

　　但是允许购买更多的非洲奴隶，对于改善这片土地上的劳动力状况并没有长远的影响，因为死掉或逃跑的奴隶数量要比能买到的奴隶更多。阿贝尔·阿莱恩（Abel Alleyne）经理对1743 年所买到的一批奴隶非常满意，将其描述为"他所见过的质量最高的奴隶"。但是在几天内，"几个奴隶就死掉了，主要是因为'基尼号'船为了走得更远，将海水和淡水混合在一起使用"。他们中的"一个杰克上吊自杀了"，"两个逃到了布里奇顿"，并试图逃回到非洲。在绝望的时候经理阿莱恩告诉主教们，他祈求"全能的上帝保全他们的性命"。[12]

从1752年至1762年，教会花费4000英镑（在2010年的价值约合636万英镑）购买了107个奴隶，而在种植园工作的奴隶总数量却降到了190人。上帝很显然没有听到经理阿莱恩的祈祷。总之教会从1712年获得种植园到1760年间，为购买453个奴隶已经花费了15 000英镑（在2010年的价值约合2330万英镑）。一个经理说，"经验告诉我们，购买再多奴隶也于事无补"。[13]

1712~1748年的种植园记录显示，每一个奴隶出生就有6个奴隶死亡。那段时间共有69人出生，418人死亡。经理阿莱恩告诉主教们，如果有更多的非洲人参与劳作，这帮人就不会被驱使得如此辛苦，这些家畜就会"坚持的时间更长一些"。他补充说"最重要的是女人就会生育"。[14]

教会的种植园是不可能被救赎的死亡之地，很多非洲人死掉然后被代替。代替者死亡的速度也很快，当主教们寻求更大的利益时，这种恶性循环就会继续。除此之外，还有因违反纪律而被处决的情况。例如种植园工人杰克将军价值70英镑（在2010年的价值约合96 700英镑），因为偷窃比他价格少一半的财产而被绞死了。逃跑也频繁发生，为此监工都非常忙碌。寻找奴隶的费用也是很大的一笔花费。一个种植园女工夸舍笆赫（Quashebah）在1775年逃跑了三次，1776年和1782年各一次，1784年两次，发出的抓获她的酬金从2先令6便士涨到了18先令9便士。

　　当教会的奴隶不再逃跑时，他们就会破坏财产以示反抗。经理阿莱恩说，种植园里充满了"流浪者和逃跑者"，一些人还"患有不治之症"。这些非洲人被描述为种植园的"负担"，主教们制定了严格的规定来维持种植园的法律和秩序，但是这些奴隶是一群顽强反抗且放荡不羁的人。[15]

　　如何安抚反抗的奴隶一直是教会所关心的问题。一些牧师建议让他们皈依基督教。主教们对这个建议的效果并不乐观，他们告诉经理们，宗教教导"不应该危害和平与利润"。星期天对于甘蔗种植园是个重要的日子，经理们不会因为宗教教导而牺牲这个安息日。因为主教们主张：奴隶与基督教的对话必须建立在不损害经济发展的基础上。

　　教会不想让基督教成为甘蔗种植园获利的障碍，他们在奴隶身上投下巨资，当然期待利润上的回报，这也正是讲坛上主教们对所有经理的教导。1712 年，来自伦敦的传教士约瑟夫·霍尔特（Joseph Holt）协助经理融合"基督教和奴隶制度"，使之成为有效的商业主张。他在到达后不久就下了结论，认为非洲人"愚蠢而无知"，接受不了基督教教义。[16]

　　这一观点是经理所欢迎的，他非常希望让非洲人在周日也继续劳动。主教们用传教士欧文（Irvine）代替了霍尔特，但欧文对与非洲人对话没有什么兴趣。欧文不久被托马斯·威尔基（Thomas Wilkie）所取代，他是一般信徒，被授予"种植园传教员"称号，年薪是 100 英镑（在 2010 年的价值约合 138 000 英镑）。威尔基在与主教的第一轮通信中承认说，"我发现年轻人（黑人）非常温顺，能够学习一些东西，但是他们学习的同时，还必须照料牲畜，这使得他们几乎没有时间学习"。[17]

童工已经是种植园体系的一部分，儿童在 3~4 岁时就被纳入"儿童帮"。威尔基试图让儿童帮学习基督教，但是发现经理们不配合，他在将被奴役的儿童组成一个儿童班时遇到了相当大的阻力。然而他还是努力争取到了 58 个儿童，来反抗经理和社区白人的意志。后来威尔基生病去世了，另外一个传教士桑普森·斯默克（Sampson Smirk）取代了他，其薪水也下降到每年 80 英镑。桑普森缺少威尔基的热情，不久就放弃了。有人解释说桑普森的失败是"因为黑人来自好几个国家，只能讲很有限的英语，有的甚至根本不会讲英语"。[18]

主教们陷入了矛盾，奴隶制是被教会所批准的，投资种植园当然期望能有所回报，牧师最关心的也当然是利润。为了这个主要目的，教会也"对牧师教导失败置若罔闻"，而给经理们维持利润的权力。而且教会希望让岛上的其他奴隶主放心，教会不会用他们不满意的方式来管理种植园。特别是由于周围的奴隶主不只是科德林顿活动的普通观察者，因而经理们被教导"在焦虑的种植园主面前，必须树立一个保守且可靠的榜样形象"。[19]

当利润下降时，主教们会对奴隶有更详细的记录。特别是塞克（Secker）大主教说道，新购买的非洲人并没有增加年度账单上的奴隶库存，他在 18 世纪 60 年代对此问题进行了详细的分析。他写道："我长期以来对种植园的黑人数量下降问题感到疑惑和悲哀，我们需要持续的新的供给。"他总结道："这种现象之所以产生是由于之前人口和货物政策的一些缺点，但是我们必须接受现实。"[20]

1768 年 2 月，林肯的主教约翰·格林（John Green）通过对财产的反思，注意到奴隶死亡率很高，而产生的利润却一般，于是询问是否是主教们所雇佣的经理对奴隶的"残酷和辱骂"所致。他说，由于是基督徒拥有被奴役者，并且管理与被奴役者相关的生意，所以拥有者必须有人性。他在布道时也告诉他的主教同僚们，"虽然我们通过奴隶的劳动获益，但我们是基督徒，不能在奴隶身上强行施压或施暴，这会伤害他们的健康，况且他们也没有任何一点自我享受可言"。[21]

不到十年时间，舒特·巴林顿（Shute Barrington）主教得到报告称"（被奴役者）相比以前得到了更加和善的对待"。他也被告知，管理奴隶的大环境要求施行残酷的纪律，用恐惧来确保其服从。一个财产律师期望能使主教们将注意力集中在生产、利润和劝诱奴隶改变宗教信仰上。他指出：

> 世人当然希望，隶属于崇高的且受人尊敬的团体的奴隶……应当被当作人类对待，……他们如此热心和急切地推崇的仁慈和虔诚，在我们这里不应当缺乏。但是也必须注意到，管理种植园里 300 多个黑奴，不是一项简单的工作，它要求很多的管理技巧，否则奴隶们就会发生骚乱。了解他们的人都知道，这些奴隶是最不计后果和不顾及他人的一类人。[22]

种植园的虔诚计划碰到了很多困难，因为管理者需要在残酷的环境下经营。但是切斯特的主教比尔比·波特斯（Beilby Porteus）对教会奴隶提出了更多的要求。他要求改革，是"真正的"而非"表面的"改革，要在科德林顿种植园培养真正的基督徒奴隶。他坚持说，非洲人需要的不是惩罚，而是激励基 117

础上的指引，能否盈利在于奴隶在被奴役过程中是否有着个人的物质要求，而改革能够激励被奴役者。他指出：

> 我们必须尽可能地将他们与其家庭和土地紧密联系起来，让他们感到些许兴趣；满足一些他们渴望的权利和特权；必须使他们因为已有的法律而感到安全，免于受到伤害和侮辱；必须改变他们的思想和道德观念，使他们习惯于合法婚姻、照顾家庭并安于现状；必须逐步提升和改善他们的条件，保证其能够承受；甚至允许一定数量的佼佼者，通过劳动获得一定程度的自由。[23]

波特斯主教没有仔细考虑律师声明中的核心问题，教会奴隶必须通过残酷的暴力来管理，这是管理他们的唯一方式，并同时能保证获得利润。激励只适用于那些温顺者，但是不能转变那些反叛者的反奴隶制度的意识。

然而作为在外的地主和遥远的奴隶所有者，主教们深知神学不会带来稳定和利润。他们找到了最佳方式，对监工和经理发布指令，但同时又与教会的政策保持一致，就是将管理这些被奴役者的任务交给他们在种植园里的雇员。

然而大主教和监工最终达成一致意见——"鼓励黑人生育"。"生育而非购买"变成了教会的神圣准则，他们将其推广为 18 世纪最后 25 年巴巴多斯种植园的官方政策。到 18 世纪 80 年代，波特斯主教的计划是建设"完美奴隶种植园"。他认为基督教和奴隶制度是相容的，这一点教会可以证明。生育而非购买被奴役者的政策付诸实施，意味着在新的生育管理政策中，被奴役的女性成了中心角色。

1787 年波特斯主教成为伦敦的主教，这个职位对实施他的计划更有利。但是他发现他的同事有抵触情绪，在地产经理和监工那里也有很大阻力。然而在培养奴隶子女基本的识字和算数能力方面，还是取得了一些进步。但是废奴主义者仍批评教会虚伪，为了追求利润最大化的目的而给被奴役者施加生育压力。

从 1800 年开始，英国国教会开始为拥有被奴役的非洲人且依靠其获得利润而辩护，坚称被奴役的非洲人是"基督徒"，在加勒比地区的传教士在奴隶拥有者和奴隶贸易的庇护下是安全的。英国国教会也没有加入废奴运动，而只是奴隶制度批评者中的一员。面对不断增长的改革要求，教会的奴隶管理在西印度群岛成了一股反作用力。根据贝内特的观点：

> 在田地里鞭子仍旧在使用，女人仍旧被鞭打，但没有惩罚的记录，也没有为其设计解放的计划。1823年的一则公告表明，对黑人奴隶的最普遍的惩罚方式仍旧是监禁，但是没有提到为了迫使劳动而在种植园使用鞭子。事实上，在 1825 年，奴隶监工的鞭子就被收走了，只是当他和经理抱怨纪律松弛时才重新拿了回来。[24]

19 世纪 20 年代，教会尽其所能来抵制奴隶解放运动，还通过展示巴巴多斯是"基督教奴隶制度的典范"来反对奴隶解放的言论。面对奴隶解放主义和试图保持奴隶制度两种不同言论，英国国教会甚至直接表达了对于反奴隶运动的不满。[25]

1827 年 5 月，伦敦一个反奴隶制度的月刊杂志《基督教观察者》（*Christian Observer*）对主教们的失败作出了如下评价：

> 这一群体从不提及他们自己的奴隶，而正是这些
> 奴隶在种植园的辛苦劳动才使他们盈利。……让那些
> 悲惨的奴隶们的支持者勇敢地站出来辩护吧，他们应
> 坚持不懈，直到教会为奴隶拥有者的罪恶得到救赎，
> 直到他们不再用非洲人的血泪去浇灌印度或者美洲的
> 生命之树。[26]

波特斯主教在伦敦的讲坛上加强了对奴隶制度的辩护。当废奴主义者在国会取得支持的时候，他更加频繁地强调奴隶制度与基督教伦理相一致，并以此为自己辩护。为了奴役黑人并获得利益，教会从实践和理论上都支持西印度群岛的奴隶制度。作为主要的奴隶拥有者，教会的影响力非常大，在废奴运动达到高潮时为奴隶拥有者提供了巨大的道德和政治支持。

通过参与奴隶制度，并为非洲奴隶和奴役提供全面系统的理论和神学的支持，教会延长了奴隶制度持续的时间。在寻求奴隶制度的永存和维护国家利益的结合点上，英国政府找到了一个很好的同盟，那就是作为真正的奴隶拥有者的英国国教会。教会不仅代表着英国社会前沿有强大影响力的奴隶制度的支持者，而且其作为奴隶种植园的拥有者，通过亲身实践展示了其非洲种族主义的观点。

英国国教会在加勒比地区的奴隶世界里扮演了四个非常重要的角色。

第一，英国国教会作为主要的投资者、管理者、拥有者和财务的受益者参与了奴隶经济。一个多世纪以来在传教士的帮助下，教会购买并用滚烫的烙铁给成千上万的非洲儿童、女人和男人打上了标记，然后在巴巴多斯的种植园残酷地剥削并奴

役他们，获得了巨大利益。为此教会与英国政府以及很多英国家庭和财政机构一起犯下了反人类的恶行。这些罪行在奴隶的后代身上留下了难以磨灭的印记，他们中许多人仍旧居住在圣约翰教区，而它在奴隶时期是被教会所控制的。

第二，英国国教会使得作为奴隶所有者和贸易者的牧师的行为合法化了。在大多数殖民地，代表奴隶主建造和管理奴隶王国的杰出人物就是教区牧师，他们向白人团体宣传基督教，但是从种族上将自己的奴隶排除在外。作为主要的奴隶拥有者，牧师正是借宣传宗教之名犯下了反人类罪行。

第三，非洲人是次等人类，没权利在人类大家庭中获得社会认可，英国国教会坚持这一伦理观点。对于非洲人的种族定位是出于特别目的，来确保其在全球范围内奴役非洲人，这对于今天的后种植园时代黑人在精神健康和社会认可上依旧有着不可估量的影响。从这一点上说，在加勒比地区的英国殖民地巩固和渗透奴隶制度方面，教会所造成的伤害比任何其他单一的社会团体都要大。以《圣经》为依托拒绝非洲种族的人性地位，这深深影响了被奴役的非洲人和他们后代的心理，他们发现有必要通过自卫的方式来拒绝这些主张。对于这些反人类罪行，英国国教会被要求在国际法框架下对加勒比地区的黑人群体进行赔偿。

第四，英国国教会通过将非洲人的法律地位下降到财产、不动产和动产的方式，并利用其身份为奴隶主和奴隶贸易者提供道德和文化上的庇护，以帮助其聚敛财富。进而教会也否认了加勒比地区非洲人的社会权利，包括家庭生活、占有权、养育和抚养子女等。200多年来英国国教会作为奴隶的拥有者和奴

120

隶制度的提倡者，一直拒绝黑人享有家庭生活的权利以及为人父母的权利。黑人儿童被教会买卖，这反过来使这些活动合法化。

　　这些活动所造成的精神和文化损害，直到今天仍然在黑人的家庭文化中深有体现，如消极的家庭价值观、对儿童及青少年惯有的不支持态度等。这些遗留现象虽然很少被公开提及，但众所周知。耻辱导致了沉默，也反过来增加了黑人对于英国国教会的憎恨和愤怒，因为教会拒绝直面过去，而这恰恰是基督教的核心价值。

第九章

哈伍德伯爵

——通往白金汉宫的奴隶之路

奴隶贸易……处于英国经济的中心，而非边缘，且与社会的方方面面都有联系，是教会和王室财产的基础。

——文森特·凯布尔（Vincent Cable），国会议员，纪念废除奴隶贸易二百周年辩论，2007 年 3 月 20 日

英国人从加勒比地区被奴役的非洲人身上获取财富，并持续了好多代，对这一事实的记录非常完整。当今许多英国金融巨头和社会精英家庭都可以从奴隶制度和奴隶贸易中寻到其财富的根源，下面提到的数据将真实地表明金融交易和非洲奴隶贸易投资数额的巨大。奴隶主对奴隶的财产所有权在金融交易中可以作为资产抵押，另外这些家庭在 1838 年奴隶制度废除后都收到了巨额的经济赔偿，这些资金确保了他们商业投资的提升、合理化和现代化。英国家庭和机构将从奴隶身上得来的财富转成金融资本再度投资，这些财富又被其后代在与奴隶无关的企业中继续使用。[1]

很多研究都详述了英国家庭依靠奴隶制度聚敛财富的过程，理查德·帕雷斯（Richard Pares）对布里斯托尔的平尼家族如何

从奴隶贸易和背风群岛的甘蔗种植园获得财富进行了研究，是此类研究中的代表。S. G. 切克兰德（S. G. Checkland）关于约翰·格莱斯顿（John Gladstone），即英国首相威廉·格莱斯顿（William Gladstone）的父亲的研究也说明了同样的问题。这一研究详细说明了约翰·格莱斯顿如何在牙买加和圭亚那开展对被奴役的非洲人的剥削并获得利益，他也在 1838 年得到了巨额赔偿金，依靠这些资金扩展了家族生意并使其多样化，进而促成了他的儿子在国会获得权力。[2]

与此相类似，牙买加的贝克福德家族（Beckfords）在英国过着王室一般的生活，他们的富有同样来自从奴隶王国积累起来的财富。但是约克郡的拉塞尔斯家族（Lascelles）无疑是最荣光的，他们的儿子从 18 世纪末期起就荣升为哈伍德伯爵。S. D. 史密斯最近有一部学术专著旨在分析这一家族金融帝国的缔造过程，我们下面的分析主要参考这部著作。拉塞尔斯家族将在巴巴多斯、多巴哥和牙买加获得的财富投资回英国，并获得了世袭的爵位，最终通过婚姻进入了王室。在 327 年的时间里，拉塞尔斯家族通过剥削被奴役的非洲人和他们在加勒比地区的后代，积累了巨额财富，并借此赢得了社会声誉和权力。[3]

拉塞尔斯家族是一个来自利兹内陆的底层中产阶级家庭，1648 年在巴巴多斯作为较小的奴隶拥有者开始经营，但不到 100 年他们就在英国积累了巨额财富。拉塞尔斯家族凭借其金融实力跻身英国贵族，成为后来众所周知的哈伍德伯爵家族，直到 1975 年巴巴多斯独立 10 年后，他们才放弃了那里的种植园。从 1648 年（英国殖民巴巴多斯 20 年之后）到 1975 年的这段历史正是拉塞尔斯家族走向成功的过程，其通过奴隶贸易聚敛财富，跻身英国商业精英阶层，而且在英国王位顺位继承人序列中拥有了一席之地。[4]

1966 年哈伍德伯爵荣幸地在巴巴多斯的贝尔庄园（Belle estate）欢迎年轻的女王伊丽莎白二世，这是他的家族从 1780 年就开始拥有的甘蔗种植园。事实上女王是在访问自己的家族，因为哈伍德伯爵是她的表兄。这是对于这一关系的最新表述——蔗糖、奴隶和王室——通过婚姻关系而实现的奴隶制度融合体。1922 年第五代哈伍德伯爵的继承人拉塞尔斯子爵与王室公主玛丽成婚。因此作为 1966 年贝尔庄园的拥有者——第七代哈伍德伯爵乔治·拉塞尔斯（George Lascelles）在此招待他的表妹——女王伊丽莎白二世，这是再正常不过的。这一庄园只是这个富有家族众多种植园中的一个，巴巴多斯是非洲奴隶贸易的重要市场，奴隶贸易主要由当时的"皇家非洲公司"（前身为"皇家冒险者非洲贸易公司"）负责，其拥有者和管理者正是伊丽莎白女王的祖辈国王詹姆斯二世。[5]

拉塞尔斯家族作为奴隶主的历程始于 1648 年，爱德华·拉塞尔斯（Edward Lascelles）在巴巴多斯购买了奴隶种植园的一小部分，第二年开始扩大范围，在圣安德鲁教区购买了一百英亩的土地，继而开始了其奴隶种植园的创业过程。在此后的几十年内，爱德华作为一个奴隶拥有者，加上他的三个弟弟：菲利普、罗伯特和威廉，继续扩大其在巴巴多斯的投资。1670 年拉塞尔斯家族的名望已逐步确立，成为有名的奴隶主、奴隶贸易者、金融家、商人和经纪人。[6]

菲利普负责管理在伦敦的生意，威廉和爱德华经营巴巴多斯的蔗糖生意和奴隶贸易。罗伯特也喜欢奴隶贸易，也在英国

123

和巴巴多斯布里奇顿做商品贸易。拉塞尔斯兄弟在奴隶贸易中
发展顺利，但正是爱德华的企业和革新为拉塞尔斯家族的富有
打下了坚实的基础。[7]

　　爱德华与巴巴多斯有名的奴隶商休·霍尔（Hugh Hall）的
女儿玛丽·霍尔（Mary Hall）结婚了，但他在 17 世纪末来到了
伦敦，继续作为金融家、商人和奴隶拥有者经营奴隶贸易和蔗
糖生意。1703～1709 年他在几内亚及西非的奴隶贸易中投资巨
大，在英国将货物装满船只，到非洲后卖掉并换取奴隶，在大
西洋商业利润三角中实现了利润最大化。爱德华又将这些利润
投资到英国的地产上，包括收购伦敦北部斯托克纽因顿（Stoke
Newington）的大量土地。当他在 1727 年去世的时候，他给他的
后代留下的财富高达 8670 英镑（在 2010 年的价值约合 1580 万
英镑），年收益也有 610 英镑（在 2010 年的价值约合 111 万英
镑）。

　　然而，使得拉塞尔斯家族进入到非洲奴隶贸易、加勒比地
区的甘蔗和奴隶制度核心的人正是年轻的亨利·拉塞尔斯
（Henry Lascelles），即爱德华的孙子。他利用经济上的成功取得
了政治权力，成为约克郡诺斯阿勒顿（Northallerton）的国会议
员。1745 年亨利的儿子丹尼尔·拉塞尔斯（Daniel Lascelles）也
在斯卡伯勒（Scarborough）的国会中赢得了一个席位。亨利还
和另外七名商人组成了一个财团以垄断当地的奴隶贸易。1736～
1742 年间他在金融领域经营出色，利润被重新投入公司以扩张
运输能力。亨利成为巴巴多斯最有名的奴隶主之一。亨利在
1753 年去世时是英国最富有的西印度群岛商人之一，他的财产
据自我估算高达 284 000 英镑（在 2010 年的价值约合 4.69 亿英

124

镑），而实际上其财产竟高达 392 704 英镑（在 2010 年的价值约合 6.49 亿英镑）。[8]

亨利在讣告中被称为"巴巴多斯伟大的商人，诺斯阿勒顿前国会议员"。1748 年亨利的长子埃德温・拉塞尔斯（Edwin Lacelles）获得父亲的财政支持，被称为"高索普和哈伍德庄园领地的伯爵"（Lord of the Manor of Gawthorpe and Harewood），这是亨利在 1739 年购买的价值达 63 827 英镑的两个庄园。S. D. 史密斯总结道，"亨利积累的财富可能在 408 784 英镑（净值）到 565 251 英镑（总值）之间。我们无从知道其财产的确切价值，但毫无疑问亨利・拉塞尔斯在去世时是英国最富有的人之一。"[9]

史密斯说，亨利"利用新获得的财富使得他在约克郡的家庭由令人尊敬的社会上层荣升到声名显赫的贵族"。他不断扩大的影响力吸引其他约克郡的家族也参与到殖民项目中，特别是那些已经在美洲有分支的家庭。这样的联合反过来又使亨利和他的儿子获得了更多的土地财产。亨利的死亡被恐怖地描述为自杀行为，两个手腕粉碎。但是其作为奴隶贸易商和奴隶主的充满暴力和残酷的扭曲一生中，他在自己流血之前已经奴役和屠杀非洲人长达 30 年了。他的死亡为其后代留下了一个巨大的金融帝国，而他的奴隶们则被视为动产。[10]

在 18 世纪的最后 25 年，拉塞尔斯家族安稳地上升到了英国社会最富有的阶层，准备好了做最大的跳跃，先进入贵族，然后进入王室。1795 年爱德华・拉塞尔斯从他的堂兄埃德温・拉塞尔斯那里继承了金融帝国。史密斯描述了他继承的过程：

> 1753 年亨利・拉塞尔斯去世后，他的财产被他的

两个年长的儿子埃德温和丹尼尔分成了两份。埃德温·拉塞尔斯获得了大学学位，游历欧洲，后被选为斯卡伯勒的国会议员。经过了一个短暂而精彩的军队生涯后，埃德温在他父亲去世的前几年，成为高索普和哈伍德庄园领地的伯爵。作为瑟奇·马克斯维尔的合作伙伴，丹尼尔的机构在 1750 年 8 月才成立，当时亨利·拉塞尔斯在名义上已经退休了。[11]

史密斯说，丹尼尔·拉塞尔斯于 1784 年去世（无子女），他的弟弟亨利于 1786 年去世（也无子女），这使得家族财产被迫统一，当时他们在英国和西印度群岛的财产已经被有意分开。史密斯接着说，"1795 年埃德温去世后，哈伍德庄园传给了他的堂弟爱德华·拉塞尔斯，他在巴巴多斯出生，是老亨利同父异母的兄弟爱德华的长子"。这一继承巩固了家族从 18 世纪初在西印度群岛开始积累的财富，进而成立了一个单一的信托基金。这样贵族种植园就在哈伍德建立起来了。[12] 爱德华为了提升利润，开始对加勒比地区的奴隶投资进行重新审计。另外他还决定召开"商人和种植园主的持续会议"，讨论加勒比地区奴隶经济的问题。

埃德温利用他在大学所受到的教育来服务他奴隶帝国的商业利益，写出了一部 18 世纪奴隶管理方面最有影响力的作品，名为《巴巴多斯种植园管理及奴隶对待指南》（*Instructions for the Management of a Plantation in Barbadoes, and for the Treatment of Negroes*）。他将在西印度群岛普遍在外的奴隶主集中在一起写作了这本书，包括：詹姆斯·克莱顿（James Colleton）、埃德温·德拉克斯（Edwin Drax）、弗朗西斯·福特（Francis Ford）、牧师约翰·布莱斯维特（John Brathwaite）、约翰·沃尔特（John Walter）、威廉·索普·霍尔德（William Thorpe Holder）、詹姆斯·霍尔德（James Holder）、菲利普·吉布斯（Philip Gibbes）和约翰·巴尼（John Barney）。写作该书的目的是提升奴隶劳动力的生产能力，同时也是为了抨击那些奴隶贸易的批评者。写作此书还有另外一个目的就是促进"奴隶生育"，提高奴隶人口增长，并进而证明其论点：如果非洲人被"善待"，他们可以自然繁衍。该书于 1786 年在伦敦出版，很快在奴隶主中成为畅销书。[13]

　　埃德温·拉塞尔斯比大多数人更清楚，非洲奴隶的人口危机及其程度，是对于奴隶制度展开道德攻击的重要把柄。正因为这样，该书在主题介绍中就用大写的黑体字写道："他们所关心的重点就是奴隶人口的增长。"这本著作号召在物竞天择的基础上，鼓励奴隶生育，并作为新的社会政策加以实施。埃德温认为，为了种植园的经济利益和奴隶制度的可持续性，应该实施这些政策来保证奴隶的繁衍和母性的保持。[14]

　　该书还强调奴隶主应采取一系列的产前措施，以帮助孕妇生育健康的孩子。最重要的是它强调保护有生育能力的奴隶妇女，免于过度的体力劳动。该书也关注产后设施的提供，以提升婴儿生活的舒适程度，从而降低死亡率。

　　这些政策意味着怀孕和哺乳期妇女的劳动时间可以适当减少，以提高对母亲的关心。实际上作者还建议，应当重新认识作为种植园劳动力的女性奴隶。女性奴隶生育孩子（生殖）的资本价值与其劳动投入（生产）产生的价值首次被认为同等重要。作者强调了下面的政策：

126

怀孕的妇女早上 7 点之前不应该工作，天气不好如下雨时，应当只做一些室内的工作。一旦女人怀孕了，她们就不应该继续在种植园里劳苦工作，也不应该干搬运或装卸类的重活。但是她们也绝不能懒惰，还是要让她们做一些事情，她们有责任工作，而且你必须非常警惕，不能让她们随便走出种植园。[15]

由于长期以来奴隶的人口降低被归因于婴儿存活率低，因此作者强调将婴儿和母亲纳入产后照顾政策。他们鼓励奴隶主确保哺乳期的母亲不要太快地回到田间劳动，因为已有数据表明，母亲的健康和婴儿的寿命之间有着直接关系。他们告诉经理和种植园主：

细心对待怀有孩子的母亲绝没有错。粗心和大意的母亲需要更多的关心。当婴儿断奶后，让她们开始和一些细心且有幽默感的女人在一起，并让她们帮着照顾孩子。……当孩子是健康的并能够被放在儿童帮时，或者能够被移动到第二个儿童帮时，孩子的个头和力量是你选择的最好标准。[16]

他们坚称保持奴隶人口的财产价值对于甘蔗种植园的财务收益至关重要。花费在这些政策上的钱并不多，但是带来的财务收益是巨大的。

1796 年爱德华被邀请进入贵族行列，享有约克郡"哈伍德男爵"称号。1812 年男爵第一次被提升到"哈伍德伯爵"的贵族地位——这个爵位一直延续到他 1820 年去世。他居住在利兹郊区的哈伍德城堡，这是其奴隶利润的纪念碑，当时的他已经成功书写了哈伍德的传奇。历经150多年，这一家族已成为奴隶世界的王牌。直到奴隶解放时，哈伍德伯爵家族在巴巴多斯仍有3处地产，在牙买加有2处，拥有超过1250个奴隶。他们在牙买加、巴巴多斯和多巴哥都有种植园，在5529英亩的土地上种植甘蔗和棉花，如表格9.1所示。这是1250个奴隶在种植园上辛苦劳动所产生的成果。

表格9.1　哈伍德伯爵家族在加勒比地区的十个奴隶种植园

种植园名称	殖民地和教区	拥有时间（年）	面积（英亩）	主营产品
贝尔	巴巴多斯 圣迈克尔	1780~1975	537（1780年）	糖
芒特	巴巴多斯 圣乔治	1784~1974	292（1795年）	糖
福特斯克	巴巴多斯 圣菲利普	1787~1918	241（1787年）	棉花
迪克特	巴巴多斯 圣菲利普	1787~1918	584（1787年）	糖
曼密里奇	牙买加 圣安	1777~1797	1000（1777年）	家畜
奈廷戈尔·格鲁夫	牙买加 圣桃乐西	1777~1836	285（1777年）	糖
韦尔的威廉斯菲尔德	牙买加 圣托马斯	1777~1848	1440（1770年）	糖
里士满	多巴哥 圣保罗	1777~1820	600（1770年）	糖

续表

种植园名称	殖民地和教区	拥有时间（年）	面积（英亩）	主营产品
格拉摩根	多巴哥 圣玛丽	1777~1820	575（1770 年）	糖
戈尔兹伯勒 和古德伍德	多巴哥 圣玛丽	1781~1818	1151（1770 年）	糖

资料来源：S. D. 史密斯（S. D. Smith）：《英国大西洋的奴隶制度、家庭和绅士资本主义：拉塞尔斯家族的世界：1648~1834 年》（*Slavery, Family, and Gentry Capitalism in the British Atlantic：The World of the Lascelles, 1648-1834*），剑桥大学出版社 2006 年版，第 262 页。

128　　贝尔种植园正是哈伍德伯爵的表妹伊丽莎白二世于 1966 年访问的，是拉塞尔斯家族在 1780 年获得的，当时有 232 个奴隶。到 1834 年，为了扩张甘蔗种植园，奴隶数量增加到 291 人。哈伍德伯爵家族将在巴巴多斯的被奴役的工人集中到了一起，并将 4 个种植园统一成一个企业（见表格 9.2）。

表格 9.2　哈伍德伯爵家族在巴巴多斯拥有的奴隶数量
（1817 年、1820 年和 1834 年）

种植园名称	1817 年（人）	1820 年（人）	1834 年（人）
贝尔	295	290	291
芒特	133	145	188
福特斯克	136	137	183
迪克特	247	254	231

资料来源：S. D. 史密斯：《英国大西洋的奴隶制度、家庭和绅士资本

主义：拉塞尔斯家族的世界：1648～1834》，剑桥大学出版社 2006 年版，第 263 页。

1816 年，当巴巴多斯的奴隶揭竿而起反抗奴隶制时，哈伍德伯爵家族也没能幸免。他们拥有的被奴役者都清楚哈伍德伯爵组织运动反对废除奴隶贸易，是一个奴隶制度的公开支持者。他们的三个种植园——迪克特（Thicketts）、福特斯克（Fortescue）和芒特（Mount）——是"布萨将军之战"时期反奴隶运动的主要据点。反叛军队在布萨"将军"的指挥下，在迪克特种植园展开了反对民兵和帝国军队的斗争，这给种植园的财产造成了巨大的损失。

地产经理通知哈伍德伯爵发生了奴隶反叛事件，在通信中伯爵被告知迪克特种植园的损失为 3989 英镑（在 2010 年的价值约合 277 万英镑），芒特种植园的损失为 5150.10 镑 10 先令（在 2010 年的价值约合 358 万英镑），贝尔种植园不是反叛活动的据点，因此几乎未受损害。军队逮捕了伯爵的几个奴隶，6 个被送去审判，7 个被释放了。经理和监工们被反叛者袭击，房子受损严重。伯爵为了支持这些工作人员，支付每人现金 111 英镑 2 先令 3 便士作为补偿（在 2010 年的价值约合 77 220 英镑）。[17]

但是伯爵并没有就此罢休。他为粉碎反叛军而庆祝，在 1818 年的一个晚宴上，他赞扬爱德华·科德（Edward Codd）上校领导帝国军队平息了反叛，为表示感谢他捐献了 200 英镑（在 2010 年的价值约合 139 000 英镑）。

在军事上平息奴隶反叛后，第二代哈伍德伯爵继续抵抗英国的反奴隶运动。他主持了一个会议，"地产所有者、商人、银行家、轮船拥有者、制造商、贸易商和其他人都主张保存西印度群岛的殖民地"。此次会议于 1832 年 4 月 5 日在伦敦一个酒馆召开，他在开幕词中重申了对于奴隶制度的维护，获得现场观众的掌声，这位有口才且富有的伯爵是奴隶制度的坚决拥护者。

英国国内有人怀有对"奴隶拥有者的强烈偏见"，伯爵对此表示悲哀。还有人认为奴隶主是"从奴隶身上获得罪恶且非正常的利益"，伯爵对此观点也表示反对。他对奴隶制度表示遗憾，并断言他和他的奴隶主同僚们"如果可以的话，更愿意不用奴隶劳动力（掌声）"。他继续说，"如果我们有别的选择，我们西印度群岛的地产所有者当然不希望人们处在那样的状态下"。[18] 随后伯爵表示，奴隶主并不情愿去侵犯人权，实际上他们都是历史和政治环境的受害者。"我们现在处境困难，这并不是我们造成的，而是那些大声抱怨奴隶制度的人造成的。"

巴巴多斯的被奴役者已试图告诉他们应该怎么办。伯爵设宴招待军队指挥官，因为他在甘蔗地里屠杀了几百个奴隶。伯爵对于奴隶制度一贯支持，其试图表现出的对人性的关心只是他的一个策略。在他的判断中，奴隶"以他们现在的状态"，尚未做好自由的准备，这是最核心的问题。被奴役就是他们的宿命，他们从来不会为自由做好准备。他总结道："让他们自由将会危及殖民地。"[19]

奴隶种植园给英国国家和经济带来了巨大经济价值，第二代哈伍德伯爵的论点也被这一事实所支持。按照他的判断，奴隶解放对于英国人来说将是一场经济灾难。他说，"殖民地生产

130

出来的产品的关税每年就高达 700 万英镑，英国每年出口到这些殖民地的产品总值约 500 万英镑。那些计划着奴隶解放的人是想把这些财富都白白牺牲吗？"[20]

　　他的儿子继承了爵位，成为第三代哈伍德伯爵，也成为诺斯阿勒顿的国会议员。他的曾孙子，第六代哈伍德伯爵亨利·乔治·查尔斯·拉塞尔斯（Henry George Charles Lascelles，1882~1947）与国王乔治五世的女儿玛丽公主成婚，拉塞尔斯家族已处于英国王室的中心了。

　　第七代哈伍德伯爵乔治·亨利·胡伯特·拉塞尔斯（George Henry Hubert Lascelles）于 1923 年出生，2010 年 7 月 11 日去世。他是女王伊丽莎白二世的表兄，位列英国王位顺位继承人序列中。正是他在 1966 年招待女王参观了他的贝尔甘蔗种植园和豪宅，此处地产因土壤肥沃和利润丰厚而在拉塞尔斯家族的种植园里非常有名。在他去世时，他因为对音乐事业的捐助，特别是对英国国家歌剧院的慷慨捐助而闻名遐迩。

第十章

国会和私人部门的奴隶主

131

据估计，1776 年约有 40 名国会议员因经营西印度群岛的奴隶种植园而获益。国会议员威廉·贝克福德（William Beckford）在牙买加拥有 22 000 英亩的土地，他的两个兄弟和儿子们也都是国会议员。

——黛安·阿伯特，国会议员，纪念废除奴隶贸易二百周年辩论，2007 年 3 月 20 日

1824 年，《泰晤士报》对加勒比地区的奴隶制度作出了一个中肯的评价，认为拥有奴隶是一种犯罪。它这样陈述道："开始并维护加勒比地区的奴隶制度，不仅是奴隶拥有者犯下的罪行，也是国家犯下的罪行。"德文郡（Devenshire）的公爵在两年前也评论说，"英国人拥有奴隶，准确地说应该是拥有'偷来的货物'，鉴于黑人被剥夺了自由和基本人权，英国人就是一个犯罪团体。"[1]

在英国有一个普遍的观点是，奴隶制度是英国公民对非洲人犯下的罪行，这是一种特殊的罪行，属于"国家犯罪"，是公民和国家共同作为"盗贼"剥夺了非洲人的自由和人权。尼可拉斯·德雷柏注意到，"国家犯罪"的论点深深植根于反奴隶制

运动，批评并羞辱那些代表国家且受益于奴隶制的政治领导者。[2]

面对媒体和公众的指控，英国并不准备承认其刑事犯罪的 132
性质，但是在法律和道德上这是毋庸置疑的：英国公民拥有被
奴役者并将其视为合法财产，这绝不是个人利益的正常化，也
必将引发其有利于国家利益的辩论。

国家的角色就是保护国家利益，特别针对那些对如何界定
和服务国家利益持不同观点的公民。19 世纪早期对于奴隶制度
的争议最大，奴隶制度的第一道防线就是国会议员，他们代表
着"国家利益"，公众期待他们制定国家政策，倡导公益事业。

奴隶制度属于国家犯罪的观念在 19 世纪早期获得了新生，
但政治家们为了国家利益而更积极地维护奴隶制度，与反奴隶
制度运动相对抗。这是因为很多具有政治影响力的国会议员同
时也是奴隶拥有者和投资者，已深深卷入了奴隶经济。英国政
治领导层为奴隶制辩护，从而使国家摆出一种对抗反奴隶制舆
论的姿态，这一点也就不足为奇了。[3]

关于加勒比地区奴隶制度的数据显示，被英国政客奴役的
非洲奴隶的人数相当可观。据德雷柏的数据显示，19 世纪 30 年
代在加勒比地区直接或间接拥有奴隶的政治家超过 100 人。这
一可观的数字显示了英国政治精英在奴隶贸易中所涉及的管理
和所有权的水平。德雷柏指出，1831 年有 50 名国会议员，1833
年有 42 名国会议员都"依靠奴隶制度而获得直接利益"。德雷
柏表示，这些数字中尚未包括那些虽然没有股权，但是仍旧为
奴隶制度辩护的国会议员，因为这样做符合他们的政治和经济
利益。也不包括那些虽然自己不是奴隶拥有者但其家族成员拥
有大量奴隶的国会议员，后者有如下两个例子，"一个是克里斯 133

托弗·贝瑟尔·科德林顿（Christopher Bethell Codrington）的儿子，他是 1833 年和 1835 年格洛斯特郡（Gloucestershire）的议员。另一个是 W. S. S·拉塞尔斯和亨利·拉塞尔斯，其中一人是 1820～1835 年诺斯阿勒顿的议员"。[4]

加勒比地区的奴隶主很多是政府的部长，他们"或者支持自己的殖民利益，或者代表着参与到殖民贸易和种族偏见中的选民的利益"。到 1800 年，英国的政治文化已与奴隶制度高度融合，这让分裂的两个党派更加腐化，也更加富有了。例如辉格党政治领袖爱德华·埃利斯（Edward Ellice）就是 19 世纪 20 年代主要的奴隶投资者。国会的激进成员约瑟夫·休姆（Joseph Hume）与有名的特立尼达奴隶主布恩雷家族（Bunley）联姻，确保了其政治事业所需的巨大资金支持。

西印度群岛的奴隶拥有者这一"政党"超越了托利党和辉格党的政治派别，在国会中同时赢得了两个政党的大力支持。拥有奴隶的国会议员是杰出的公众人物，他们成功地将加勒比地区奴隶制度与国家利益联系在一起。从某种程度上说，他们是一个利益共同体，既控制着国会的政治事务，又在政治体系内维护着自我利益的核心。[5]

作为奴隶所有者的政治精英，他们同时也是英国贵族的核心成员，对于国家利益的影响重大，并使奴隶制度作为国家经济和社会方式的重要部分得以维持。著名的贵族有第二代哈伍德伯爵，他是西印度群岛一个重要的奴隶所有者，在 19 世纪 20 年代曾极力维护奴隶制度，并得到霍兰德勋爵（Lord Holland）、白金汉和钱多斯公爵（Duke of Buckingham and Chandos）的支持。1834 年关于奴隶所有者的记录显示，有 2 个公爵、1 个侯爵、10个伯爵和12个男爵为奴隶所有者，其中有12人同时也是受托人和执行者。[6]

根据德雷柏的观点，在英格兰、苏格兰和威尔士的616名贵族成员中，有37人（约占6%）卷入了"剥削被奴役者"的活动中。其中一些家族，如哈伍德伯爵家族、西福德家族（Seafords）和斯卡利特家族（Scarletts），投资奴隶制度已有几代人的时间，有的已超过150年。例如阿宾杰勋爵［Lord Abinger，詹姆斯·斯卡利特（Janmes Scarlett）］，也是财税法庭首席法官，就是奴隶主家庭斯卡利特家族的儿子，其家族在17世纪的牙买加投资巨大。贵族们就这样通过加勒比地区的奴隶获取财富，再依靠这些财富建立和巩固其精英地位。[7]

表格 10.1　英国拥有奴隶的公爵、侯爵和伯爵　　134

名　字	殖民地
克利夫兰公爵	巴巴多斯
白金汉公爵	牙买加
里士满公爵	牙买加
斯莱戈侯爵	牙买加
罗斯林伯爵	安提瓜
利奇菲尔德伯爵	巴巴多斯
哈伍德伯爵	巴巴多斯
凯思内斯伯爵	巴巴多斯
达德利伯爵	牙买加

续表

名　字	殖民地
泽特兰伯爵	格林纳达
巴尔卡雷斯伯爵	牙买加
艾尔利伯爵和伯爵夫人	牙买加
卡尔汉普顿伯爵	牙买加
萨尼特伯爵	牙买加
罗姆尼伯爵	圣基茨
埃格林顿伯爵	牙买加
斯坦霍普伯爵	牙买加
霍普顿伯爵	牙买加
诺尔特斯科伯爵	牙买加
布朗洛伯爵	圭亚那
巴肯伯爵夫人阁下	格林纳达
塔尔伯特伯爵阁下	牙买加

资料来源：尼可拉斯·德雷柏：《奴隶解放的代价：奴隶制度末期的奴隶所有权，赔偿问题及英国社会》，剑桥大学出版社 2010 年版，第 318~319 页。

135　　　这一份贵族名单中还有 3 个子爵、20 个男爵，其中包括西福德勋爵（Lord Seaford）、阿宾杰勋爵、舍伯恩勋爵（Lord Sherborne）、里昂斯勋爵（Lord Lyons）、奥布莱恩勋爵（Lord O'Bryen）、里弗斯勋爵（Lord Rivers）、康伯米尔勋爵（Lord Combermere）、卡林顿勋爵（Lord Carrington）、哈瑟顿勋爵

(Lord Hatherton) 和罗尔勋爵（Lord Rolle）。女性包括安·斯特普尔顿（Ann Stapleton）阁下、马乔莉·萨尔顿（Marjorie Saltoun）女士阁下和玛利亚·安·桑德森（Maria Ann Saunderson）小姐阁下。通过联姻和投资奴隶等方式，这些贵族的精英家庭被捆绑在一起并达成共识，共同保护作为其个人及国家财富的奴隶体制。

富有的奴隶主通过联姻使他们的女儿跻身贵族行列，并引以为傲，以为用光彩的婚姻就能"洗涤"其金钱的肮脏。这样的例子有很多，19世纪早期劳瑟奴隶主家庭在巴巴多斯投资巨大，后与克利夫兰公爵（Duke of Cleveland）联姻，使得这一英国家庭更加富有。又如菲利普·德哈尼（Philip Dehany）在牙买加有着巨大的奴隶投资，他的女儿玛丽·索尔特（Mary Salter）与第11代凯思内斯伯爵（Earl of Caithness）订婚，将建立在奴隶之上的财富与英国精英主义结合了起来。[8]

有75个男爵在1834年注册成为奴隶主，或者有抵押贷款，或者有奴隶财产。德雷柏说，"英国所有男爵中约有6%是奴隶主或者贷款人，更有2%是奴隶所有者的执行者或者受托人"。他们中大部分是"大奴隶主"，例如法官爱德华·海德·伊斯特（Edward Hyde East）就"拥有1211个奴隶"，这清楚表明了"被奴隶主渗透的上层阶级"的广度和程度。许多家族利用其从奴隶中获得的资金来兴建英国社会的大型工程。例如德雷柏提到："约翰·怀特·梅尔维尔（John Whyte Melville），一个'圣安德鲁斯皇家古典高尔夫俱乐部'（Royal and Ancient Golf Club of St. Andrews）的主要支持力量（1823年被选为上尉，1883年再次当选，1877年成为合并后的俱乐部主席），1864~1866年任苏格兰共济会大首领、副郡长，他的妻子是奴隶主利兹公爵（Duke of Leeds）的女儿。"[9] 他是多米尼克梅尔维尔·霍尔（Melville Hall）种植园的主人，其种植园上现在建有岛上的一个飞机场。

136　　许多奴隶主都为教会和大学捐款并将其视为社会责任的一部分，通过这一方式，奴隶的利润流到了民间机构并支持其发展。例如许多西印度群岛奴隶主在 19 世纪 20 年代为国王学院（伦敦大学）捐款，这进一步说明了加勒比地区的奴隶利润对教育和研究机构的渗透。据统计在 1828 年，加勒比地区的 78 个奴隶主共捐献了 4000 英镑（在 2010 年的价值约合 1520 万英镑）。

牙买加奴隶主的代理人乔治·希伯特（George Hibbert）是伦敦文化生活的一个重要建设者。他传记中的数据显示，他的家族企业在 18 世纪 70 年代在伦敦发展得很好，利用获得的财富进军"慈善业"，与人共同出资成立了著名的"伦敦研究所"（London Institution），定位与"英国科学研究所"（Royal Institution）相同。乔治·希伯特因此成了"大都市粉饰会"的主席，为了"提升思想"而传播科技和文学知识。他还利用从奴隶那里得到的利润建起了一个巨大的图书馆和艺术品收藏馆。[10]

大量的西印度群岛奴隶主居住在英国，全部加入到首都文化发展的投资大军中。这些在外的奴隶所有者增加了英国所有者的数量，他们或定期到大西洋旅行，或为他们的奴隶种植园雇佣加勒比地区的管理团队。德雷柏注意到，"这样的流动使得奴隶制度不断回归英国，殖民地通过亲戚、信息和商业与英国联系在一起"。[11] 这样的社会现象恰恰反映出奴隶制度对于英国文化和经济的巨大影响。

　　加勒比地区的奴隶贸易及形式多样的奴隶投资，都与英国社会精英网络紧密交织或高度融合，很难将两者完全剥离开。对于许多精英家庭来说，在西印度群岛奴隶基础上获得的利润为其扩大投资提供了最重要的支持。德雷柏举了伊丽莎白·伍德·森豪斯（Elizabeth Wood Senhouse）的例子，她是有名的奴隶主萨姆森·伍德（Samson Wood）的女儿，1755 年出生在巴巴多斯。她嫁入英裔的巴巴多斯奴隶主、海军军官森豪斯家族（Senhouse），这一家族与英国城市精英家族关系密切。1800 年丧偶后的伊丽莎白回到英格兰居住。她于 1834 年去世，财产传给了她的三个儿子，汉弗莱·弗莱明·森豪斯爵士（Sir Humphrey Fleming Senhouse）、萨姆森·森豪斯（Samson Senhouse）和爱德华·胡珀·森豪斯（Edward Hooper Senhouse）。其中爱德华和巴巴多斯的代理总督约翰·斯普纳（John Spooner）的女儿伊丽莎白·斯普纳（Elizabeth Spooner）成婚，住在伦敦的高尔街上。[12]

　　该家族的伦敦和巴巴多斯分支到加勒比地区旅游，在大西洋的两岸投资，继续延伸家族的影响，从奴隶体系中获取财富。英国的许多家庭都有建立在奴隶制度基础之上的西印度群岛分支，有一些很富有，但有一些一般。奴隶经济滋养着他们，再次体现了英国工业革命和加勒比地区奴隶制度对于大不列颠的重要性。

　　当评价奴隶制度对于英国经济和社会发展的贡献时，经济历史学家们经常忽略这些家庭之间的联系。这是因为公司账户可以将奴隶贸易者、种植园主和国家金融直接联系起来，与这种清楚的直接联系模式相比，家庭联系就显得比较模糊。但是这些贵族及有影响力的家庭的确是大不列颠政治管理的重要部分，他们对于国会政策的制定有着直接或间接的影响。英国的精英们极力保护他们在西印度群岛的商业联系和资金来源，从这一点上说，保持奴隶制度与追求他们的社会地位同等重要。加勒比地区的奴隶是英国私人部门的核心，是大规模财富积累、社会地位和声望的来源，也是英国国家认同的重要部分。英国经济学家亚当·斯密注意到，曾经推动经济发展的奴隶制度在19世纪20年代却开始成为国家经济的拖累，然而他并没有评价在私营经济和奴隶制度之间一直存在的复杂联系。

但是伦敦的银行家们不同意斯密的观点，认为他的观点很不成熟。他们在加勒比地区的奴隶生意已经做了两百年了，在18世纪下半叶仍在继续。奴隶制度得到了国会议员和甘蔗种植园主的巨大政治支持，许多伦敦商人和银行高管也加入到了加勒比地区奴隶贸易之中。

138 　　在奴隶制度末期，当国家搜集数据以便处理对奴隶主的赔偿问题时，伦敦银行家和商人拥有奴隶的事实也被揭露了出来。证据显示"有超过150个伦敦商人被确定"是奴隶主，"还有数十人是代理人"。德雷柏注意到，在这些伦敦商人中，"大约一半都将英国殖民地的奴隶贸易作为其主要的或者唯一的生意"。1838年，伦敦商人因所拥有的奴隶而获得赔偿，赔偿金总额约为200万英镑（在2010年的价值约合14.2亿英镑）。[13]

许多伦敦公司都利用其在加勒比地区奴隶经济中获得的资金、管理经验和贷款，在英国的其他地方经营商业项目。这种做法很普遍，例如圭亚那的一个奴隶所有者安德鲁·科尔威尔（Andrew Colville），1838年获得赔偿后投资了哈德逊湾公司

（Hudson Bay Company）。乔治·菲夫·安加斯（George Fife Angas）的一个英国客户因在洪都拉斯拥有奴隶而得到了 7000 英镑的赔偿金（在 2010 年的价值约合 490 万英镑），而这个英国商人又利用这些资金成立了"南澳大利亚公司"（South Australia Company），"南澳大利亚银行"（Bank of South Australia）和"澳大利亚联合银行"（Union Bank of Australia）。[14]

　　加勒比地区的奴隶经济与英国的银行体系建立了一种相互依存的商业关系，赔偿的数额再一次显示了这些银行的身份。在 1835 年列举的 60 家伦敦银行中，有 30 家被德雷柏确定为加勒比地区奴隶经济的所有者或代理机构。一些银行至今依然存在，这也表明了奴隶资金与当前英国金融之间的持续性联系。例如，巴克莱银行（Barclays PLC）的前身巴克莱、贝文和特里顿公司（Barclay，Bevan and Tritton）的 R. 巴克莱（R. Barclay）得到的赔偿金为 40 358 英镑 18 先令 3 便士（在 2010 年的价值约合 2870 万英镑）。关于巴克莱银行，埃里克·威廉姆斯写道：

　　　　大卫和亚历山大（巴克莱）是贵格会（Quaker family）的两位成员，在 1756 年加入了奴隶贸易。大卫在美洲和西印度群岛的商业中开始了他的业务，成为今天最有影响力的商人。他父亲在齐普赛德（Cheapside）的豪宅是伦敦最精美的，经常有王室成员来访。他不仅是一个奴隶贸易者，实际上也拥有一个巨大的牙买加种植园。巴克莱家族与格尼和弗里姆（Gurney and Freame）银行家族联姻……通过这种强强联合的方式建成了巴克莱银行。[15]

　　利物浦的约翰和亨利·莫斯（John and Henry Moss）在圭亚

那拥有 805 个奴隶，巴克莱、贝文和特里顿公司是其银行家。其他的银行公司，例如库茨公司（Coutts and Co.），卡利斯公司（Curries and Co.），史密斯、佩恩和史密斯家族（Smith，Payne and Smiths），威廉姆斯·蒂肯（Williams Deacon）等，都为西印度群岛的委托人管理着他们的奴隶种植园账户。德雷柏进一步告诉我们，这些银行中的卡利斯公司引导着伦敦金融业，进而为西印度群岛的委托人管理着他们的奴隶种植园账户，这些客户中很多是苏格兰的奴隶拥有者。例如这家银行为国会议员詹姆斯·布莱尔（James Blair）管理着奴隶生意的金融账户，他作为西印度群岛的奴隶所有者，因为在圭亚那的布莱尔蒙特（Blairmont）庄园拥有 1598 个奴隶，最终收到了最大的一笔奴隶赔偿金 83 530 英镑 8 先令 11 便士（在 2010 年的价值约合 5940 万英镑）。[16]

记录也显示，10 个伦敦银行家曾接受以奴隶作为抵押的方式，将钱借给西印度群岛的奴隶拥有者，并收到了相应的奴隶赔偿金。所获赔偿金最多的是史密斯、佩恩和史密斯家族的银行。其他大的银行还包括汉基公司（Hankey and Co.），接受用牙买加奴隶作为抵押而投资了 5777 英镑（在 2010 年的价值约合 411 万英镑）。博赞奎特·安德森公司（Bosanquet Anderson）也接受尼维斯的 243 个奴隶作抵押来贷款。德雷柏还注意到，"作为今天苏格兰皇家银行集团（Rogal Bank of Scotland Group）前身的 21 家伦敦银行，在奴隶解放末期表现积极，有 6 家银行［道林斯—麦根思—米露公司（Dorriens，Magens，Mello and Co.），詹姆斯·埃斯代尔爵士（Sir James Esdaile），罗巴茨·柯蒂斯公司（Robarts Curtis），史密斯、佩恩和史密斯家族（Smith

Payne and Smith），威尔·赛普特公司（Vere Sapte），汉基公司
（Hankey and Co.）］被确定为西印度群岛奴隶的抵押权人"。
此外，还有 3 家伦敦银行——库茨公司，卡利斯公司和威廉姆
斯、蒂肯和拉布谢尔公司（Williams，Deacon，Labouchere and
Co.）——是西印度群岛奴隶所有者的受托人。另有 6 家银
行——巴纳德·迪姆斯代尔（Barnard Dimsdale）、约瑟夫·丹尼
森公司（Joseph Denison and Co.）、德拉蒙德（Drummonds）、
J. W. 卢伯克爵士（Sir J. W. Lubbock）、普莱斯科特·格罗特
（Prescott Grote）、格林·米尔斯（Glynn Mills）—— 直接为西印
度群岛奴隶所有者服务。[17]

　　如今的英国跨国企业劳埃德银行（Lloyds TSB）就是与西印
度群岛奴隶贸易有着紧密联系的英国银行之一，其前身博赞奎 140
特·安德森公司是西印度群岛奴隶利润的受益者。博赞奎特·
安德森公司与巴克莱、贝文和特里顿公司是詹姆斯·道金斯
（James Dawkins）所拥有的种植园中数百个牙买加奴隶的受托人
和抵押权人。[18]

　　苏格兰皇家银行（Royal Bank of Scotland）也是这个情况，
苏格兰人是西印度群岛重要的奴隶贸易者、奴隶拥有者和管理
者，他们因加入奴隶贸易而获得的财富，由著名的银行家和金
融家打理。在奴隶贸易时期银行通过给种植园奴隶主贷款取得
了持续的利润，之后又将这些利润投资到种植园中再次获利。
很快苏格兰皇家银行并购了其中的一些银行，也从奴隶贸易中
获得了利润。

　　苏格兰皇家银行的前身之一汉基公司，曾借款给格林纳达
的奴隶主，并以他的奴隶作为抵押。这家银行也是一个投资者，

18 世纪后期在牙买加拥有阿卡迪亚（Arcadia）种植园，也以奴隶抵押的方式借款给多米尼克的奴隶主。苏格兰皇家银行也认识到加勒比地区奴隶经济的根源，并发表了一个声明，说明它在经济上对加勒比地区奴隶制度的支持。然而与其美洲同行不同的是，苏格兰皇家银行在奴隶制废除之后并没有要求任何赔偿。[19]

英国的商业银行也加入到了资助、投资西印度群岛奴隶制度并从中获益的行列，它们守护着从加勒比地区奴隶经济中获得的利益，并在 1838 年奴隶制度废除之后，激烈要求得到相应的赔偿金。"巴林兄弟银行"（Baring Brothers Bank）和"罗斯柴尔德银行"（Rothschild Bank）是西印度群岛主要的受益公司，他们坚决维护奴隶制度，并因其奴隶投资而获得了赔偿。

巴林兄弟银行因其奴隶投资得到了赔偿，进而坚持在牙买加和圭亚那的奴隶拥有权，并要求法庭认可这一合法权利。托马斯·巴林（Thomas Baring）爵士也因其在牙买加的奥斯本（Osborne）种植园拥有的 156 个黑人奴隶而咄咄逼人地要求赔偿，他的合作伙伴亚历山大·巴林（Alexander Baring）也要求在圣基茨拥有对"人类财产"奴隶的所有权。

罗斯柴尔德银行帝国，是建立在加勒比地区奴隶基础上的经济中心，它是奴隶所有者的一个重要资助者，包括英国政府和其他的加勒比地区投资者。当英国政府决定为非洲奴隶的主141 人提供赔偿的一篮子计划时，内森·迈耶·罗斯柴尔德（Nathan Mayer Rothschild）同意为政府提供资助。罗斯柴尔德提出了一个公众贷款计划，以他巨大的金融财富做支持，确保为政府提供 2000 万英镑的赔偿金（在 2010 年的价值约合 142 亿英镑）。

罗斯柴尔德并不是独立的伦敦金融家，他个人也是西印度群岛的奴隶主，对他来说其作为银行家和被奴役者主人的身份是重叠的。根据德雷柏的观点，"他是安提瓜 88 个被奴役者的抵押权人，但他是反索赔的"。对此查尔斯·查特菲尔德（Charles Chatfield），罗斯柴尔德信托的执行者，被奖励了 1570 英镑 18 先令（在 2010 年的价值约合 112 万英镑）。罗斯柴尔德去世后，詹姆斯·罗斯柴尔德男爵（Baron James de Rothschild）又提出了赔偿要求。[20]

伦敦犹太银行和金融团体的其他成员也因为在西印度群岛拥有奴隶而获得了赔偿。犹大和海曼·科恩（Judah and Hymen Cohen）投资奴隶，阿巴斯诺特·莱瑟姆（Arbuthnot Latham）的联合出资人阿尔弗雷德·莱瑟姆（Alfred Latham）也是如此，他在牙买加的顾宁·希尔（Gunning Hill）庄园拥有 148 个奴隶。托马斯·莱塞姆（Thomas Latham）的妻子安·莱瑟姆（Ann Latham）在安提瓜和尼维斯拥有奴隶。

罗斯柴尔德金融帝国除了保护自己的投资外，也保护着加勒比地区的个人投资，他们都依靠奴隶制度来聚敛财富，进而形成紧密的政治联系。然后它又作为政府银行家为赔偿要求提供资金，这可以称作奴隶经济的延伸。罗斯柴尔德反对非洲奴隶解放，是因为他与奴隶主包括政府都有着密切的联系。最后罗斯柴尔德从长远考虑确保了政府的金融稳定。

伦敦的商人和银行家作为城市的精英群体，都在西印度群岛的奴隶体系中收获着个人利益。他们"在被普遍认为代表城市精英的机构中所占比例过高"。这些资金管理人"比一般的贸易者有更多的资金，巨大的财富也必然为其带来更大的影响力"。[21]

142　　　伦敦的金融商业区在奴隶上投资巨大，其中有很多大奴隶主，他们的重要性随处可见，主宰着城市，并尽其所能促进奴隶制度。例如德雷柏说，在1807~1834年选出的英国银行的14位经理中，9位是奴隶主，或者继承了奴隶所有权。在1821年选出的24位银行经理中，9位拥有黑人的财产权。整个金融区都从奴隶主那里受益，并依靠他们获得管理能力和财务指引。[22]

大西洋的奴隶综合体"促成"的不仅仅是英国城市的"微型银行革命"。肯尼斯·摩根（Kenneth Morgan）认为"殖民地商人已成为布里斯托尔、格拉斯哥和利物浦第一批银行的杰出合作伙伴"。这一点很重要，说明在18世纪银行体系和英国工业革命发展之间存在着积极的联系。摩根还告诉我们，"布里斯托尔的蔗糖、奴隶和烟草商人是奥尔德银行（Old Bank，1750年）、迈尔斯银行（Miles Bank，1752年）和哈福德银行（Harford Bank，1769年）的创始人"，其中也包括"利物浦最早的当地银行之一——阿瑟·海伍德父子公司（Arthur Heywood Sons and Company），他们是著名的奴隶贸易者"。[23] 从英国经济发展的观点来看，地方港口银行的增长可以提供足够的存款和汇款，以满足商人的需要。通过这种方式，国际贸易与英国的国内经济就建立起了重要的金融和商业联系。[24]

奴隶贸易和西印度群岛的奴隶制度，对于金融服务业的发展至关重要，使得英国经济的其他部分也以前所未有的速度扩张。银行为当地商人提供贷款，其实也是让奴隶利润找到了存储和升值的出路。正如埃里克·威廉姆斯所说，在这一背景下，加勒比地区奴隶制度所产生的利润和财富滋养了英国工业的发展。

第十一章

2000 万英镑

——对奴隶主的赔偿

许多西印度群岛的奴隶种植园主与布里斯托尔有着直接联系，对这个城市的财富贡献颇大。更为讽刺的是，1838 年奴隶解放时，他们所得到的赔偿对这个城市繁荣的贡献更大。

——斯蒂芬·威廉姆斯（Stephen Williams），国会议员，纪念废除奴隶贸易二百周年辩论，2007 年 3 月 20 日

1838 年，英国人结束了对被奴役的黑人长达 250 年的"国家罪行"，对最后一批奴隶主进行了 2000 万英镑的赔偿。从国家的角度讲，这是对公民放弃财产的行为用金钱进行的合法赔偿。[1]

奴隶制度就这样在赔偿金如雨般洒向奴隶主的狂欢中落下了大幕，这些奴隶主因长久地从奴隶身上敛财而富有，因社会地位提升而庆祝，因拥有政治权力而受到保护，他们所作出的最后掠夺就是从英国国库获得财政赔偿，这 2000 万英镑也是奴隶对公共粮仓的最后馈赠。[2]

当国会在讨论赔偿问题时，一些政治家认为这 2000 万英镑

实际上是欠付奴隶主的工资，是国家利用财政政策从奴隶体系中征缴税收的一部分。其他人认为，英国公众因奴隶生产的廉价产品而享受到高质量的生活，所以建议尽早将赔偿金全部付清。他们都意识到，英国公民因白人至上的文化而享有社会特权，这一特权已通过国家力量在全球范围内有效地制度化了。然而国会的大多数声明的背后都接受这样的观点——向奴隶主支付赔偿金是因为其在大英帝国建设中所起到的重要作用，并因此促进了国家的经济发展。

政府的一些部长认为，向奴隶主支付赔偿金实际上是各方的政治胜利。奴隶主将他们的财产证书（黑人所有权文件）卖给政府，从而得到 2000 万英镑的现金。重要的是，他们可以继续雇佣这些获得自由的非洲人作为廉价劳动力，黑人因此受到了双重伤害。奴隶主因奴隶重获自由而得到现金赔偿，但是奴隶却一无所获。他们仍然没有土地，没有钞票，虽然不再被拴着锁链，但仍旧是制度的俘虏，是被剥夺了公民权的劳动力。

尼可拉斯·德雷柏建议以新的方式来看待奴隶主在 1838 年所得到的 2000 万英镑的赔偿。"19 世纪 30 年代的英国要比今天小得多，2000 万英镑占政府收支的 40%，这是一个巨大的数字，或许相当于今天的 2000 亿英镑。……最终根据经济规模，2000 万英镑约合今天的 760 亿英镑。"[3] 国家已经与加勒比地区奴隶主捆绑在了一起，即使有时他们的头脑和心灵是有分歧的。

英国政府在法律和政策上承认被奴役的非洲人属于财产，这体现了其政治服务于经济的理念，也就意味着任何合法解放奴隶的行为都将引起金钱赔偿。英国人享有对非洲人的财产权已长达两百年，这种财产权已变成了英国人的一种生活方式，一种活生生的文化，同时也使英国人获得了利益。作为财产，非洲人给奴隶主提供了人类所能享有的快乐，他们不仅被迫在田间劳动而为奴隶主创造利润，女性奴隶也被迫上了奴隶主的床。但是非洲奴隶本身不是人类，这样的观点渗透在英国 18 世纪的政治体系中并得以延续。

因此英国奴隶制度的废除不仅是简单地终止一种经济制度，也是废除了一种社会文化，废除了白人对黑人所享有的不受限制的社会权力和性权力，甚至是生杀大权。

许多英国的奴隶主在结束他们对于黑人的绝对权力之前，已做好了接受利润下降的准备。控制黑人生死的权力已经根深蒂固地融入了奴隶主的思想中，当社会要求一个理性的商人不要破坏有生产力的财产时，奴隶主却因为渴望拥有绝对权力反而经常做些破坏。白人痴迷于将黑人视为财产，并将这种权力视作其心理资产，因此对于市场力量没有作出合理反应。

奴隶制度是一场惨烈的社会经历，被奴役者生活在恐惧中，时刻面对着潜在的死亡，进而产生了自己的社会表达。但是被奴役者毕竟是财产，当国家开始用它的立法权来剥夺这一财产权时，公民有理由要求赔偿。这一观点不断占据上风，而乔治·坎宁（George Canning）在 1826 年提出的观点却被边缘化了，他认为奴隶制度是"轻罪"，奴隶主应当被审查而不应当得到赔偿。[4]

一些政治家不承认奴隶制度是"国家犯罪"，而更倾向于承认是"国家过失"[5]。而且作为政治家，他们认为英国国会解放奴隶是对英国公民财产权利的侵犯，是违反社会正义的。更为讽刺的是，身为奴隶主的政治家，因为牵涉到其自身对奴役者的财产权利，他们在奴隶解放时经常使用"社会正义"这个词。他们仍然认为非洲人不是人类，没有权利享受自由和平等。

英国有自己特有的经济利益，维护黑人财产权是至高无上的法律原则。国家是被奴役的非洲人的主要的直接投资者，承受了重大的财产损失。然而政府作为主要的奴隶拥有者和废奴主义者却能两边讨好获利。因此废奴问题远比保护财产的神圣不可侵犯重要得多，它关乎国家在经济和社会发展中的作用。因为所有人都清楚，奴隶制度对于英国构想的文明和帝国建设是何等重要。

英国社会普遍的观念是被奴役的非洲人是财产，要剥夺对被奴役的非洲人的财产所有权就要进行赔偿。正因为这一点，国会颁布的废奴法案恰好成为对个人财产法的检验。奴隶主明白英国政府已经和他们签订了长期协定，来保护他们拥有的人类财产的权利。[6]

一些奴隶主明白这个联系是契约式的，牙买加一家报社的老板奥古斯塔斯·博蒙特（Augustus Beaumont）在关于赔偿的讨论中提出了这个有力的观点："英国政府所卖出的奴隶天生就是财产，他们只有劳动的权利，毫无自由意志，受制于绝对权力。这可能是残酷的，但这是国会和奴隶主之间的合同。"[7] 国家和公民之间的这个契约是建立在两百多年的理念和实践基础上的，凭借其资本和政治力量漠视反对声音。如果政府想保持它的信誉，奴隶主就不能因政府的废奴法案而被白白掠夺了财产所有权。

一些奴隶主认为解放黑人就意味着在法律上认可其为人类，也同样意味着要修改策略以确保殖民地的英国统治和白人至上。

基于这些原因，废奴主义的批评者们主张，英国政府的新废奴主义政策正在背叛大众对英国生活方式的理解。

英格兰银行的前行长约翰·帕尔默（John Palmer）对这一点最为清楚，他对奴隶财产权的看法与金融文化密不可分。他认为对于奴隶主不加赔偿的废奴运动"将会危及社会框架，种植园主的财产权已得到 100 个国会法案的承认，任何部长都无权干涉他们的财产。（听啊！听啊！）这样做会动摇国家的信誉和威信"。[8] 帕尔默说，整个英国的经济都与加勒比地区非洲人财产权捆绑在了一起。奴隶制度处于维护英国经济平稳体系的核心位置，干预黑人作为财产的权利将会颠覆国家利益，伦敦金融城对此非常清楚。

帕尔默是在为金融城说话，金融城在国会的力量非常强大。金融城要求政府赔偿奴隶主，因为其财产权利受到了侵犯，在这个问题上没有其他选择。霍威克（Howick）子爵说，"毋庸置疑，不管西印度群岛的赔偿要求有多大，都不应该成为废奴运动的阻碍，因为让奴隶结束受罪非常重要……当我们在一分一毛地讨价还价的时候，这一罪行的牺牲者们还在受罪，但他们不应该再继续受罪了，哪怕是一个小时"。[9]

国会对加勒比地区被奴役的非洲人的人性和未来的福利更缺乏热情，黑人被告知作为奴隶他们没有法律的自由，作为财产他们没有政治权利。在英国及其公民决定他们"是谁""是什么"以及如何最好地对待他们之前，他们作为被奴役者应当保持沉默。

对于国会要求黑人保持沉默和安静，1831 年牙买加的被奴役者大反抗已经给出了答案，但是很少有人认为应当得到赔偿的是被奴役者，而非奴役者，托马斯·克拉克森（Thomas Clarkson）就是令人尊重的一个例外。早在 1807 年托马斯·克拉克森就提倡这一观点，他写道，"毫无疑问，赔偿是应当的，但是赔偿谁呢？应当是你们赔偿非洲人！……除了在毫无防卫的非洲，以及在新发现的美洲大陆殖民地，如果你去别的国家做同样的事情，将会被诅咒致死"。[10]

克拉克森告诉我们，赔偿问题本质上涉及权力关系，在历史上谁有影响力谁就得到赔偿，软弱者就需要讨论一下。奴隶主是英国国会、城市和社会上有强大影响力的团体，也有人曾在论坛上提倡赔偿被奴役者，但是他们对政策和经济的影响力都是边缘的和毫无效果的。也有一些人主张被奴役者是胜利者，应当付款给奴役者来换取他们的自由。他们认为奴隶解放造成了奴隶主投资权利的丧失，这是不合理的。

148　　确定奴隶主为受害者是国会讨论废奴运动的基础。唯一严肃的问题是谁来赔偿奴隶主——国家还是被解放者。奴隶主对这两者进行了研究，认为更好的选择是国家，就此奴隶主将应当作为赔偿人的国家推到了死角。国会议员威廉·汉基（William Hankey）主张，"奴隶不应当赔偿"，但是"国家应当赔偿"。他给出的理由是"奴隶制度是国家的法案，国家应承担后果"。他列举了他在收购奴隶种植园时付给国家 800 英镑税款的例子，指出这就是政府发财致富的证据。[11]

1833 年 8 月 28 日英国国会通过了《废除奴隶制法案》（Slavery Abolition Act），它满足了奴隶主的期望，他们会因奴隶财产被剥夺而得到赔偿。这项法律的名称应该是"为了促进奴隶解放并赔偿奴隶主而在整个英国殖民地废除奴隶法案"，同时也规定被解放的奴隶在 4~6 年内仍受到奴隶主约束。

　　至此，经受了 250 年的奴役后，被解放的奴隶在法案中没有看到任何礼节性的赔偿条款，他们得到的是进一步的束缚，因为他们的"主人"需要一定的时间来适应这个转变。

　　重要的是，赔偿奴隶主也是国会在帮助他们自己，上议院和下议院的许多议员都以不同方式成为奴隶制度的受益者，政府自身也是重要的奴隶拥有者。根据凯瑟琳·玛丽·巴特勒（Kathleen Mary Butler）的观点，1824 年"有 39 个国会议员支持西印度群岛的事业，11 个议员是西印度群岛的商人，包括代表伦敦和外港的约翰·格莱斯顿和约瑟夫·马里亚特（Joseph Marryat），剩余的 28 个议员也是殖民财产的拥有者"。[12] 格莱斯顿是利物浦商人，马里亚特是一个伦敦中介。他们"将贸易活动与国会议员的身份联系起来"。格莱斯顿已经在圭亚那投资了 7 处地产，在牙买加投资了 6 处。他"对外交部长和利物浦的国会议员乔治·坎宁施加了相当大的影响"。[13]

　　其他的国会议员，例如波士顿的尼尔·马尔科姆（Neill Malcolm），"在牙买加拥有 9 处地产和 2080 多个奴隶"。西福德勋爵（Lord Seaford）被认为是下议院在西印度群岛商业的领导者，他拥有 5 个牙买加种植园。在西印度群岛拥有种植园的贵族中，"哈伍德伯爵在巴巴多斯有 3 个种植园，在牙买加有 2 个"，拥有 1250 个奴隶，以及"斯莱戈侯爵（Marquis of Sligo），即后来的牙买加总督，在牙买加拥有 2 处地产。克利夫兰公爵在巴巴多斯拥有 1 处地产和 230 个奴隶"。[14]

　　毫不奇怪的是，这个法案提出了一个巨大的赔偿数额，加上从 1834 年 8 月 1 日起的利息，都付给了作为黑人奴隶主的他

149

们自己。巴特勒说道，一个国家的"债务已经高达 8 亿英镑（在 2010 年的价值约合 5690 亿英镑）。这一大笔资金的来源尚未可知"。这是给奴隶主的一笔巨额赔款，但更重要的是，它代表着英国政府对经济的巨大现金注入，因为其认识到奴隶基础之上的财产对于国家经济的重要性。从宏观经济的角度讲，它是一个巨大的一篮子刺激计划，目的是为投资阶层提供一种新的可能性。[15]

表格 11.1　西印度群岛奴隶的估价

殖民地	加勒比地区的价值 (英镑)	英国的赔偿 (英镑)
牙买加	13 951 139	6 161 927
英属圭亚那	9 729 047	4 330 665
巴巴多斯	3 897 276	1 721 345
特立尼达	2 352 655	1 117 950
格林纳达	1 395 684	611 936
圣文森特	1 341 491	576 446
圣卢西亚	759 890	333 700
多巴哥	529 941	232 400

资料来源：凯瑟琳·玛丽·巴特勒（Kathleen Mary Butler）：《牙买加和巴巴多斯的奴隶解放经济学：1823~1843 年》（*The Economics of Emancipation: Jamaica and Barbados, 1823-1843*），北卡罗来纳大学出版社 1995 年版，第 28 页。

　　奴隶主没有放过奄奄一息的奴隶制度的最后一滴血，他们

自己计算的西印度群岛被奴役者的价值是 4000 万英镑（在 2010 150
年的价值约合 285 亿英镑），他们的其他资产将达到 1 亿英镑。
除了 2000 万英镑的赔偿以外，他们还要求通过贷款形式获得
"另外的 1000 万英镑"，并声称如果这一诉求失败了，"将毁掉
人们对于英国贸易的信心，也会影响到每个英国公民的财产"。[16]

巴巴多斯的一份报纸哀叹道，2000 万英镑还"远远不够，
殖民者还有超过 2700 万的财产没有得到赔偿"。殖民地的官员
对此有不同意见，殖民地总督莱昂内尔·史密斯（Lionel Smith）
爵士提醒英国政府不要一味满足奴隶主的贪婪，因为 2000 万英
镑"已经给了种植园主很大的满足"。他说，奴隶主在估价时已
经提高了被奴役工人的价格，英国政府应当坚持他们自己的最
高市场估价。[17]

英国政府对赔偿金的最高估价与殖民地的估价相差巨大，
这也说明了奴隶主想从废奴过程中获得最多的现金。

英国政府设计出自己的计算方法，先决定每个殖民地被奴
役者的平均价格，再用每个殖民地的被奴役者总数乘以这个价
格。每个殖民地的价格计算是按照其在西印度群岛殖民地所有
被奴役者总价格中所占的百分比，英国政府的总估价是
45 281 738 英镑。巴特勒说，每个殖民地"收到的赔偿比例等
同于其奴隶价值占法案所赔偿的所有奴隶价值的百分比"。[18]
1834 年，在西印度群岛的英国殖民地有 664 970 个被奴役者，
他们在整个殖民地的分配见表格 11.2。

表格 11.2 西印度群岛的奴隶人口（1834 年）

殖民地	奴隶人口(人)
巴巴多斯	83 150
圣基茨	17 525
尼维斯	8 840
安提瓜	28 130
蒙特塞拉特岛	6 400
维尔京群岛	5 135
牙买加	311 070
多米尼克	14 165
圣卢西亚	13 275
圣文森特	22 250
格林纳达	23 645
多巴哥	11 545
特立尼达	20 655
德梅拉拉-埃塞奎博	64 185
伯比斯	19 360
英属洪都拉斯	1895
开曼群岛	985
巴哈马群岛	9995
安圭拉	2260
巴布达	505

殖民地	奴隶人口(人)
总数	664 970

资料来源：B. W. 希格曼（B. W. Higman）:《英属加勒比地区的奴隶人口：1807～1834 年》（*Slave Population of the British Caribbean, 1807-1834*），约翰斯·霍普金斯大学出版社 1984 年版，第 418 页。

而且，英国政府所付的赔偿金是根据被奴役的成人和儿童的当地价值计算的。儿童在种植园的劳动力中扮演了重要角色，被奴隶主认为是主要的财产，政府同意并且支持这一申明。不同地区甘蔗种植园经济繁荣程度不同，因此对于殖民地成人和儿童的平均赔偿也不同，这一点从表格 11.3 中可以看出。[19]

表格 11.3　西印度群岛成人奴隶的平均价值（1834 年）

殖民地	英　镑
英属洪都拉斯	60.9（在 2010 年的价值约合 42 700 英镑）
英属圭亚那	58.5
特立尼达	55.5
圣文森特	30.6
格林纳达	30.0
圣卢西亚	29.9
巴巴多斯	24.9
牙买加	22.9

续表

殖民地	英　镑
多米尼克	22.7
多巴哥	22.3
尼维斯	21.4
蒙特塞拉特岛	20.0
圣基茨	19.0
安提瓜	17.8
维尔京群岛	16.3
巴哈马群岛	15.4

资料来源：B.W. 希格曼：《英属加勒比地区的奴隶人口：1807～1834 年》，约翰斯·霍普金斯大学出版社 1984 年版，第 79 页。

奴隶主为了得到更多赔偿而精准计算婴儿和儿童的数量（见表格 11.4），这既表明了奴隶主的精明，也表明了奴隶体系内在的道德退化，然而这得到了英国政府的支持。

表格 11.4　西印度群岛儿童奴隶的平均价值

殖民地	英　镑
特立尼达	22.2（在 2010 年的价值约合 15 700 英镑）
英属洪都拉斯	21.6
英属圭亚那	19.0
圣文森特	10.9

殖民地	英　镑
格林纳达	10.3
圣卢西亚	8.4
牙买加	7.7
圣基茨	5.6
多巴哥	4.8
多米尼克	4.6
巴哈马群岛	4.4
尼维斯	4.0
巴巴多斯	3.9
维尔京群岛	3.3
蒙特塞拉特岛	2.5
安提瓜	2.4

资料来源：B.W. 希格曼：《英属加勒比地区的奴隶人口：1807~1834年》，约翰斯·霍普金斯大学出版社1984年版，第79页。

德雷柏指出，奴隶制度已经"通过直接的奴隶所有权和间接的对奴隶经济的依赖，渗入了英国的特权阶层和各地区"。跻身英国上层社会的方法是年金、婚姻和遗产。[20] 被奴役的男人、女人和儿童被计算、评估和打折，英国政府开始了支付的过程，这是英国民族历史上的重要时刻。

德雷柏的研究让学者们更深地感受到，赔偿金所激发的控制英国政治和经济生活的情绪是多么高涨。那些羞于站出来承认自己是奴隶主的人，在要求赔偿金时鼓足了勇气。那些因拥有较少西印度群岛奴隶而得到赔偿金也很少的人，就积极诉讼要求得到特别的权利。被奴役的非洲人在英国人消除贫穷的诉求中被视为珍贵财产。为了极力取得现金赔偿，友人、伙伴和家庭积极联合在一起开始了诉讼运动。

金钱赔偿的事态弥漫了整个英国社会，被德雷柏描述为"攫取食物的狂热"。它也全面揭示了奴隶制度如何深深融入了国家的社会和经济命脉。德雷柏说，这一事态"引发了无数英国人对于财产所有权的狂热，因为一旦声称了所有权，就附带了具体而直接的价格"。对于被奴役者的财产价值，赔偿记录列出了索赔和反索赔的每一项记录。赔偿的竞争者既有富人和名人，也有贵族和平民，他们都竭尽全力想得到自己的份额，这一过程也再次揭露了一个事实，即奴隶制度的触角已深入到社会的方方面面。[21]

有组织的大众舆论表明应当支持对奴隶主的赔偿，这很令人深思，它体现了英国及其主流文化对奴隶制度的高度支持。国家层面反黑人的种族主义，其影响和破坏力常常超乎想象，即便是反对奴隶制度的团体也始终很难意识到这一点。新兴的大众媒体、知识分子、政治领导者、公司精英和司法部门，都是基于种族主义创造价值的工具，他们支持对奴隶主而非奴隶进行赔偿。

废奴政策的逻辑是为了保证解放的黑人尽可能依然住在原来的甘蔗种植园，没有收入的再分配，也没有黑人经济上的解放。社会结构会尽可能保持与原有奴隶制度接近。政府所预想的未来是保证殖民地的黑人从属于白人，没有黑人劳动力，加勒比地区的土地就毫无意义。为了保证黑人作为劳动力，可以在某些地方做一些必要的调整，但是黑人不应当拥有土地。

赔偿奴隶主的实施过程显示了英国法律和政治制度的灵活性和创新性，它显示了所有赔偿程序的特征，一旦政治家给出了活动范围，律师就会显示出制度的创新性。1834 年的情况就是如此，就如同在二战后开始的对于德国反人类罪行的纽伦堡审判（Nuremburg war tribunals）。英国政府在创新立法联盟方面是富有想象力的。

废奴法案建立了一个赔偿委员会，主席是受人尊敬的法律思想家查尔斯·佩皮斯（Charles Pepys），他不久就被提升为大法官和第一代科特纳姆伯爵（Earl of Cottenham）。颇有魅力的政治家、朴茨茅斯国会议员约翰·卡特（John Carter）也主持过这个委员会的事务。该委员会在获得与奴隶主赔偿相关的重要数据上，并没有依靠其会员，而是雇用了专业团队来处理复杂的财务和金融事宜。例如查尔斯·魏林可（Charles Willinck）是大学人寿保险办公室一个重要官员，负责精确计算西印度群岛的 ₁₅₅"奴隶价格"。[22]

该委员会雇用了一批助理，作为每个殖民地赔偿委员会的成员，专门解决与奴隶主财产评估存在差异的赔偿问题。这一法律问题的管理体系令人印象深刻。该委员会处理了"80 万奴隶主的超过 4.5 万项个人索赔"。这也显示出英国政府解决奴隶主赔偿问题的决心。个别英国的西印度群岛奴隶主收到了巨额赔偿金（见表格 11.5），其他赔偿金付给了在英国拥有奴隶的奴隶主，以及在帝国其他地方的奴隶主。

表格 11.5 西印度群岛奴隶主得到的赔偿数额

殖民地	奴隶数量（人）	所得赔偿（英镑）
安圭拉	2260	35 669
安提瓜	29 003	424 391
巴巴多斯	83 225	1 714 561
英属圭亚那	84 075	4 281 032
多米尼克	14 266	277 737
格林纳达	23 729	615 671
英属洪都拉斯	1896	100 691
牙买加	311 455	6 121 446
蒙特塞拉特岛	6 392	103 556
尼维斯	8792	149 611
圣基茨	17 514	293 331
圣卢西亚	13 232	331 805
圣文森特	22 786	579 300
多巴哥	11 592	233 367
特立尼达	20 428	1 021 858
维尔京群岛	5135	72 635
总额	655 780	16 356 661 *

* 在 2010 年的总价值约合 116 亿英镑。

资料来源：尼可拉斯·德雷柏：《奴隶解放的代价：奴隶制度末期的奴隶所有权，赔偿问题及英国社会》，剑桥大学出版社 2010 年版，第 139 页。

除了政治家和商人外，大多数英国银行也得到了赔偿，这 156 些银行如今仍然活跃在商业街或国际金融领域。例如许多美洲银行，当其在历史上依靠奴隶制度发财致富的证据曝光后，都做出了战略性的赔偿。巴克莱银行、劳埃德银行、苏格兰皇家银行，是英国依靠奴隶制度发展起来的银行中的佼佼者。

巴克莱银行（Barclays Bank）

巴克莱银行的前身是巴克莱、贝文和特里顿公司（Barclay, Bevan and Tritton），科克斯·比达尔夫公司（Cocks Biddulph and Biddulph），斯通、马丁和斯通斯公司（Stone, Martin and Stones），高斯林斯和夏普公司（Goslings and Sharpe）等。[23] 它们都收到了赔偿金，或代表自己，或代表客户。例如，巴克莱、贝文和特里顿公司是斯科特家族的银行家，为在牙买加拥有奴隶的斯科特家族收到的赔偿金是 6501 英镑（在 2010 年的价值约合 463 万英镑）。R. 巴克莱为在圭亚那拥有奴隶的利物浦的约翰和亨利·莫斯（John and Henry Moss）收到了 40 353 英镑的赔偿金（在 2010 年的价值约合 2870 万英镑）。巴克莱、贝文和特里顿公司还因为在牙买加拥有奴隶而收到了 35 908 英镑（在 2010 年的价值约合 2550 万英镑）。它作为斯通、马丁和斯通家族公司的代理人，为在圣基茨拥有奴隶的 H. A. 厄尔（H. A. Earle）收到了 3605 英镑。在许多其他案例中，它既是奴隶主的代理人，也代表作为黑人奴隶财产的拥有者的自己。[24]

劳埃德银行（Lloyds TSB）

劳埃德银行的前身是巴奈特斯和豪丽斯公司（Barnetts, Hoares and Co.）、博赞奎特·安德森公司、T. H. 法奎特和W. S. 戴维森公司（T. H. Farquhar and W. S. Davidson）、普雷德公司（Pared and Co.）、斯蒂文森和索尔特公司（Stevenson and Salt）等，它们都代表顾客要求赔偿。它们为 P. J. 迈尔斯（P. J. Miles）收到了 26 426 英镑的赔偿金，为圣文森特子爵收到了 3529 英镑，为中将约翰·米歇尔（John Mitchell）收到了 2652 英镑，以上这些人都是牙买加奴隶主。

苏格兰皇家银行（Royal Bank of Scotland）

德雷柏认为苏格兰皇家银行的 6 家前身银行都收到了赔偿金。他指出：

157

　　总的来说，今天的苏格兰皇家银行集团的 21 家前身银行，在奴隶解放时都是积极索赔的，其中有 6 家（道林斯—麦根思—米露公司，詹姆斯·埃斯代尔爵士，罗巴茨·柯蒂斯公司，史密斯、佩恩和史密斯家族，威尔·塞普特公司和汉基公司）已经被确定因为奴隶财产的抵押而收到了赔偿金。另外有 3 家（库茨公司，卡利斯公司和威廉姆斯、蒂肯和拉布谢尔公司）为奴隶主的受托人或者执行者，库茨和威廉姆斯·蒂肯也是中介。还有 6 家（巴纳德·迪姆斯代尔、约瑟夫·丹尼森公司、德拉蒙德、J. W. 卢伯克爵士、普莱斯科特·格罗特和格林·米尔斯）为银行的代理人。[25]

例如作为受托人和执行者，苏格兰皇家银行为乔布·雷克斯（Job Raikes）收到了 15 379 英镑（在 2010 年的价值约合 1070 万英镑），为牙买加的奴隶主 J. G. 坎培尔（J. G. Campell）收到了 20 027 英镑，也为在圭亚那拥有奴隶的利物浦伯爵收到了 10 197 英镑（在 2010 年的价值约合 1420 万英镑）。因为在多巴哥有 2064 个奴隶，在牙买加有 4121 个奴隶，银行自己也申请了赔偿。在许多其他案例中，苏格兰皇家银行的前身银行作为受益者，都要求对其拥有的西印度群岛奴隶进行赔偿。

巴特勒说道，奴隶主虽然口头上要求更多，但是对于所收到的赔偿还是满意的，"这样慷慨的赔偿是前所未有的"。她总结道，他们希望"偿还的金额至少是他们巨大债务的一部分，这将会鼓励投资，并使新的运营资金到位"。因此，赔偿也被解读为英国政府资助国家经济和整个帝国的一项战略。[26]

格莱斯顿家族的报道中讲述了奴隶主如何用赔偿金来再融资、扩张和重整他们的商业。1830 年约翰·格莱斯顿是圭亚那咖啡和蔗糖领域的主要奴隶主，他因为在圭亚那和牙买加拥有奴隶而收到了 11 万英镑的赔偿金（在 2010 年的价值约合 7830 万英镑）。重要的是，"他并没有将钱再投资到殖民地"，而是购买了船只用于印度贸易，也投资到英国的交通运输领域。他购买了运河公司 4 万英镑（在 2010 年的价值约合 2850 万英镑）的股票，这让他控股了福斯和克莱德运河公司（Forth and Clyde Canal Company）。他继续在西印度群岛减少投资，将投资兴趣逐渐转移到英国的国内经济。[27]

至此，奴隶主在确保其对被奴役者的财产权上赢得了三场关键战役。其一，将收到的赔偿金用于再融资（见表格 11.6）；其二，主要投资英国的股票市场；其三，成功保住了他们在西印度群岛的企业，从而使大部分"自由"的人没有土地，变成二等公民。

158 表格 11.6 英国金融家因拥有牙买加奴隶而得到的赔偿数额

公司名称	所在地	赔偿金额（英镑）
W.，R.，和 S. 米歇尔	伦敦	93 965
W.，G.，和 S. 希伯特	曼彻斯特	59 545
犹大和海曼·科恩	伦敦	38 247
比达尔夫和科克雷尔	–	36 260
提姆贝隆和道彬森	伦敦	35 441
柯里、皮尔斯和通诺	伦敦	35 406
戴维森和巴克利	伦敦	35 122
P. J. 迈尔斯	布里斯托尔	28 188
J. H. 德菲尔	布里斯托尔	26 804
T. 和 M. 哈特利	–	23 385
安德鲁·科尔威尔	伦敦	20 830
约翰·格莱斯顿	利物浦	19 605
约翰·雷·雷德爵士	伦敦	19 400
斯图尔特和威斯特莫兰	伦敦	17 361
霍桑和舍顿	伦敦	15 520
珀里埃和珀里埃	伦敦	15 211
杰根和卢瑟福	伦敦	13 227
迪肯森和哈蒙	–	11 978
亚历山大·格兰特爵士	伦敦	11 709
S. 伯丁顿	伦敦	10 413

公司名称	所在地	赔偿金额(英镑)
贝克和菲尔波茨	伦敦	7990
巴罗·路萨达	–	6370
查尔斯·霍斯福尔	利物浦	5196
皮特凯恩和阿莫斯	雅茅斯	6806
总额		594 339*

*在 2010 年的总价值约合 4.23 亿英镑。

资料来源:凯瑟琳·玛丽·巴特勒:《牙买加和巴巴多斯的奴隶解放经济学:1823~1843 年》,北卡罗来纳大学出版社 1995 年版,第 28 页。

赔偿金对奴隶主的财富产生直接影响,他们用这些资金来 159 支付欠款,减少贷款并使之保持在一个可控水平。赔偿金也让大多数奴隶主免于破产,因为 1830 年他们所面临的问题是过度的信用消费。对英国金融家的赔偿“不仅意味着对其财产权利的维护,也为其带来了一个独特的机会,帮助其回收部分殖民投资”。[28]

正如德雷柏所描述的,赔偿资金让所有奴隶主都得到了狂热的满足,这一攫取行为让很多人富有,也降低了大部分人的财务压力。从这个意义上讲,奴隶制度自始至终都有利可图。这些资金被投资到英国国内和殖民地经济,不断刺激着传统和新兴领域。英国经济在 1840~1870 年的快速增长与赔偿资金的刺激有很大关系,这些资金加强了创业精神,创造了崭新的投资机会。

种植园体制在加勒比地区仍然存在,黑人现在是解放了,却进入了另一个阶段：监控强化、种族隔离和不断增长的对于公平的敌意。西印度群岛的种植园主和商人，以及他们在伦敦的资助者，对于赔偿的处理甚为满意。而黑人作为受害者却一无所获，这是英国政府对于非洲人所犯下的最大的罪恶。

第二部分

第十二章

赔偿诉讼

2000 万英镑［奴隶主从英国政府那里获得的作为失去
奴隶财产的赔偿］是一个巨大的数字；它大约等同于今天
的 2000 亿英镑。

——尼可拉斯·德雷柏，《奴隶解放的代价》(*The Price
of Emanicipation*)

赔偿诉讼应当针对英国政府以及一些重要的国家机构进行，
例如商业公司、银行、保险公司和英国国教会。毫无疑问，这
些机构因奴隶制度而聚敛财富，直到今天其财富积累仍在继续。
作为法律权威机构，国家以直接或间接的方式从法律和金融上
支持了这一反人类罪行。金融机构和社会机构相互合作操控着
奴隶政权，在国家管理的经济中从奴隶身上获取了财富，并用
于支付政府的公司税。

英国的作用不仅局限于对奴隶制度的规范和财务管理，也
作为重要的投资者和拥有者直接参与到了奴隶体系中，简而言
之，国家直接拥有和雇佣奴隶。从这一点来说，国家和其他财
政机构的身份一样，都是奴隶的投资者。因此赔偿要求首先应
当是政府对政府自身的法律程序，同时也包括那些参与其中的

金融机构和社会机构，而这些机构作为受益者如今已享有特权。

在联合国主办的"反对种族主义、种族歧视、仇外心理和相关不容忍行为世界会议"上，加勒比地区各国政府代表在解决非洲人的奴隶制度和奴隶贸易，以及加勒比地区土著人的种族灭绝等犯罪赔偿问题上，坚持原则并发挥了领导作用。以尼日利亚、塞内加尔和南非为领导的非洲国家与"西方阵营"和欧盟国家联合，反对获得赔偿的法律权利。加勒比地区国家立场坚定，拒绝承认最后的宣言，因为它荒谬地指出奴隶制度和奴隶贸易在当时"可能"属于犯罪，就如同今天一样。但历史证据显示，事实上奴隶制度和奴隶贸易在当时就是犯罪，如同今天一样。

加勒比地区各国政府有历史责任采取进一步行动并搭建起一个平台，它们肩负着法律和道德的责任来向英国政府提出奴隶赔偿的诉讼。尽管我们可以预期政治和经济上的威胁及报复将不可避免地随之而来，但在国际法和外交传统的背景下，政府依然有义务代表公民争取利益。

在数百年的奴隶制种族犯罪中，非洲裔的加勒比地区人民遭受了巨大的灾难和痛苦。如今，那些历史罪行使他们的后代一如既往地背负着贫穷落后的重担，而那些从犯罪中积累了财富的人却依然享受着他们罪恶的财富。加勒比地区的土著人口除了被奴役，还遭受了种族灭绝，但到今天也未提出上诉，这是一种冷漠的无视，也是一种无理的行为，这种举动被历史记录为默认或合谋。

欧洲人绑架了1500万非洲人，并将他们作为奴隶运输到大西洋对岸。联合国教科文组织的官方数据表明，在非洲大陆间接死亡和转移的另有 3000 万人，这无疑造成了现代最大的人类悲剧，被世界描述为非洲大屠杀，而欧洲人却拒绝承认他们的反人类罪行。[1]

在 18 世纪的高峰时期，英国高效地控制了跨大西洋奴隶贸易，远胜于其他欧洲对手，从而犯下了全球化的罪行，也加速了其财富积累过程。与其他参与其中的欧洲国家——西班牙、葡萄牙、法国、荷兰、德国、俄罗斯、瑞典、挪威和丹麦一样，英国应当为其历史行为承担后果，给出交代，作出赔偿。同时他们买卖和奴役非洲人，并从这些非正义活动中发财致富，这就构成了赔偿诉讼的基础。

国家首先应当对赔偿指控作出回应，因为作为制定和实施奴隶法律的主要机构，国家实行了支持性的财政政策，投入了公共资金，而这些都有助于奴隶制度的建立和持续。200 多年来，英国代表着其公民和机构以及企业的利益，使得奴役非洲人的非人性行为合法化了。[2]

英国政府将非洲人当作不动产，动产和商业财产，强制执行并使其合法化，对被奴役的非洲人在加勒比和其他地区暴力强制执行的这些法律和经济行为，是英国政府根据其国家利益而制定的，这些罪行的目的就是建立一个庞大的财富积累体系，以使其国家和人民发财致富。

英国及其商业精英所建立的奴隶制度及其全球化，为国家发展创造了一个崭新的、史无前例的环境。奴隶制度基础之上的战略倡议，得到了行政、司法和立法等政府部门的支持。非洲奴隶成为英国生活方式的核心，且作为引擎推动了英国 18 世纪商业持续发展的进程，缔造了第一个工业强国。[3]

从 17 世纪早期起，学者、企业家和政治家便联合起来，承认奴隶制度是国家经济发展的重要力量，很多社会团体和企业机构的起源都可追溯至奴隶体系。王室和精英们成立的教会、大学、银行和其他主要机构，都是建立在加勒比地区奴隶制度基础上的，奴隶制度扩大了其业务范围，确保了其未来发展。

英国作为直接的投资者和奴隶主，参与到了以奴隶制度为基础的财富积累过程中。英国还作为私人机构，购买和拥有非洲奴隶，在奴隶市场上进行交易。加勒比地区是反人类罪行的中心，也是英国商业和投资精英在 17 世纪、18 世纪和 19 世纪的关注中心。热带殖民地的奴隶制度使英国家庭发财致富，免于破产，也充实了政府国库。君主们发现了这一源源不断的财富流，各大公司也依靠奴隶制造的商品展开交易并发展繁荣，英国由此建立了其现代基础。

英国从 16 世纪的几艘奴隶船只开始，发展到 17 世纪建立起在美洲殖民地最有利可图的农业经济，即巴巴多斯、牙买加和背风群岛的甘蔗种植园，再到 18 世纪中期向风群岛的加入，以及 1800 年时特立尼达和圭亚那的加入。

西印度群岛变成了新世界的财富创造机器，也成为"大英帝国的枢纽"。整个殖民经济结构是建立在束缚和奴役非洲人的基础之上的。英国从非洲奴隶和奴隶贸易中获得的财富比任何其他欧洲国家都要多。同时，英国也是第一个将奴隶制度基础上产生的利润成功转变成国内工业、商业和金融财富的欧洲国家。

奴隶制度带来的财富驱动了英国 18 世纪经济的发展，从西印度群岛开始，大英帝国繁荣起来，并侵吞了东印度、非洲和澳大拉西亚。而在实行奴隶经济的加勒比地区，数百万的非洲奴隶被剥夺了人权，如同货物一样被运输和鞭笞。

英国政府及其支持机构对于其反人类的罪行并没有作出回应，而实际上他们都应当对赔偿诉讼作出回应。英国政府必须对这些犯罪行为在法律、政治和道德上担负起责任，因为这个犯罪团体对国家的财富投资是持续而巨大的。[4]

其他欧洲国家和机构也应当对类似的赔偿诉讼作出回应。西班牙、葡萄牙、法国、德国、俄罗斯和北欧国家都是贩卖和奴役非洲人的主要投资者和参与者，这些国家及其公民对非洲奴隶和加勒比地区土著人口也都犯下了反人类罪行。[5]

加勒比地区各国政府非常适合代表非洲奴隶和土著人提出整体诉讼，因为这些牺牲者有要求正义的权利。为了进一步实现管理的合法化和民主化，加勒比地区国家也应当对其公民在道德和政治上担负起这一责任。

拒绝过去：英国的拒绝

对于加勒比地区土著人的种族灭绝和非洲人的贸易，以及 167 两者遭受的奴役，奴隶主都拒绝承认其罪行。个人投资者和英国政府甚至资助、立法和执行这些活动，对于其合法性进行辩解。土著人被定义为野蛮人，不适合占有他们所居住的土地，非洲人也被当成了奴隶，因此"野蛮人"和"奴隶"是没有资格享有权利和支配自己的劳动力的。土著居民不仅没有权利享受与生俱来的土地（不动产），而且他们的地位也被重新定义了，像非洲奴隶一样成了动产，由此他们变成了和土地（不动产）一样的财产。对他们的剥夺和奴役被理所当然地认为是英国公民的权利和利益所在。[6]

英国当今很少有官员愿意持这一观点，这自然也是国家反对赔偿的潜在基础。19 世纪的奴隶主和今天的英国尽管在时间上相隔久远，却有着极为密切的内在联系，强烈反对赔偿黑人和土著人已经成为其政治共识的延续。

这一案例在法律上令人信服，在道德上引人注目，官员们认为需要政治解决，可在国际法庭确认其为反人类罪行之前，英国政府和社会却提出了各种论点，试图从这些犯罪事实中安全脱身，妄想不用承担赔偿的责任和义务。也就是说，在提出这些论点时，政府官员们都很清楚其在法律上不会被支持，在道德上也不会被接受，其反对派的政治观点反而是正确的。

否定赔偿案例合理性的观点一直都存在。政府官员们认为，如果殖民地政府已将种族灭绝、奴隶贸易和奴隶制度合法化了，那么就无所谓犯罪，也就不必回应这个案例了。毫无疑问，权力很重要，但又是谁赋予了英国政府这种权力去违背加勒比地区土著人和被奴役的非洲人的意志，并在面对他们的反抗时实施了种族灭绝的政策？土著人反抗了，但他们被镇压了。非洲人反击了，但他们被屠杀了。而英国政府为了执行本土的剥夺和非洲的奴役，却可以如此长久地实施其暴行。

168

非洲人对奴隶贸易的反抗是有大量证据支持的，英国政府认识到这一点后也立即调整论点。他们宣称西印度群岛的政治精英们也合谋并参与了这些活动，而且非洲国家也应当同样被要求赔偿，其目的是希望有人来分担其被指控的反人类罪行。

这是典型的分而治之的策略，为此牺牲者们因为其作出的牺牲反而遭到谴责，指出非洲国家领导人的合谋，更使得英国政府的罪行令人厌恶。

随着时间的推移，大多数非洲国家领导人开始反对奴隶贸易，他们也因此被骚扰和清除。欧洲城市存在着由军队和金融机构支持的巨大商业网络，其怂恿政治灭绝行为，如非洲国家领导人被暗杀，国家被推翻，边界被重新划分，反抗的社区遭受大炮袭击。作为合谋者短期内受益的几个国家，当自己的人民起来反抗时也最终倒台了。[7]

跨大西洋奴隶贸易和国际毒品贸易之间有着惊人的相似性。非洲地区被英国的强大军队和金融力量所占据，一些非洲国家的领导人因为与英国合谋而获得了经济利益，但这些国家也常被英国所倡导的贸易所伤害和掠夺。即便如此，少数非洲合谋者的存在也不能减轻英国的罪行，不能减少英国的责任，反而在事实上更加深了英国的罪恶，因为这些非洲合谋者利用了受害者，还为自己国家成为牺牲品提供了催化剂。

许多西非国家如今受到英国政府的恐吓，逐渐动摇了他们在赔偿问题上的立场，有一些国家干脆放弃了对赔偿问题的支持。然而加勒比地区国家仍坚持认为，奴隶贸易是受英国公民和国家商业利益驱使的结果。[8]

通过有效利用"时间久远"这一法律概念，加勒比地区最近接受了非洲国家为"共犯"的传统观点。在普通法（Common Law）中有一个"超时"的概念，认为所有的被告已经去世，不能复活来回应指控，因此罪行可以免于追究而案件也可结案。然而对于反人类罪行，"时间久远"原则并不适用。针对试图将

169

时间作为技术逃脱手段的做法，国际法已经设立了相关条例以求将犯罪者绳之以法。为此，还有另外一些问题需要解决。[9]

首先奴隶制度不仅仅局限于过去，它仍然存在于人们的记忆中。19 世纪加勒比地区废除奴隶制度的时间各异，即使英国 1838 年在其殖民地废除了奴隶制度，但英国公民在 19 世纪 80 年代之前仍继续在西班牙的殖民地进行投资。今天加勒比地区的部分居民，其祖父母或曾祖父母仍有被奴役的经历，家庭持续生活在被奴役的记忆中，思想上仍承受着被奴役时代的苦难。1838 年奴隶制度的废除也导致了新形式的奴隶制度，大多数迫害黑人的罪行仍在继续。

英国政府官员也提出，即使反人类罪行被承认，但制定完整可行的赔偿办法也极不现实，赔偿诉讼也很难有进展。

这种自私的论点影响了诉讼的基本合理性，过去几十年间的赔偿诉讼已经显示了法学家和法官的创造力和革新精神，制定一个有关赔偿的政治法案有助于法律的创新性。赔偿模式可以设计，结构也可以调整，一切都是为了结束这一罪行，但是首要的问题是犯罪者必须认罪，对所犯罪行必须道歉，对于责任必须承担，并愿意开始公正的赔偿程序。

在不同时间提出不同的观点是英国政府的"移动球门门柱"策略，每当一个观点被打败并出局时，一个新的观点就会被发明并迅速就位。对话的条件在持续发生改变，而英国政府这样做的原因就是拖延时间，实际上延迟决定就是其最终目的。英国政府认为，他们拒绝这个赔偿诉讼的时间越长，其执行的时间也就越长。官员们认为随着时间的流逝，对历史事件的关注也会越来越淡，打时间牌才是英国人最好的战略。他们相信，未来黑人的后代对他们祖先的经历也会越来越不感兴趣，不可能致力于类似的赔偿政治事件。

170

英国政府的后备策略是政治威胁，加勒比地区和非洲各国政府在英国和其他欧洲国家的压力下，对待赔偿采取了软弱和勉强的立场。例如，世界银行和国际货币基金组织等国际金融机构与欧洲各国政府密切合作，从而对赔偿沉默应对。然而曾经拥有奴隶的国家政府又发明了新的威胁之道，一旦"赔偿"这个词出现，相关的对话就会立即冻结，资源也会随之停止。这使得赔偿政治中持续充斥着恐惧，也成了追求正义的障碍。加勒比地区的公民和国家在政治上被禁止参与赔偿活动，因为大环境已经在法律上阻止了其争取权利的能力。[10]

然而加勒比地区各国政府仍然要打赔偿官司。英国和其他欧洲国家的观点是经不起法律和道德审查的，他们的政治立场也无法持久。纽伦堡审判在可回溯的正义原则下，作出了结论性的判决，整个诉讼使得有关奴隶制度和种族灭绝的法律条款都生效了，也就是说，历史事件不会因为时间久远，犯罪性质就被改变了。加勒比地区各国政府在法律、外交和民族上都应履行这样一个义务：在英国的司法和政治传统下帮劝英国政府主动承担其行为的责任和后果，承担起其历史责任。

2004年英国广播公司组建了一支由经济分析师、历史学家、律师和精算师组成的队伍，研究一个评价加勒比地区奴隶对于英国经济贡献的参数评价模式，此活动之目的是论证公众关注赔偿要求的合理性。

罗伯特·贝克福德（Robert Beckford），英国电视纪录片《帝国的赔偿》（*The Empire Pays Back*）的主持人，被问及如下问题："如果英国按照其工人在 18 世纪、19 世纪的最低工资标准为加勒比地区的 200 万被奴役的黑人支付工资，加上精神创伤费和财产损失费，总金额将会是多少?"这个团队得出了结论，英国将会给加勒比地区的黑人赔付 7.5 万亿英镑，而当时英国国内生产总值还不到这个数额的一半。这一数额也毋庸置疑地反映了奴隶劳动力对英国经济发展的巨大贡献，虽然它并非赔偿计算的基价，但显示了奴隶贸易对于英国经济的重要性，也体现了奴隶制度在英国国内经济发展中所扮演的重要角色。

美国也得出了类似的计算结果，经济学家拉里·尼尔（Larry Neal）认为，"按照 1983 年的价值计算，在 1620~1865 年间，被当作奴隶劳动力剥削的美洲黑人，应该获得的赔偿金额在 963 亿~9.7 万亿美元之间不等，这取决于是适用 3% 的利率还是 6% 的利率。"[11] 这些创造了财富的被奴役者的后代依据法律权利提出了赔偿要求，毕竟犯罪者犯下的罪行对加勒比地区人的影响是如此明显，在如今加勒比地区的家庭里，仍有一些老人清楚地知道他们被奴役祖先的经历。城市和乡村的普遍贫穷现象，大量文盲的存在，家庭结构的失调，以及糖尿病和高血压等高发疾病的肆虐，都是恐怖的黑人奴隶制度在现代社会的反映。[12]

赔偿活动的正义旅程已经开启，它是一个赞美人性、谴责邪恶的救赎和新生的过程，它打破了对反人类罪行的沉默，最终将实现公平、正义和解脱。

第十三章

"在非洲被贩卖"

——联合国和德班会议的赔偿议题

> 上个月我第一次亲眼看到了加纳的埃尔米纳堡（Elmi-
> na Castle）——邪恶的奴隶贸易的交易场所，人类在此遭受
> 非人类的对待，直到今天其地牢里仍散发出阴冷而潮湿的
> 恶臭。
>
> ——约翰·普雷斯科特，副首相，纪念废除奴隶贸易
> 二百周年辩论，2007 年 3 月 20 日

2001 年 8 月底，加勒比地区的代表赴南非德班参加联合国
"反对种族主义、种族歧视、仇外心理和相关不容忍行为世界会
议"（以下简称"德班会议"），并准备商议赔偿的具体议程，
但在离开的时候大部分代表感到伤心，特别是对塞内加尔和尼
日利亚的总统，他们与西方和欧盟集团联手批评赔偿运动，使
非洲与其流散者分道扬镳。

虽然一些非洲国家政府以善意的方式来支持赔偿运动，但
是非洲针对奴隶贸易意见的不统一也逐渐浮出水面。非洲流散
者和国内的大多数非洲公民，实际上特别代表着被英国奴隶贸
易所迫害的两大社会群体，都感到被两个领导人抛弃了。从这

个角度讲，面对英国和其他欧洲国家有组织的自私自利，德班会议表现出来的仍是非洲持续的内部分裂。在特定的非洲—欧洲政治合作背景下，有一些非洲流散者感觉被出卖了。

173   参加德班会议的加勒比地区国家有：牙买加、巴巴多斯、圣文森特和格林纳丁斯、伯利兹、古巴、特立尼达和多巴哥、海地、多米尼加共和国、哥斯达黎加、圭亚那和苏里南。联合国为了处理欧洲殖民者所犯下的历史罪行而组织了这个政府间会议，但只有古巴代表团的团长是国家元首，卡斯特罗总统善于剖析加勒比地区及世界上的种族问题和历史不公，因此在知识分子中声誉颇高，其出席也影响巨大。其他代表团没有部长级代表出席，其权威性就有所削弱。英国代表团团长是阿莫斯女男爵（Baroness Amos）。

联合国对于会议地点的选择已经做了很多准备，期待对各种形式的后殖民主义展开公开辩论并找到补救措施，促进世界安全和宽容。德班会议极其重要，因为这次会议是在道德权威纳尔逊·曼德拉（Nelson Mandela）总统所建立的后种族隔离时代的民主政治文化背景下召开的，他的继任者姆贝基（Mbeki）总统也支持召开这个会议。南非在经历了历史上恐怖的种族隔离之后，计划建立一个民主分配体制，其采用的"真相与和解"的方式相对成功，大家也期望这次会议能在自由的氛围下召开。

此次会议经过了长期的准备过程，加勒比地区从2000年1月起就投入了大量精力，代表们参加国家和地区的磋商会议，各种正式及非正式会议，此外还有3个筹备委员会以及2次闭会期间的会议。加勒比地区还派代表参加了一个小型工作组，被称为小组21或者G21，负责为6周谈判准备一个精简文件。

应巴巴多斯文化部长米娅·莫特利（Mia Mottley）要求，西印度群岛大学校长雷克斯·内特尔福德（Rex Nettleford）整合大学的知识分子资源，以便形成国家和地区在种族和种族主义问题上的立场。这样以莫特利部长为主席的西印度群岛大学专家组就形成了，并在巴巴多斯召开了会议。德班会议的代表们从种族和种族主义的角度，给莫特利部长呈上了一份报告，申明了巴巴多斯代表团在德班会议上的想法和做法。

富有经验的泛非洲主义者大卫·康米西翁（David Commissiong）和西印度群岛大学政治学家乔治·贝尔（George Belle），都是巴巴多斯代表团中的战略领导者。希拉里·比克尔斯（Hilary Beckles）是巴巴多斯代表团的主席，也是加勒比地区代表团的协调者和发言人。在德班会议之前，巴巴多斯坚持下面的想法： 174

> 后殖民时代的加勒比地区在种族管理上是全球领导者，在多种族文明中是相对的成功者。
>
> 针对奴隶制度的赔偿，应当在国家和国际层面上同时支付和实行。
>
> 殖民地的奴隶制度和欧洲的跨大西洋奴隶贸易，已构成反人类罪行。
>
> 赔偿应当从建立教育基金开始。

在德班会议上，这些观点被代表团主席在全体大会上陈述，在整个会议期间被辩论，巴巴多斯因为这样的立场而被称赞，这也是加勒比地区其他代表的立场。

2001年的8月31日~9月7日是会议的正式部分，全会最多每天3场（10~13点，15~18点，18~21点），还有两个平行举行的工作小组会议，分别负责会议宣言和行动纲领。全会第一天主要是通过会议议程和选举会议领导，之后的全会内容主要是听取国家元首、部长、代表团团长、国家人权机构和非政府组织等代表的发言，在会议最后一天再开全会来通过德班宣言和行动纲领。[1]

开幕式以文化展示拉开序幕，接下来是联合国秘书长科菲·安南（Kofi Annan）、联合国人权事务高级专员玛丽·罗宾逊（Mary Robinson）、南非总统塔博·姆贝基（Thabo Mbeki）、会议主席德拉米尼·祖马（Dlamini Zuma）博士，以及联合国大会主席韩升洙（Han Seung-soo）的讲话。

这些讲话都表达了以下共识：回顾过去，连接现在，认识历史的非正义性，消除奴隶制度、奴隶贸易和殖民主义的遗留，鼓励与会者修复损失。他们也提倡采取谨慎的赔偿方案，因为他们认为这些非正义行为已经过去太长时间了，不容易通过可以接受的复原策略来修补。这些观点使得很多代表意志消沉，特别是对希望能得到更多赔偿支持的代表。这些讲话的一个更大效果是，在会议之初就营造出一个很难达成共识的氛围。

日内瓦的准备会议未能就会议议程达成一致意见，这样德班会议在开始时采用了一个草案议程。会议主题中的第 4 项（赔偿）仍旧在括号里，会议组织者在会议开始之前也未能达成共识，参会者因此面临着 3 个会议议程的选择：

1. 立即通过这个议程，去除括号。如果直接投票，那么刚开始就使会议沿着分裂的基调进行，这是大家所不希望的。

2. 通过议程，包括脚注，表明代表团对这一条款的理解。这个选择也未得到支持，因为它将引发大量讨论，拖延会议实质性协商的开展。

3. 采用议程规则的第 17c 条款，并采用临时议程直到会议结束。这个选择没有被否决，但是在会议开始没有正式的议程也并不理想，也必然会造成会议后期讨论的延迟。

各地区会议代表团提出了如下立场：

> 西方国家，包括加拿大、日本、澳大利亚、新西兰和其他不属于欧盟的欧洲国家以及欧盟——表明他们的立场没有改变。如果采取带有赔偿的议程，将会使讨论的结果提前产生偏移，因为讨论的主题将体现在最后的大会文件中。另一方面，不包括赔偿并不一定会限制讨论，所以其立场就是采用议程规则的第 17c 条款，采取一个临时议程。
>
> 亚洲主张采取不带括号的赔偿议程。
>
> 非洲投票赞成不带括号的赔偿议程。
>
> 东欧没有表达自己的观点，但是同意作相关灵活性处理。
>
> 加勒比地区主张在现代赔偿背景下对历史非正义问题进行全面讨论。

会议主席是南非的外交部长德拉米尼·祖马，经过与欧盟及西方国家代表团的长时间协商后，她提出了一个解决方案：议程将采用带有解释性脚注的方式，注释为："'赔偿'的使用不会给审议结果带来偏见。"因此，会议上可以讨论赔偿问题，但是讨论的结果不会强加于任何国家。

在帝国建造中犯下了反人类罪行的推行奴隶贸易和拥有奴隶的国家，在德班会议的第一天取得了胜利。他们通过运用强

176

大的政治权力来使赔偿运动边缘化，并威胁将抵制这个会议。美国已经宣布，若"赔偿"出现在会议议程中就不参加会议，欧盟和"西方"国家也基于同样的原因威胁退出。美国国务卿科林·鲍威尔（Colin Powell）和国家安全顾问康多莉扎·赖斯（Condoleezza Rice）是非洲裔美国人，对这个问题也固执己见，认为这个世界没有资格告诉美国应该如何处理其过去和现在的种族问题。[2]

欧洲国家在德班会议上合力阻挠赔偿议题，却希望其他议题能在会议上得到支持，例如巴以冲突。他们相信自己有能力操纵会议来满足自身需求。欧盟和西方国家公然发出最后通牒，要求从议程中移除"赔偿"一词，否则将退出会议。东道主南非为了会议的继续而顺从了，也就是妥协了。赔偿将在通过的议程上保留下来，但是带上了"括号"，意味着与之有关的讨论和决定没有任何约束力。

泛非洲赔偿运动：阿布贾峰会（The Abuja Summit）

为了德班会议的赔偿议题，整个非洲已经准备了很长时间，意义非凡的"第一届泛非洲赔偿大会"（First Pan-African Congress on Reparations）于1993年4月27~29日在尼日利亚的阿布贾举行，富有的尼日利亚商人和热情的泛非洲主义者茅斯胡德·阿比奥拉（Moshood Abiola）首领，是此次峰会的主要推动者。[3]

阿比奥拉首领是一位经验丰富的赔偿运动活动家，他用自己的办公室作为"非洲及其流散者赔偿议题专家组"（Eminent Persons Group on Reparations for Africa and African in the Diaspora）的办公地点。该专家组由非洲统一组织（Organization of African Unity）于 1991 年 6 月设立，旨在推动和资助此峰会。牙买加驻尼日利亚的高级专员、泛非洲主义的忠实拥护者达德利·汤普森（Dudley Thompson）和阿比奥拉首领同心协力，成为专家组的报告员。[4]

受人尊敬的英国法官、公民权利及赔偿运动活动家安东尼·吉福德勋爵（Lord Anthony Gifford）应大使汤普森的邀请在会议上提交了一份法律意见书，论述了英国为什么应当因其奴隶贸易和奴隶制度而作出赔偿。吉福德通过严谨的法律推理支持阿比奥拉首领的观点。阿比奥拉首领在 1992 年曾说："我们要求赔偿是为了提倡正义、养活穷人、教化文盲、为无家之人提供住宿，这样的赔偿运动非常必要，因为只有赔偿能够治愈我们的土地，安慰我们的灵魂，重塑我们的尊严。"如同汤普森及赔偿运动的其他领导者一样，吉福德勋爵也支持阿比奥拉首领的观点。[5]

汤普森是国际赔偿运动中加勒比地区的主要发言人。在英国，北伦敦托特纳姆（Tottenham）的国会议员伯尼·格兰特（Bernie Grant）是主要的提倡者，作为下议院中一个重要的西印度群岛人，格兰特在为黑人正义而斗争方面享有很高的声誉。他是"英国非洲赔偿运动"（African Reparations Movement in Britain）的创始成员，该组织甚至早于乔治·尼尔森（George Nelson）于 1991 年在牙买加成立的"赔偿委员会"（Committee on Reparations）。

阿比奥拉的"专家组"中包括两个杰出的非洲学者：肯尼亚的阿里·马兹鲁伊（Ali Mazrui）和尼日利亚的阿德·阿贾伊（Ade Ajayi），也包括联合国教科文组织的前总干事姆博（M'Bow）博士、歌唱家米里亚姆·马克巴（Miriam Makeba）和格拉萨·马谢尔（Graca Machel）。此次峰会听取了这些学者和活动家的意见，而真正将大家集合起来的是吉福德勋爵的加入，他的题为"赔偿要求的法律基础"（The Legal Basis of the Claim for Reparations）的论文引起了大会关注，这是一篇非常精彩的研究论文，在国际法基础上对赔偿要求作出了重要声明：

1. 对非洲人的奴役和贩卖是反人类罪行。

2. 国际法承认犯下反人类罪行者必须作出赔偿。

178   3. 由适当的机构代表所有非洲人提出赔偿，包括非洲人及其流散者，因为他们承受了犯罪的后果。

4. 即使反人类罪行是针对非洲人的祖先犯下的，但是非洲人的后代在法律上也有权利提出赔偿，因为他们也承受了反人类罪行的后果。

5. 促进非洲奴隶贸易和奴隶制度并从中受益的国家政府，是赔偿要求的对象。

6. 赔偿要求如果不能通过协议来解决，将会交由一个各方都认可的国际特别审查委员会来裁决。[6]

虽然尼日利亚总统易卜拉欣·巴达马西·巴班吉达（Ibrahim Badamasi Babangida）上将没有参会，但是他清晰而准确地表达了尼日利亚的立场。对于赔偿问题他这样说道：

> 赔偿运动旨在寻求保护和推动早期斗争的成果，
> 从而使得非洲在 21 世纪或者更久时间内取得进步，使

得非洲及其流散者再一次同心同德。赔偿要求和道德诉求结合在一起，通过历史事实和逻辑推理表明受害者有权利得到赔偿。如果历史上非洲人被奴隶制度和殖民主义伤害，如果在道德上要求伤害者进行赔偿，那么赔偿运动的逻辑基础及其道德诉求就共同成立了。[7]

阿比奥拉首领致力于将赔偿问题列入联合国议程。他说，"承蒙上帝的恩惠，这是我们要求的正义，也是我们将要实现的正义"。塞内加尔的领袖支持会议的要求，同样支持的还有"非洲国家组织"（Organization of African States）的秘书长、坦桑尼亚人萨利姆·艾哈迈德·萨利姆（Salim Ahmed Salim）。汤普森大使对会议作了总结，说赔偿问题不是"祈求慈善"，而是建立在"与正义一样古老的哲学之上的"。[8]

虽然阿布贾峰会上的赔偿对话主要是为了未来的种族和谐、正义与和解，但却引起了欧洲人的敌意。阿比奥拉首领被认为是"对西方充满敌意"之人，尽管他实际上是一个与西方金融机构合作密切的成功的百万富翁。吉福德勋爵总结了英国对峰会的敌意，"我认为赔偿概念之所以极大困扰了英国，是因为它改变了白人和黑人、南方和北方、欧洲和非洲的整个的对话基础。阿布贾峰会不是非洲人向仁慈的欧洲人祈求援助，而是非洲向犯下反人类罪行的欧洲寻求正义"。吉福德勋爵继续评论了英国的帝国历史：

> 殖民者经常传播道德优先的虚伪观点，说他们进入非洲是为了完成"文明使命"，却犯下了野蛮的罪行。他们将"基督教价值观"带给加勒比地区人，却允许奴隶被鞭打和劳累至死。他们将 1838 年的奴隶解

179

放描述为英国人送给奴隶的令其感恩戴德的一份礼物，却忘记了在此之前的 40 年内他们一直拒绝这一要求，最后通过加勒比地区的奴隶反抗起义和英国的大规模游行，统治阶级才最终同意废除奴隶制度。他们向奴隶主赔偿了 2000 万英镑（大约为当时英国财政预算的 40%），但对于奴隶却一分钱也没有偿付。[9]

吉福德勋爵的分析既对峰会进行了总结，又确定了下一步行动的方向。他评论道，会议结束时通过的阿布贾宣言，挑战并否定了英国的政策思想及奴隶解放的历史，它表明对非洲人的迫害"不只是过去的事情，而是处处体现在如今非洲人的悲苦生活中"。他说，会议敦促"那些因为奴隶制度而变得富有的国家，完全减免受害国家的债务，还提议非洲应该在联合国安理会上占据一个常任理事国的席位。会议强调，对于那些依靠奴隶贸易和殖民主义而取得经济发展的国家和民族，重要的不是纠缠于罪恶，而是担负起责任"。[10]会议号召归还那些被偷窃的非洲手工艺品和传统文物，并建议在非洲及其流散者中建立一个国家赔偿委员会。会议最后号召国际社会"承认有一个特别的道德债务尚未偿还给非洲人——因为他们在 400 年里被不断地剥削和侮辱"。[11]

阿比奥拉首领是不被西方政治圈欢迎的人，因为是他将赔偿运动推上了国际舞台。1993 年 6 月他在尼日利亚总统选举中获胜，巴班吉达总统同意下台，但萨尼·阿巴查（Sani Abacha）上将带领军队宣布实行军事管制。阿比奥拉首领在 1994 年 6 月被捕并被关进军队监狱，直到 1998 年 6 月去世。吉福德勋爵调查了阿比奥拉首领的死亡并总结道："这看起来是没有必要且错

180

误的，我之前怀疑而且现在仍然怀疑，英国和美国在其中扮演了某种角色，并对尼日利亚产生了巨大的外部影响。阿比奥拉首领执政对他们来说是一种威胁，这种威胁不是因为他的经济和社会计划，而是因为他在赔偿运动中所发挥的主导性的和决定性的作用。"[12]

吉福德勋爵认为，阿比奥拉首领在阿布贾峰会上所宣称的寻求正义，引起了英国"外交和联邦事务部"（the Foreign and Commonwealth Office）和美国"国务院"（the State Department）的反感，认为阿比奥拉首领并非尼日利亚总统的合适人选。尽管巴班吉达上将也对会议表示支持，但上将是否是被西方说服了呢？赔偿问题8年之后才在非洲的国际会议上被再次提出，所以如果废除阿比奥拉首领是为了赔偿问题，那么策划者算是得逞了，至少在有限的时间内做到了。[13]

戈雷倡议（Gerée Initiative）

2001年6月，一些非洲学者、公民社会组织、妇女和年轻人组织为准备德班会议而在塞内加尔的戈雷岛（Gerée Island）开会，会议由"非洲人权联盟"（Inter-African Union for Human Rights）从中协调。会议注意到：

> 当下再次出现的种族主义、种族歧视、排他主义及相关的不容忍行为，仍然建立在种族和伦理等级基础之上。奴隶制度、奴隶贸易和殖民主义的基础主要是白人至上主义，这直接导致了人类剥削人类，这一

罪行加深了对非洲人及其在美洲、欧洲和加勒比地区
的流散者的种族歧视，非裔美洲人是主要受害者，其
遭受执法机构甚至刑罚体系的种族歧视而被边缘
化了。[14]

181　为了合法化他们的霸权，支持跨国公司的北方大国作为全
球化的主要受益者，佯装加入到了自我批评中，接受了对种族
灭绝和其他罪行的受害者进行赔偿的基本原则，并愿意承担其
责任。这样问题就被提出来了：最近法国国会承认奴隶贸易和
奴役非洲人属于反人类罪行，这是否预示着事件有了新的转向
呢？回答可能是各种各样的，在此背景下会议也强调，"国际社
会应当认识到，奴隶贸易、奴役非洲人和殖民主义已构成反人
类罪行，他们对非洲大陆的持续破坏作用也因全球化而逐步加
深，奴隶法典（Slave Codes）和现在的国际法导致了非洲的普
遍贫穷，而非洲奴隶被抓获、捆绑并用烙铁烙上标记，然后被
迫运到欧洲和美洲，这些对非洲大陆的影响同样是巨大的"。[15]

会议重点是介绍吉福德勋爵 1993 年阿布贾报告的修订版
本，题目为"非洲人为奴隶贸易而要求赔偿的法律基础"（The
Legal Basis for the African Claims of Reparations for the Slave
Trade），介绍者是阿布戴尔巴基·G. 吉布里尔（Abdelbagi G.
Jibril）。修订版重点解决了批评赔偿的两个重要观点，一个是非
洲人是自愿参与奴隶贸易的，另一个是赔偿是对"白人世界的
良心"的呼吁。[16]

修订版指出，认为非洲人是自愿参加奴隶贸易并从中受益，
结果导致他们的亲戚被奴役，此观点经受不住任何的仔细审查
和公正判断。非洲人一直都在抵制这种奴役，但是欧洲人通过

各种方式控制他们。修订版指出：

> 事实上，纵观历史，在所有国家中，一些人确实因为不同原因损害了其族人的利益。如今这些人被认为是卑劣的，就像叛徒、间谍或者同谋。如果我们用一个合理的分类方式，问题就会更加清晰，那些将自己的同伴卖给西方的奴隶掠夺者而被谴责的非洲酋长们，我们将其放在任何一个类别下都是不合适的。[17]

吉福德勋爵说，首先被谴责的酋长们被迫背叛他们的族人，是因为有超出他们所能控制的因素存在，讽刺的是，"族群间为拥有现代武器而展开竞争，他们本族群又被奴隶掠夺者所操纵，这就使得可怜的非洲酋长处境危险，他们实际上别无选择，'攻击并奴役你的邻居，否则你自己就会被攻击和奴役'。也有资料表明，在很多情况下合谋的非洲酋长发现，他们自己及族人，最后也被之前合谋过的奴隶掠夺者所包围和奴役"。[18]

关于赔偿正义，会议强调了作为必要策略的公共行动主义在结束非法和不道德行为上的作用。正义不能依靠某个机构的内在逻辑和时间线，它要求公开宣传、公众参与和组织保证，修订版也在这个问题上作了说明：

> 认为赔偿要求只是对于白人世界的良心的呼吁，这其实是一种误解。因为在白人世界中也有很多的坚定个人和团结运动，当面对黑人和非洲人的时候，其政治和经济权力中心的无情无义已经被证明。当统治白人世界的大国已经被迫认识到，正义可以通过非白人的斗争而实现时，就已经取得了进步。以前不存在

的法律解决形式就被构想出来了。[19]

戈雷会议之目的就是恢复阿比奥拉首领所设想的非洲赔偿运动，此次集会是公民社会的而非政府的，政府仍旧为了西方社会诱人的直接投资，而放弃解决历史罪恶和非正义。该论文总结了德班会议开始时的观点：西非国家在扮演支持赔偿的角色上很软弱，其历史上的政治领导者也是如此。西方试图通过媒体妖魔化那些挑战他们历史观的人，轻则颠覆，重则死亡。阿比奥拉首领的境遇和几个世纪前其他反对欧洲奴隶贸易的首领并没有根本不同，就像很多前辈一样，他死于非洲和欧洲合谋者之手。

戈雷会议取得了一些进步，非洲社会团体站了出来，号召联合国在德班举行会议来积极处理赔偿问题。会议发表了一个声明，在德班被称为戈雷倡议。

183

戈雷倡议的共同发起者们确信，因在非洲大陆所犯下的严重罪行，非洲人的赔偿要求应当得到合法表达，所有参与其中的犯罪者在历史的重要时刻应当认可赔偿要求，应当抓住这个机会，而逃避责任将意味着错过这个难得的机会。西方国家所提倡的人权概念应当有实际的结果，应当符合非洲人 500 年来对于古老正义的渴求。[20]

而且：

在公平和正义原则下，对于奴隶贸易和非洲奴隶作出赔偿就是承认犯罪酿成的后果。在这个特别案例中，其犯下的是反人类的滔天大罪。逃避惩罚只会极大地伤害和折磨非洲人，结束犯罪的时候到了，赔偿不应当被视为惩罚，而应该被看作是朝着人类大家庭的和解所迈出的一大步。[21]

加勒比地区各国政府和非洲公民社会组织的代表到达了德班，致力于推动赔偿运动。非洲各国政府的立场预计会有分歧，这在历史上也是如此。

一些非洲国家会坚持立场，一些会向其社会团体代表妥协，还有一些会削弱把泛非洲运动带到德班的决心，阿比奥拉首领死亡的教训预计会重演。赔偿议题占据了会议的中心地位，它代表了 21 世纪初最深刻的认识论：谁将拥有和占有解释过去的知识主权。

事实上，在会议开始时加勒比地区集团占据了中心地位，在与西方和欧盟的交战上，它代表了与阿布贾峰会精神一致的赔偿运动，汤普森大使一直给予监督和最佳指导。此次会议为欧洲国家提供了一个机会，使其在世界面前有机会来重新思考曾经被他们的法律、历史和哲学顾问所构想的历史道德问题。

西方的神话已被揭露和粉碎，但是西方尤其是欧盟却坚持墨守成规。赔偿双方都从联合国秘书长科菲·安南的开场致辞中汲取了力量，作为一个大师级的外交家，安南知道如何走钢丝。他的评论既鼓励赔偿运动，认为殖民地的奴隶制度是反人性的罪行，又以同样的方式安抚了西方和欧盟，认为犯罪在时间上久远，在逻辑上与现在的问题毫无联系。

安南实际上打开了天窗，使赔偿运动的抵制者从当时的压力中暂时解脱。他认识到了赔偿问题在道德上的正确性，但是也质疑后现代语境下的相关性，在这个一触即发的问题上泼了一盆冷水，安南是最合适的人选，他也没有为赔偿运动提供什么服务。他说："有时这些问题（特别是侵犯人权问题）是历史遗留问题，或者是过去的可怕的错误，例如殖民列强对土著人的剥削和灭绝，或者为了商业利益而运输或处置上百万人。时间越久远，就越难追寻负责者。"[22] 然而，他清楚其观点的不完整性和局限性，但他又不得不说。

> 影响依旧存在，痛苦和愤怒仍然可以感受到，逝者通过他们的后代呼唤正义。通过物质的方式处理过去的不公，查找与过去罪恶的联系，可能并不是最好的、最有建设性的方法。……一些历史错误，可以影响仍然活着的人，或者现在仍在运营的企业，他们也被期望能够负起责任。作为一个和解的过程，他们欺凌的社会可能会原谅他们，但是他们不能认为要求宽恕是他们的权利……一种特殊的责任落到政治领导人身上，他们已经接受担负起代表整个社会的责任，他们对其公民是负责的，但是从某种意义上说，对他们自己，对前任的行为也应负责。[23]

不难看出安南的反赔偿姿态对于会议的直接影响。同样令人惊讶的是，他的观点竟然与美国所表达的观点惊人地相似。美国在 2001 年 5 月 4 日的官方声明中已经表达了其观点：

> 有些国家（和个人）认为此次会议的主要议题是为 17～19 世纪的奴隶贸易制定某种形式的国际赔偿计划，美国是不会支持这些国家的。对于久远的奴隶制度和奴隶贸易，我们必须承认、讨论、反思和谴

责……然而，我们并不认为历史问题及其相关方面适合通过国际赔偿的方式加以处理。……一个国家对另一个国家在特定历史条件下的行为，不应当让当代人承担责任。[24]

由此看来，安南的观点与美国、其他西方国家、欧盟所支持的立场是一致的。

欧洲列强们非常清楚美国反赔偿的意愿，这些信息被改进，语气也作了调整，但本质上是一样的。它提出了一些概念，例如历史久远，当代人不能为过去负责，任何从道德上或者物质上处理奴隶制度这一反人类罪行的做法都是不切实际的等。在外交背景下这种政治姿态也代表了强权声明。但在历史和法律背景下，它缺少准确性，其目的是恐吓而非倡导。

美国在会前就定下了基调，在正式开幕后几天就退出了会议，使德班会议陷入了困境。随着政府间对话陷入了危机，全球的非政府组织起到了替代性的领导作用。例如，"人权观察"（Human Rights Watch）认为，奴隶制度、奴隶贸易和种族灭绝是与欧洲殖民主义相关的最严重的几种形式，加之后来作为种族主义的种族隔离，都是人权方面的犯罪行为，都应当通过有效赔偿来解决。

非政府组织拒绝关于奴隶制度历史久远的说法，它们进一步辩论到，被奴役的受害者的后代们有权利因遭受违反人权的对待而要求赔偿，尽管事实上赔偿要求的实现非常困难，也存在被今天的司法原则所拒绝的风险。

西方和欧盟集团被美国所怂恿，在任何时候都不想讨论赔偿问题，没有将之视为 21 世纪全球和解的可行办法，其中心策

186 略就是回避和拒绝，目的就是将真实历史归为有政治倾向性的报道。例如代表们坚持认为，奴隶制度和奴隶贸易在执行时不是犯罪，并经常提及这些活动的"合法性"，但是欧洲国家将黑人奴隶"合法化"明显有悖于非洲人的愿望，这种所谓的合法无从谈起。

从很大程度上说，一些非洲和亚洲国家承受了巨大的压力。西方和欧盟认为，如果当今有同样的或者类似的奴隶活动发生，其毫无疑问是反人类罪行，应当在国际法基础上提起诉讼，受害者也有权要求赔偿。作为先锋为奴隶后代要求赔偿的加勒比地区代表们，提请大会注意奴隶制度对于现代社会的影响，认为这种影响可以从遗留的对黑人的经济、社会和心理的剥夺上找到证据，但这个论点没有得到任何回应。

戈雷倡议发出了号召，为奴隶贸易的受害者建立一个"国际补偿计划"（International Compensation Scheme）和一个"发展赔偿基金"（Development Reparation Fund），为受殖民主义影响的国家消除贫穷提供资源。倡议中进一步提到，这样的赔偿和补偿形式，应当以一种实际且有导向性的方式在会议上确定下来。同样，赔偿应当由在犯罪中受益的国家和私营企业来具体执行，通过实际行动切实提高非洲人及其流散者的经济、文化和政治生活水平。

对于过去的历史，欧盟和西方集团提交了草案，重申了其立场，他们并没有提到"赔偿"这个词，他们基本上不准备承担奴隶制犯罪的责任，也不准备承认殖民主义的错误。可以说，全体会议上有关这一议题的讨论，就因政府首脑们的干预而搁浅了。

南非总统姆贝基作为会议的主持人第一个陈述了自己的看法，大部分代表认为其试图通过折中的语言和政策来促成协商的实现。他谴责了奴隶制度、种族灭绝和种族隔离，但是对于反人类罪行应当明确道歉和赔偿解决，他的陈述却很少。他的主要论点是加强与西方和欧盟集团的关系，增长的西方直接投资在后种族隔离时代对经济发展的重要性等。

第二个发言的是尼日利亚总统奥巴桑乔（Obasanjo），他完全质疑赔偿议题。与南非一样，尼日利亚也认为应当通过紧密联系国内和国际政策来对待赔偿问题。除了与国际金融机构财务关系紧张外，尼日利亚也面临着其他困难，在有些情况下种族间的紧张关系必须通过沟通来解决，其策略之一就是公开指责欧洲奴隶贸易中的当地合谋者。

塞内加尔总统瓦德（Wade）在这个重要时刻发表了讲话，他在发言中指出塞内加尔国内社会对于赔偿的强烈支持，这在非洲部长级会议和戈雷会议上都有表现。瓦德总统提出了泛非洲对话进程中的一个深刻见解，但是他支持姆贝基总统和奥巴桑乔总统在赔偿上的谨慎立场。并且大煞风景的是，他提出了一个代替"戈雷倡议"的"新非洲倡议"（New African Initiative）。

塞内加尔的民众与政府就这样分裂了，因为总统反对戈雷倡议并提出了一个替代框架。总统陈述道，"新非洲倡议"以支持非洲复兴作为目标，是一个成熟的、具有自我批评精神的表述，其动力是满足自力更生发展的需要。他们试图倡导非洲复兴是反对赔偿要求的，这在全体会议上招致了憎恨，从观众中传来了"耻辱"的喊声。

　　瓦德总统所用的概念和词汇得罪了很多人。从本质上说支持新非洲倡议，就是隔断历史与西方霸权对话。这被理解为提出了一个代替赔偿的策略，与世界银行的观点一致，认为非洲人应该为了未来担负起更大的责任，应该致力于"良好"管理和自力更生。

　　多边金融机构圈子里传播的"黑洞"论点渗透了整个会议。西方已经在后殖民的非洲投入了巨大资助，但是效果微乎其微，这与精英团体以不道德和非法的方式聚敛财富完全不同。尼日利亚和塞内加尔的领导人们缺乏知识和道德的力量来反驳这一观点，但实际上与非洲的欠发展有直接关系的是欧盟和西方列强 500 年来实行的跨大西洋奴隶贸易和直接殖民，并从中获得巨大财富。

　　因此，新非洲倡议被南非、塞内加尔和尼日利亚作为替代性的论点提出，非洲、欧盟和西方就此找到了凝聚力和共识。大多数加勒比地区和非洲的代表在支持非洲自助计划的同时也认为，瓦德总统提出的新非洲倡议是对泛非洲运动的颠覆。这样英国、整个欧盟和西方集团自然会支持这个计划，他们一致宣布对该计划的实施给予全面支持，这样加勒比地区代表们的诉求就被冰冷地拒绝了。

　　瓦德总统感受到了加勒比地区的忧虑并进行了道歉，新非洲倡议在概念计划和策略目标制定上没有将流散者包括在内，他说当赔偿不再是非洲各国政府关注的中心时，其仍旧与非洲的流散者密切相关，并以此对赔偿作了象征性地支持。

　　在这一背景下，公民（民族）与非洲国家之间的分歧愈发明显，特别是西非的非政府组织全力支持赔偿要求，对于这个

运动也起到了先锋领导作用。以尼日利亚和塞尔加尔为例，其
公民看起来明确地反对这一议题，建议今后在非洲及其流散者
之间应搭建沟通的桥梁，通过这一桥梁使赔偿的信息得以流通，
并借此增强公民的社会团结。

这个认识团结和鼓励了加勒比地区集团，非洲裔美国人在
非政府组织中有很多代表，但在政府间全体会议上没有表达出
明确的观点，加勒比地区集团因此认为有必要与全美洲的流散
者展开对话，也被鼓励在非洲非政府组织运动中坚持赔偿议题。

卡斯特罗总统是唯一一位来自加勒比地区的政府首脑，他
是该地区的第一个发言者，为流散者定下了统一的基调。他明
确表示："古巴支持赔偿，并将赔偿视为对种族主义受害者负有
的不可逃避的道德责任，这是有先例可循的，就是对于希伯来
人后代的赔偿，他们在欧洲遭受了最残酷的种族主义大屠杀，
对于已经过去很久的大屠杀受害者的直系后代们，赔偿之目的
并不是要进行穷尽式的搜索，因为这显然是不可能的。"[25] "不可
否认的事实是，数千万的非洲人被抓获，像商品一样被买卖，
作为奴隶劳动力而横跨大西洋，这正是欧洲征服和殖民主义的
结果。"[26] 卡斯特罗总统的主要贡献是在历史上重建了赔偿作为
道德和法律概念的合理性。

重要的是，加勒比地区集团有力地反驳了关于奴隶制度
"历史久远"的论点，证明了赔偿诉求具有现实的合理性，并试
图为所有反人类罪行的受害者们伸张正义。在这个问题上，加
勒比地区集团的一个重要贡献是号召欧盟和西方的代表在司法
和哲学上认识到西欧奴隶制度的历史真相。

经过这些交涉之后，赔偿对话最终以欧盟—西方联盟能够

接受的措辞进行，尽管有些尖刻，但对话最终还是进行了。英国代表特别害怕承认奴隶制度是反人类罪行，认为这将会导致如山洪般爆发的赔偿诉讼，他们认为数百万的黑人将团结起来提起诉讼，对象就是政府、君主、商业组织，以及因奴隶制度而富有的家庭和个人。加勒比地区集团号召与英国就其恐惧展开直接对话，但认为接受赔偿是面对政治真相与和解政策的第一步。

尤其是英国，他们拒绝承认那时的行为构成反人类罪行，认为国内法和殖民地法律已承认了其合法性。同时他们也承认国际法对此作过特别说明：国内法无法为反人类罪行的滥用者提供任何有效保护。重要的是他们认识到，一旦侵犯人权行为被判定为反人类罪行，时间久远这条法令的保护外衣就被彻底撕掉了，赔偿过程就会立即正式开始。

欧盟—西方联盟深知其观点的矛盾性和不一致性，准备一起发出一个强烈的"遗憾声明"，来谴责奴隶制度酿成的悲剧。他们被加勒比地区代表们告知，谴责并不意味着认识到并肩负起这一责任。另外该联盟也提出了通过在世界银行设立发展基金的方式来解决赔偿问题，总之他们并不想接受奴隶制度和奴隶贸易是"反人类的罪行"，也不准备正式道歉，因此任何与赔偿相关的共识都没有达成。

在会议正式开始一周之后的9月6日周四早上，《会议日报》（*Conference News Daily*）上发表了一篇文章，题为"奴隶制度问题：世界在分裂"（Slavery Issue：A World Divided）。这篇文章的副标题更具有预言意义，"欧洲和非洲仍然试图在赔偿问题上达成一致"。那天下午，非洲集团发出了一个在赔偿问题上有所退缩的声明，而这正是守株待兔的欧盟和西方所期待的。[27]

　　加勒比地区集团预测非洲集团与欧盟—西方联盟之间达成了某种协议，这点被一个小时后收到的信息所确认。第二天9月7日周五，加勒比地区集团召开了一个媒体见面会，再次重申了对于赔偿要求的支持。媒体见面会号召推行和从奴隶体系中获益的国家承认奴隶制度是一种反人类罪行并承担责任，以此来修复对于受害者及其子孙的伤害。

　　赔偿的立场已经明确了，欧盟和西方的代表通过沉默或愤怒表达了尖酸刻薄的态度。非洲和加勒比地区的代表从历史和知识分子的角度推动对话，在方式和态度上看起来更专业。津巴布韦（Zimbabwe）坚持道歉的必要性，同时认为赔偿是对非洲人的进一步冒犯。塞内加尔和尼日利亚号召道歉，但是只支持对非洲流散者的后代进行赔偿。古巴支持赔偿，并同时督促解决奴隶制度、奴隶贸易，以及对加勒比地区土著人民剥削的遗留问题。海地也支持赔偿。

　　巴基斯坦倡导成立一个"专家组"，在会后继续讨论补偿和赔偿问题。牙买加支持道歉，要求承认奴隶制度和跨大西洋奴隶贸易是反人类罪行，也支持赔偿。巴巴多斯在尼日利亚和塞内加尔表明立场后发言，通过强调与历史相关的一些问题的重要性来重申其支持赔偿的观点。

　　最后的全体大会充满了无序、骚动和争议，因为时间和翻译设备的局限，会议取消了代表们既定的口头发言，鼓励呈递书面观点，这样就无法现场知道哪个国家在哪方面持有什么观点。肯尼亚大使做了最后陈述并表示支持赔偿，观众起立鼓掌喝彩。她后来说之所以这么做，是为了加勒比地区代表团，因

191

227

为可以想见他们一定对与西方、欧盟和非洲集团协商的结果感到失望。

所以非常明显，欧盟、西方和非洲集团已经同意快速解决掉赔偿问题，这让加勒比地区集团感到四面楚歌，现场的非洲非政府组织和非洲裔美国人观察员也有同样的想法。科菲·安南为这一结果定下了基调，美国人掌握了决定权，欧盟、西方和西非国家已开始庆祝胜利。

最后决议中让人痛心之处是插入了"可能"一词：奴隶贸易和奴隶制度"可能"是反人类罪行。非洲代表们同意在当时这不是犯罪，当时非洲人被错误的观念所恐吓，一些首领作为"间谍""叛徒"和"同谋"加入其中，造成了非洲参与奴隶贸易的事实——尽管现在大多数非洲国家领导人都是抵制奴隶贸易的，即便是面对强大的欧洲军事力量也在尽力反对。最后的宣言如下：

192

> 1. 我们承认奴隶制度和奴隶贸易（包括跨大西洋的奴隶贸易）是人类历史上最骇人听闻的悲剧，这不仅是由于其极端的暴力和野蛮，更是由于其是一场大规模的且有组织的行动，特别是其无视并否定受害者。我们进一步承认奴隶制度和奴隶贸易是反人类罪行，而且"可能"向来都是。
>
> 2. 对于奴隶制度、奴隶贸易、跨大西洋奴隶贸易、种族隔离、殖民主义和种族灭绝给千百万男女和儿童带来的深重苦难和人间悲剧，世界会议承认并且对此深表遗憾。世界会议呼吁有关各国沉痛纪念受害者，并严正申明，这类事件无论何时何地发生，都必须受

到谴责，并应防止其再度发生。

3. 世界会议还注意到，有些国家对于其犯下的严重且大规模侵犯行为主动道了歉，并酌情支付了赔偿金。

4. 世界会议还注意到，有些方面已经主动表示了遗憾或悔恨，或作了道歉。世界会议呼吁尚未帮助受害者恢复尊严的所有各方以适当的方式去做，并向已经这样做的国家表示赞赏。[28]

加勒比地区集团强烈反对这个宣言，因为它没有承认奴隶制度和奴隶贸易在其实行之时就是反人类罪行。非洲—欧盟—西方联盟被拒绝了，正式的拒绝被记录在案。德班会议在赔偿问题上没有达成一致意见，只是对非洲—欧盟—西方联盟所达成的协议表达了官方保留意见。

在加勒比地区集团看来，反对在最后宣言中使用"可能"一词至关重要，这是为了确保未来赔偿运动的官方走向。因此赔偿没有被搁置一旁，尽管会议的最终宣言试图用非洲—欧盟—西方联盟一致赞成的援助形式来代替赔偿。他们拒绝接受奴隶贸易和奴隶制度是反人类罪行，但是加勒比地区集团和非洲非政府组织运动以持有官方保留意见的方式，在道德和政治上为德班会议挽回了一些颜面。

南非公共管理部长杰拉尔丁·弗雷泽·莫来凯蒂（Geral-dine Fraser-Moleketi）的声明是全会最终达成共识的基础，她在会议的倒数第二天告知媒体，"我们试图将赔偿视作一种善意的许诺，一种补救的措施和未来发展的保证，与发达国家保持良好关系对我们很重要，但我们是在讨论伙伴关系，不是单纯地

193

229

寻求救济"。[29]

从会议最终宣言和行动纲领来看，联合国无意让人权委员会（Human Rights Commission）成立一个特别委员会来负责赔偿问题，虽然这个倡议在整个会议上一再被提出。赔偿问题虽然失败了，但是并没有结束，其仍作为国际议程上的一个主要议题被保留了下来。对于那些仍然受到欧洲殖民不利影响的人们来说，赔偿问题可能会一直保留着，直到我们找到满意的解决方式。

从字面上解读最终宣言和行动纲领，就联合国而言赔偿问题在德班会议后也就结束了。如果说德班会议之后还有某种程度的希望，那就是加勒比地区所持有的保留意见并拒绝使用"可能"一词，从而使得赔偿议题在全球尚且留有火种。

第十四章

英国政策
——不道歉，不赔偿

威廉·皮特（William Pitt）任首相时说过，英国海外 ¹⁹⁴ 80%的收入来自西印度群岛的殖民地。

——威廉·黑格（William Hague），国会议员，纪念废除奴隶贸易二百周年辩论，2007 年 3 月 20 日

英国首相托尼·布莱尔（Tony Blair）和国会反奴隶制度的主要领导者托马斯·巴克斯顿（Thomas Buxton），两人生活的年代相差两百年，但是他们在黑人正义问题上的观点却相差千里。2001~2006 年，布莱尔首相直言不讳地拒绝黑人的赔偿要求，而巴克斯顿在 19 世纪 20 年代对被奴役的黑人问题态度同样强硬，但他认为在奴隶解放时应该得到赔偿的是被奴役的黑人，而非奴役者。巴克斯顿坚称奴隶制度是对非洲人犯下的国家罪行，无论从道德上还是法律权利上，被奴役者都应当得到赔偿。他也因为持有这一观点在奴隶解放前夕引起了国会的愤怒，当然布莱尔首相也让赔偿运动者感到了同样的愤怒。

加勒比地区的奴隶没有力量来要求财政补偿，他们不能够帮助巴克斯顿，而巴克斯顿在关于赔偿的正义性上也不能帮助

他们。英国国会有很多的奴隶主和奴隶投资的获益者，他们没有认真考虑巴克斯顿的观点，巴克斯顿"赔偿奴隶"的观点一提出就立即遭到了禁止。国会在 1834 年的立场是黑人是财产而非人类，因此对于奴隶主 2000 万英镑的赔偿金是为了满足其45 000 个要求。这个金额"与维持陆军、海军和整个国家的花费"相差无几。而国会在 2007 年的立场是不应当向黑人道歉，他们的子孙也不应得到赔偿。[1]

在巴克斯顿发出倡议和布莱尔直接拒绝的 200 年间，虽然有一些黑人奴隶的子孙通过选举或者任命进入了国会，但是英国国会的政治立场从未妥协过。布莱尔政府坚持"反奴隶"的立场是因为，无论是作为公民还是作为政府代表的英国黑人，都没有能力来挑战权力谱系和种族身份。从 1834 年开始对被奴役黑人的厌恶就在英国国会中持续，拒绝奴隶赔偿的要求也在持续。巴克斯顿作为坚持人类正义的历史人物颇受赞扬，而当这个问题在 2007 年呈到政府面前时，布莱尔首相作为完全的反面代表却黯然失色。

布莱尔的德班会议代表团以狡猾的黑人政治家、外交家阿莫斯女男爵为首，她到达德班执行布莱尔的政策，在赔偿问题上采取强硬立场。英国代表坚决不承认其历史犯罪问题，在赔偿问题上也持挑衅态度。阿莫斯女男爵对待奴隶制度和奴隶贸易固执己见，认为其不是犯罪，因为英国国会与"殖民机器"已经认定其合法性，尽管 200 年来黑人一直对抗和反对，但她坚持认为奴隶制度是合法的。虽然意识到即使英国法律认可也不能确保反人类罪行的合法性，但她在大量的历史论点面前并没有退却。

历史事实变得无足轻重，200 万非洲人先被英国人储藏在西非海岸堡垒的仓库中，然后被塞到奴隶船上，当被质问到假设他们自己是这些非洲人时会怎么样，阿莫斯女男爵的官员们对此沉默不答。当被质问到假设他们自己是"宗格号"上的俘虏，科林伍德船长准备将他们扔到海里喂鲨鱼时，他们也面无表情。英国人、阿莫斯女男爵只是一味争辩：这都是合法的。

当类似的谬论在会议上逐渐消失后，英国人转而认为，即便奴隶制度是反人类罪行，也是很长时间以前的事件。由于时间久远，因此任何有关赔偿的恢复性法律战略也都无从谈起，英国代表认为奴隶制度不过是历史长河中的一朵小浪花。

196

英国的"很长时间以前"的观点即便不是诡异的，也是很奇怪的，因为历史自豪感是英国政治的牢固基础，英国的政治文化倾向讲述其辉煌历史，认为历史上的日不落帝国及其类似想象在今天依旧辉煌。250 年间的奴隶制度和奴隶贸易是大不列颠辉煌历史的核心，并对当代英国政策产生了巨大影响。

巴克斯顿和布莱尔之间相隔的时间，就如同英国历史中的一天。奴隶制度在 1838 年被另一个白人至上的修订制度所取代，这也定下了 20 世纪种族隔离模式的基调。加勒比地区的黑人在奴隶解放运动后被剥夺了公民权利，圈入了种植园，驱逐到了社会边缘。他们被禁锢在"身份文化"的牢笼中，一个世纪以来基本被排除在国家选举之外，他们依然是以前奴隶主的新奴隶。所以英国政府利用种族隔离取代了奴隶制度，宣称黑人从属于白人的观点，这是后奴隶时代殖民社会的模式。

英国对非洲人的观点在奴隶时期就形成了，它是帝国的基础，在奴隶解放后仍在继续，直到现在仍然鲜活地存在着。反对英国的暴乱是奴隶解放百年后的 1930 年的显著特征，工人要求结束英国独裁主义统治中的"奴隶"思想。继海地 1804 年独立之后，被奴役的黑人以同样的方式在整个加勒比地区揭竿而起，20 世纪 30 年代也见证了对于英国百年种族政策的暴力反抗。

牙买加工人在 1865 年向殖民政府提出获得土地的要求，作为奴隶解放后赔偿一篮子计划的一部分，却遭到英国政府所支持的殖民政府的大屠杀，其直接地证明了英国政府的暴力。牙买加总督艾尔（Eyre）强制推行英国土地和劳动政策，身上沾满了黑人的鲜血。但是即使在大屠杀高潮期间，他在国会政治圈子中也得到了支持。当进步大众谴责这次屠杀时，他却被很多有名的政府官员当作英国的民族英雄来赞美。

197　　到德班参会并且熟悉历史的人都感到吃惊，英国竟然固执地认为没有对黑人犯下什么罪行，所以没有必要道歉和赔偿。拒绝赔偿的德班会议后，废除奴隶贸易 200 周年的纪念活动占据了舞台中心。这是英国人真诚地反思其历史行为的又一个机会。然而英国却选择了庆祝其在 1807 年法案通过中所发挥的作用，该法案认为买卖非洲人是非法的。其实 1807 年的废奴运动也是历史的自然选择，因为的确到了该采取下一步行动的时候了，奴隶贸易的罪恶已经超过了经济利益，不道德的影响已经超过了利润，是时候宣布国库满仓了，因为都快要溢出屋顶了。

停掉非洲奴隶贸易运输线不是一件简单的事情，它已经变成了一种文化，一种社会和经济的生活方式。英国身份文化是在压迫黑人的全球帝国建设中形成的，奴隶贸易是其重要部分，放弃当然不容易。扼住非洲咽喉的奴隶贸易者必须首先收手，然后还要说服大众：废奴运动对于英国殖民地和全球利益都没有威胁，而且还有诸多好处，它带来的利益也会惠及所有经济和社会部门。

　　当布莱尔大张旗鼓地将威廉·威尔伯福斯与其反奴隶贸易的同僚当作英国"善良"的英雄而大加赞美时，赔偿倡导者要求英国就其反人类罪行进行官方道歉。英国、加勒比地区、非洲乃至全世界的个人和组织，都呼吁英国首相、女王和政府对其奴隶贸易和奴隶制度作一个正式道歉。作为获益最大的国家，英国被敦促在种族赎罪方面为全球树立一个榜样，进而在全球解决种族主义问题。

　　但布莱尔拒绝了这一要求，他在工党中的"黑人军团"也集合起来支持他，阿莫斯女男爵、黛安·阿伯特、大卫·拉米（David Lammy）和汉兹沃恩的莫里斯勋爵（Lord Morris of Handsworth）都团结在了他的周围，女王也对此保持沉默。新工党批评说，听到和看到被奴役黑人的后代唱着布莱尔的赞歌进出国会，这简直是一种屈辱。然而毫无疑问的是，英国国会的黑人团体并没有支持旨在和解的赔偿要求，甚至连适度支持都没有。伯尼·格兰特的精神被那些追随他的黑人国会议员抛到了脑后。[2]

　　布莱尔认为其主要任务就是使英国免于赔偿，他任命与威尔伯福斯有不同政治观点却同样来自赫尔的副首相约翰·普雷斯科特去定调子，副首相与阿莫斯女男爵一起来宣传奴隶制度和奴隶贸易的合法性。[3]

　　布莱尔大张旗鼓地宣传其拒绝赔偿的主张。其主张以录像的形式在西非加纳的埃尔米纳奴隶堡（Elmina Slave Fort）播出，在英国很多地方也循环播放，唐宁街也在律师的密切协助下起

198

草了一份巧妙的首相声明。布莱尔发表了另外一个英国的"遗憾声明"——表达了"深感悲痛",作为口头上的政治抚慰,其目的是去平息因拒绝赔偿而产生的愤怒。[4]

"遗憾声明"和第一次出现在德班会议上"深感悲痛"是一样的立场,它后来又被正式发布了,官员们在发布时非常气愤,因为一些代表引用声明来揭露工党政治的虚伪。布莱尔与反对赔偿的著名同盟加纳总统库福尔(Kufuor)会面,共同完成了850个字的"深感悲痛"的声明,并发表在了《新民族报》上。布莱尔也邀请了专家组参加唐宁街的招待会,目的是在英国宣传其否定奴隶制度是反人类罪行的观点。

当布莱尔轻声细语地读出他的"深感悲痛"声明时,赔偿倡导者却被深深地伤害了。他的律师为声明提供了法律武器:"我们很难相信,现在被认为是反人类罪行的行为在那时却是合法的。"这就是布莱尔领导的政党、他在国会的黑人团伙和英国所坚持的政治立场,与六年前在德班会议的立场一致,那时大家都认为奴隶制度"可能"是非法的,但事实并非如此。

有一些人认为犹太人大屠杀"在那时是合法的",这一种族灭绝行为也得到了德国政府的批准,德意志第三帝国的司法和立法机构允许在德国大规模屠杀犹太人、黑人和吉普赛人。布莱尔当然知道这些,其德班会议的代表也一定就其声明中历史上的不准确性向他作了汇报。布莱尔在其"遗憾声明"结尾承认,奴役和奴隶制度是"极为羞耻"的行为,但是全部被"当时"的英国政府合法化和正式批准了。[5]

副首相普雷斯科特和年轻的黑人文化部长大卫·拉米向新闻媒体发表了首相的声明。普雷斯科特用一贯的坚定口吻清楚

199

地说道：道歉是不可能的，英国政府不打算接受任何赔偿要求。拉米也为其领导辩护，表示他不希望卷入一个关于奴隶制度的"谴责集会"，首相已经发表了"遗憾声明"，"这已经比任何西方领导人都做得更好了"。他说，首相"在展望未来、缅怀过去和兼顾多民族国家的未来发展上，做到了很好的平衡"。

阿莫斯女男爵被派往加纳宣读布莱尔的声明，听众主要是支持总统库福尔的，不包括在德班会议很久之前就推动道歉和赔偿的公民社会组织。虽然政府支持宣读在加纳的埃尔米纳奴隶堡进行，但是取得的效果一般。虽然普雷斯科特报告说，加纳政府的一个部长已经告诉他，加纳不需要英国的任何道歉，但仍有很多人不欢迎阿莫斯女男爵。

保守党（Tories）和新工党曾达成过协议，布莱尔在 1997 年为英国在 19 世纪爱尔兰的土豆饥荒中的角色道歉，指出英国应该在缓解爱尔兰人的痛苦和遭遇方面采取更多行动。女王被要求代表英国政府向新西兰的毛利人（Maori people）道歉，他们在 19 世纪 60 年代被屠杀，土地被掠夺，儿童被英国殖民者剥削。英国还在 1919 年屠杀了旁遮普邦（Punjab）阿姆利则（Amritsar）的 1200 人，女王也因此向印度人民进行了道歉。君主和首相都为他们的臣民所犯的罪行而道歉，但拒绝向非洲人民道歉，理由是他们性质不同，毛利人和印度人都没有被英国殖民者和法律定义为"非人类"。对于英国种族主义和殖民时期犯下的非人类罪行，黑人才是最大的受害者。

当今黑人仍然遭受着全球规模的强大种族主义和罪恶奴隶 200 制度的影响。保守党在 18 世纪的社会和思想基础深深根植于奴隶制度和奴隶贸易的利润之中，其影子内阁外交大臣威廉·黑格是其发言人，他告诉天空新闻台（Sky News），为了祖先的行为而道歉听起来是"空洞且毫无意义的"。那么为什么当首相和女王向印第安人、毛利人和爱尔兰人道歉的时候，他没有作出如此回应呢？他继续说："我认为首相是正确的，对于奴隶贸易的罪恶，我们应当感到遗憾……"他总结道，我们最应该做的"是为当代社会从奴隶制度和奴隶贸易中总结教训"。[6]

新工党和旧保守党在处理对黑人的反人类罪行方面联合起来，英国政治中的左翼和右翼联手了，正是这种政治上的团结一致使得英国开始并控制了奴隶贸易和殖民地奴隶制度，也正是这种团结一致使得一百多年来犯罪行为从未被国会认真讨论过。

与其他种族不同，黑人寻求正义一定会遭到英国所有政党的一致反对。这是一个深刻的教训，不能从黑格大臣的观点中学习到。像吉福德勋爵一样的进步派代表发出了白人支持的声音，而像阿莫斯女男爵一样的保守派代表发出了黑人当权者反对的声音，这展示了面对非正义时人性分裂的无限可能。

在英国的黑人群体也已经听到了这些排练过多次的报告，但鉴于非洲为了潜在利益已再次结成官方联盟，因此两地的黑人群体都对阿莫斯女男爵不感兴趣，也对拉米长篇累牍的陈述感到悲痛。布莱尔不应当被责备，女王也不应当被质疑，为了护卫他们的政权和王权，他们都做了应该做的。他们不能摆脱过去，在潜意识中他们仍认为，以前是奴隶而现在像幽灵一般的黑人依然很恐怖，他们希望黑人带着他们的历史一起远远走开。

在媒体吹风会期间，部分曝光的阿莫斯女男爵内阁记录被媒体记者报道了出来，表明布莱尔希望在年底前解决赔偿问题。[201]
英国政府希望顺利度过 200 周年纪念日：尽可能减少争议，不
被迫发表对于奴隶制度的道歉。这样的想法一点儿也不奇怪，
如果这一年就这样过去了，完成了"不道歉不赔偿"的使命，
那么工党就会赢得这场对于黑人的政策战争的胜利，最后证明
他们确实做到了。[7]

英国政府努力转移人们对于黑人奴隶制度真相和法律应用
的注意力。贝夫诺格林和波（Bethnal Green and Bow）地区的前
国会议员乌娜·金（Oona King）承认布莱尔害怕在任期内发生
奴隶赔偿。为了反击布莱尔的卑鄙无耻，"泛非洲赔偿联盟"
（Pan-African Reparations Coalition）的埃斯特·斯坦福（Esther
Stanford）告诉英国广播电视台，黑人"所谈论的赔偿是包括大
量赔偿措施的实质性赔偿，也包括财政赔偿"。[8]

斯坦福评论说，布莱尔的声明尽是空洞且无意义的废话，
就好似在说"你可以对非洲人犯下反人类罪行，而且可以逃脱
责任"。这一评论也得到英国人权组织"胜利集会"（Rendez-
vous of Victory）的科菲·马武里·克鲁（Kofi Mawuli Klu）的支
持。马武里·克鲁说布莱尔的声明"激发了非洲人的集体情感，
我们要的是一个实质性的道歉，并解决非洲人的赔偿需求"。[9]

女王从人们脸上看到了愤怒，他们被布莱尔发表的法律上
精良但狡猾的"深感悲痛"的声明所伤害，女王决定直面布莱
尔为轻松度过 2007 年而使用的骗人伎俩所带来的负面影响，她
在威斯敏斯特教堂（Westminster Abbey）召开了一个纪念性的礼
拜仪式，爱丁堡公爵、布莱尔首相和很多宗教领袖都参加了这
个活动。

坎特伯雷大主教罗文·威廉姆斯（Rowan Williams）的布道深刻地分析了布莱尔的声明，其在结尾时说道："作为过去的奴隶拥有者和贸易者的后代，我们必须面对这样的事实：我们历史的繁荣主要是建立在暴行的基础之上，而且那些被奴隶贸易所掠夺的非洲黑人的后代，如今依然承受着数百年虐待所带来的后果。"[10]

然而这一活动的目的并不是推动布莱尔或者女王作出道歉，而是庆祝威廉·威尔伯福斯尽其最大努力结束了英国的奴隶贸易。英国国教会为其曾经的奴隶主角色而道歉，"福音传播联合会"（United Society for the Propagation of the Gospel）的琳达·阿里（Linda Ali）表达了她的不满，特别是对于英国政府和布莱尔的不满："我不明白对于这样一个反人类的滔天罪行，道歉为什么如此困难？"

威廉·威尔伯福斯曾孙女的曾孙女凯特·达夫森（Kat Davson）小姐，对于布莱尔的声明评论道，"奴隶制度是我们伤痕累累的国家和世界历史中最重要的篇章之一，我们必须诚实面对，以便世界和平"。突出反对奴隶制度和奴隶贸易的声音在 17 世纪、18 世纪和 19 世纪都曾出现过，但被更强大的维护"国家利益"的声音所掩盖。2007 年就如同 200 年以前的 1807 年一样，充满人性的声音再次登上了历史舞台，但是当活动帷幕落下时却归于沉寂了。

就如同非洲人从奴隶船只跳到麻烦更大的海中一样，一位人权组织的成员、尼日利亚人托因·阿哥毕图（Toyin Agbetu）打断了仪式并要求女王和首相道歉。阿哥毕图在仪式过程中从座位上跳了起来，跑到了圣坛前边距离女王 10 英尺的地方，对她大喊道，"你应当感到耻辱，这是对我们的侮辱"。当这个39岁的男人责备女王的时候，整个仪式突然停了下来，他也被卫兵控制了。[11]

虽然被控制住了，阿哥毕图仍旧大喊道，"布莱尔先生，你道歉，或者说出'对不起'这个词，这不会有失体面，还有你，女王……否则就是对我们祖先的侮辱"。他指着女王，瞪着布莱尔，大声喊着，"我们数百万祖先在大西洋中丧生了，先生，说声对不起就这么难吗！……这是一种侮辱……我们不应当在这儿。所有非洲基督徒都应当从这儿离开"。[12]

这时在教堂外边的抗议者们不知道里面发生了什么，他们还在反复唱道："从1807年到2007年，什么都没有改变。"在阿哥毕图被清出会场后不久，一个非洲记者站了起来，当他瞪着女王的时候，也被士兵按倒在了地上。托马斯·克拉克森（Thomas Clarkson）的后代萨菲·克拉克森（Saphie Clarkson）说道："这些事情意义深远。"当女王走出去的时候，很明显被这个事情所震动。"伊斯兰民族"（the Nation of Islam）的莱奥·穆罕默德（Leo Muhamad）对一小群旁观者说，"鳄鱼的眼泪，女王也是同谋，王权也与之沆瀣一气"。他看了看四周的建筑，继续说道，"你所看到的所有这些都是建立在奴隶制度基础之上的"。

阿哥毕图被戴上手铐逮捕了，从教堂带到了查令十字（Charing Cross）警局，依据《公共秩序法》（Public Order Act）第5条受到指控。仪式继续进行，集会中的一位成员亨利·邦苏（Henry Bonsu）说道，"女王很平静，但是看起来对此很有兴趣"。[13]

国会的立场

国会尽力确保赔偿问题不是国家纪念废除奴隶贸易 200 周年辩论中的核心部分，这是一个复杂且精心设计的纪念活动，如同阿莫斯女男爵无意中暗示的"让它结束吧"。对于奴隶贸易和奴隶制度在 18 世纪、19 世纪对英国经济和社会的重要影响，以及奴隶创造的财富对于英国作为第一个工业大国的作用，在礼拜仪式开始的前一周下议院便对其重要性开始了严肃讨论。

副首相约翰·普雷斯科特在 2007 年 3 月 20 日下午 3 点 44 分宣布 200 周年辩论正式开始，他首先感谢了 200 周年顾问小组的成员，以及他的部长同僚们，其他地方领导，阿莫斯女男爵，文化、媒体和体育部的副部长，他的朋友托特纳姆（Tottenham）的国会议员（拉米先生）。接下来就是对英国反人类罪行证据的公开讨论。普雷斯科特总结到，所有需要说的都应当已经说了。[14]

国会议员详细描述了利用黑人非法致富，并对黑人进行残忍剥削的罪行，但是对于因此提出的赔偿要求，没有人准备承担责任或进一步承认、道歉和弥补。

这是非常奇怪的政治话语，内容充实且形式有力，但在逻辑意义和政治含义上却空虚无聊。国会拒绝道歉或者承担责任。普雷斯科特发出警告，"每个人，我说的是每个人，都应当对非洲人民的遭遇感到悲伤、痛苦和遗憾——是的，感到遗憾"。他说，这是"人类对同类的非人道行为"的证据。国会将会认真

204

考虑"奴隶制度和资本主义",尊重埃里克·威廉姆斯的经典著作。卡菲利（Caerphilly）的工党议员韦恩·大卫（Wayne David）问威廉·黑格是否愿意"承认奴隶制度对于那时英国经济的重要基础性作用"。他是否"知道南威尔士早期工业化中的大部分资金是来自于布里斯托尔的奴隶贸易"。

黑格说，当他站起来说出废奴政策时，他承认奴隶贸易"对于利物浦和布里斯托尔的很多人来说是有利可图的"。"种植园因为奴隶的存在而利润巨大，威廉·皮特（William Pitt）首相说，因为在18世纪欧洲对于蔗糖的巨大需求，英国海外收入的80%来自于西印度群岛的殖民地"。与其他历史学家不同，黑格暗示虽然他不准备讨论奴隶贸易带来的利润有多少，但毫无疑问，英国的黑人奴隶制度的确给国家带来了巨大利润。

自由民主党人不甘示弱，特威克纳姆（Twickenham）的国会议员文森特·凯布尔领导了辩论，他觉得下议院很有必要知道，"奴隶制度不是边缘的，它在100多年里一直占据着英国经济的中心"。"英国全社会都参与到了奴隶制度中……它是教会繁荣的基础，也是王权的基础。"

这位可敬的议员明显已经准备好辩论了，他继续在下议院说道，1720年约有420个"下议院议员投资了'南海公司'（South Sea Company），这是奴隶贸易的主要投资渠道"。他对自己的"自由的"政治传统也作了评价，说首相威廉·格莱斯顿的父亲约翰·格莱斯顿"在圭亚那拥有数百名奴隶和数百英亩的种植园"。他说当威廉进入国会时，"第一次演讲就是对奴隶制度的激情辩护"。因为国会的大多数人认为，虽然"奴隶贸易是肮脏的……但是拥有奴隶并从中获利没有内在的错误"。

　　随后发言的是北伊斯灵顿（Islington North）的工党议员杰里米·科尔宾（Jeremy Corbyn），"国会议员深深卷入了奴隶制度，这是英国生活的核心"。在描述了英国许多城市的命名都是为了庆祝奴隶贸易后，他告诉国会，"奴隶贸易的利润是个天文数字"。许多当初从事奴隶贸易的英国财政机构至今依然存在。在被布里斯托尔的自由民主党人斯蒂芬·威廉姆斯（Stephen Williams）打断和反驳后，科尔宾继续说：

> 我想谈谈从奴隶贸易中获益而变成英国巨富的家庭，例如弗朗西斯·巴林（Francis Baring），他做了18年的国会议员，去世后留下了100万英镑的遗产，这在18世纪是一笔巨大财富。威廉·贝克福德（William Beckford）成了英国国会中的第一个百万富翁……如果我们看看从西印度群岛种植园，特别是在牙买加的种植园中获利的种植园主们，我们就会发现贝克福德家族出了好几个国会议员。

　　科尔宾说到在奴隶贸易和奴隶制度中黑人奴隶所起到的作用时，他告诉国会"蔗糖工业和很多其他利益都流向了英国银行体系，包括巴克莱银行、米德兰银行及这个国家的其他银行。而且这样的利益仍旧存在……且利润巨大"。

　　科尔宾从南布伦特（Brent South）的国会议员道恩·巴特勒（Dawn Butler）那里得到了支持，他们都赞成"银行直接与奴隶贸易相关"。巴特勒说，巴克莱银行"两个种植园主是在奴隶贸易基础上建立起来的；还有劳埃德银行，开始是一个逃跑奴隶的收容中心，在1692年发展成了一个覆盖奴隶、奴隶船只和种植园的保险公司"。

苏格兰的国会议员也借机承认国家财富与奴隶罪恶有关，自由民主党人马尔科姆·布鲁斯（Malcolm Bruce）说道，"1796年，牙买加 30%的财产是被苏格兰人拥有的"。而且他说，"1817 年，在奴隶贸易废除 10 年后，牙买加 32%的奴隶是被苏格兰人拥有的"。他告诉他的同事们，他曾在格拉斯哥一位烟草大亨的房子里住过很短一段时间，并代表阿伯丁郡的一个选区，"这里产生了一些最富有的种植园主"。但重要的是，"在奴隶贸易的支持下，格拉斯哥宣称是帝国的第二大城市"，始终准备着与利物浦竞争第一的位置。

北哈克尼和斯托克纽因顿（Hackney North and Stoke Newington）的工党议员黛安·阿伯特证明了伦敦在促进奴隶贸易和奴隶制度上的作用。她说在 300 多年间，与利物浦、布里斯托尔、格拉斯哥、巴恩斯特珀尔、比迪福德、达特茅斯、埃克塞特、普利茅斯、普尔、朴茨茅斯和怀特黑文等其他城市一样，伦敦的"银行和手工业者都从奴隶制度中获得了巨大财富"。

阿伯特提到，"阿瑟·海伍德（Arthur Heywood）和本杰明·海伍德（Benjamin Heywood），两兄弟从奴隶贸易中获得财富后，阿瑟·海伍德成立了一家银行，发展成后来的利物浦银行（Bank of Liverpool），然后是马丁银行（Martin's Bank），这就是后来的巴克莱银行（Barclays Bank）"。她说，"利物浦的另外一个奴隶贸易巨商托马斯·莱兰（Thomas Leyland）连任了 4 任市长，他设立了莱兰银行（Leyland Bank），后成为布林斯银行（Bullins Bank），最终发展成为米兰德银行（Midland Bank）"。

辩论涉及丰富的历史细节，在 200 周年辩论上也提出了很多问题，但是有一个重要问题很多人都不愿意承认，最终南布伦特的女黑人国会议员道恩·巴特勒打破了沉默，她是下议院第一个使用"赔偿"一词的议员。作为第 19 个演说者，她快速打断了阿伯特，因为阿伯特作为有资历的黑人议员已经决定不谈及赔偿议题。

但是巴特勒打破沉默不是由于赔偿辩论，而是由于海地对法国的历史赔偿案例。她说很多历史学家认为，海地在 1825～1922 年付给法国的赔偿总额约合今天的 1 亿零 500 万英镑，这在很大程度上导致海地成为西半球最贫穷的国家，赔偿金应当归还海地，阿伯特被要求对此进行回应。

阿伯特坚持拒绝对任何赔偿问题进行回应，她十分钟的讲话离题万里，不仅没有联系实际问题，也没有一次提到"海地"或者"赔偿"。这是对于要求其回应的直接拒绝，也是对国会政治路线的赤裸裸的展示。

阿伯特试图不提及"赔偿"这个词，以此来回避巴特勒的问题，然而她在总结时却非常悲伤，"我为政府举办这个重要的 200 周年纪念活动而鼓掌，但是当今更要从中吸取教训。如果我的奴隶祖先能够从走廊上听到这个辩论，他们将会感到幸福和自豪"。她竟然说死去的祖先还能从走廊上听到辩论，这是"不可能的，非常不可能的"。

在阿伯特逃避了巴特勒的问题之后，自由民主党人文森特·凯布尔第一个将这个问题在国会上明确提了出来。他说"常常被要求作出正式道歉，这不是非常正确，但是我们必须尽量明白，奴隶贸易并不是什么遥远的事情，并不是跟我们完全没有联系了。我们承认历史并且作出赔偿的最好方式，就是恰当和坚决地处理好当代奴隶问题。做一些补偿是可能的，但是金钱赔偿是不可能的"。杰里米·科尔宾说，"一旦我们懂得了历史，我们就必须努力向前"。而作为交易的赔偿被认为是向后看的，是不符合国家利益的。

克罗斯比（Crosby）的工党议员克莱尔·柯蒂斯—托马斯（Claire Curtis-Thomas）问道，"一个国家需要偿还债务吗？"他说利物浦城市委员会在1994年通过了一项动议，为从事奴隶贸易而"正式道歉"，并通过建造"奴隶贸易和奴隶制度的博物馆和学习中心"而开始了其赔偿过程。她说这已经"朝着承认在奴隶贸易中扮演的角色而向前迈进了一步"。但是，如果利物浦在这方面已经起到了表率作用，伦敦也紧随其后，为什么英国政府不能加入呢？难道是因为"这场贸易的牺牲者和罪犯不应该面对正义吗"？柯蒂斯—托马斯总结道。

然而这个问题的答案可以在上议院的辩论中找到，辩论是在两个月之后的2007年5月10日开始的。与下议院不同，上议院对于英国犯罪致富的细节不太感兴趣，而更关注赔偿的原则与政策的公开讨论，它更倾向于学术上的讨论，而非政治上的作秀。[15]

豪威尔斯女男爵（Baroness Howells）作了开场白，她赞美首相的"遗憾表达"，她也很快承认"英国非常善于经营奴隶制度"。奴隶制度对于英国生活方式影响深远。她也赞美首相对奴隶制度作用的承认，"其创造的财富为工业革命打下了基础，并使大英帝国的发展在19世纪后期和20世纪早期达到了顶峰"。

对于大英帝国历史上"征服""占领他人土地"以及奴隶 208 制度，豪威尔斯女男爵号召历史学家别再试图辩护了，她也极

247

力主张不要再去有保留地赞同世界历史和后殖民时代合理化的国家历史了。在总结 2007 年 6 月 7 日的辩论时，她要求"高贵的贵族们带着同情心和同理心仔细而冷静地看待那段历史所残留下来的碎片"。这是一个有趣而聪明地对待历史的开始。

作为第二个演讲者，赫恩山（Herne Hill）的莱斯特勋爵（Lord Lester）没有浪费时间，直接深入问题中心，他引用了 1996 年 3 月 14 日早期辩论中吉福德勋爵（Lord Gifford）的问题而问道：政府是否应该因奴隶贸易和奴隶行为所造成的损失而向非洲民族及其子孙作适当的赔偿？这个议题遭到了上议院中有影响力的反对派的拒绝，其领导者正是著名的威廉·威尔伯福斯勋爵的玄孙威尔伯福斯勋爵（Lord Wilberforce）。[16]

威尔伯福斯勋爵表明，他在理论上接受对奴隶赔偿的观点，但是仅对这个案例来讲，他持反对意见。因为根据他的判断，他并不认为现在的英国人对历史负有"不可推卸的责任"或者犯下了"毋庸置疑的罪恶"。他认为奴隶制度太久远了，因此不能对今天的英国公众和政府采取法律措施，并没有证据证明他们就是受害者或者受益者。正因为如此，赔偿应该被看作一个道德案例，而并非一个法律案例。

1996 年威洛比·德布罗克勋爵（Lord Willoughby de Broke）认为赔偿"产生了嫉妒和不信任，激发了憎恨"。吉斯伯勒勋爵（Lord Gisborough）说赔偿的观点是荒谬的，他不禁问道："到哪儿才是终点呢？"福克兰子爵（Viscount of Falkland）补充说："非洲人本性宽容，鼓吹这种狂热的赔偿态度在非洲人中是得不到支持的，因为这不是他们的本性。"[17]

切舍姆勋爵（Lord Chesham）代表保守党在 1996 年发言，

对此提出了 6 点反对建议：

> 1. 奴隶制度在非洲实际存在过。
>
> 2. 非洲国家领导人与欧洲贸易者是合作伙伴。
>
> 3. 经营奴隶贸易的是个人贸易者和公司，而不是英国政府。
>
> 4. 在非洲人或者他们的流散后代身上没有发现奴隶制度的残余影响。
>
> 5. 种族主义是全球化的现象，不只存在于黑人和白人之间。
>
> 6. 确定哪些黑人应当得到赔偿是不可能完成的任务。[18]

209

法律专家们尽可能贬低吉福德勋爵的建议，他们拒绝承认奴隶贸易和奴隶制度的证据，通过责备他人而使英国逃脱责任。这样看来，吉福德勋爵在理论和经验上都没有做好充分的准备，否则他应当更加有效地回应切舍姆这些不准确的论点。

2007 年勋爵们第二次聚到了一起，莱斯特勋爵重申了威尔伯福斯勋爵的立场，目的是在 200 周年辩论时坚决拒绝任何赔偿议案。他在开幕讲话中就是这样做的，毕竟威尔伯福斯勋爵在上议院对于奴隶制度的物质赔偿问题具有很高的道德权威。

里彭和利兹的主教（Lord Bishop of Ripon and Leeds）作了部分反击，提出英国国教会因"拥有奴隶和种植园"而在大会上作了正式道歉，也反复重申了这份道歉。他赞赏"利兹的哈伍德伯爵家族鼓励访问者……去反思拉塞尔斯家族是如何从奴隶制度中获得利润的"。然而他没有提及大会上正式道歉的法律后果——赔偿问题。虽然按照他的观点，只要认识到"国家文化遗产在多大程度上是建立在奴隶利润基础之上的",这个国家就应当开始和解及治愈的过程。

牙买加出生的汉兹沃思的莫里斯勋爵,第一个呼吁不附带货币赔偿形式的道歉,如同黛安·阿伯特在下议院辩论所提及的,莫里斯勋爵也提到自己的祖先曾是奴隶主,他在这一问题上又向前迈进了一步。"这个国家必须全面认识到,一些机构和公司卷入了反人类的丑恶犯罪之中。"

在努力"解决遗留问题"上,莫里斯勋爵说,"我们必须从说'对不起'开始"。认识到大多数的国会同事没有准备好说"对不起",他退一步说:"如果我们从人性深处鼓起勇气对奴隶说声对不起,至少应该对所从事的奴隶贸易说声对不起,因为我们确实参与其中了。"在谈及经济赔偿问题时,他又与政府的立场一致了。"对于已经提出的赔偿要求,我们国家特别倾向于贬低牺牲者,却去安慰罪犯。教会和其他奴隶主因为奴隶劳动力的损失而得到了赔偿,当然从道义上讲,奴隶的后代也应当得到赔偿。然而我们都清楚赔偿之路举步维艰,但我们可以用从奴隶制度中得到的收益成立一个'遗产基金',用来推动公众教育,特别是在学校教育方面,为在奴隶背景下受到影响的社区和国家创造经济机会。"

莫里斯勋爵的观点刚刚表达完,塞尔斯顿勋爵(Lord Selsdon)就站起来反驳。他用非常刺耳的声音说,"我真不相信我们应当为了过去而道歉,或者你应当和你父亲犯下的罪捆绑在一起生活"。他认为自己是一个"务实的人,没有被知识分子的争辩所影响"。他反对国会并驳斥任何道歉或赔偿的提法,因为"我们无法改变过去"。

210

　　塞尔斯顿勋爵的观点得到了桑威奇伯爵（Earl of Sandwich）的支持，桑威奇伯爵的祖先是奴隶主，在1834年得到了赔偿，他也非常直接地说，"我不明白赔偿的逻辑，因为……没有一个当今政府会在道德或者法律上为这些行为承担责任，道歉和赔偿只能是象征性的"。然而对于诸如教育投入、"设定纪念日"等，他是支持的。

　　不出所料，辩论以赔偿案件的撤销而告终，这似乎要归功于阿莫斯女男爵对布莱尔首相声明的重申，"很难相信现在是反人类罪行的在那时却是合法的"。她也同样"深感悲痛"，并很快结束了辩论。最后发言的正是辩论的开场发言人豪威尔斯女男爵，她说她的"奴隶祖先"将会"非常高兴听到这场辩论"。

第十五章
加勒比地区赔偿运动

　　我非常高兴能有这场辩论：我们千万不要忘记英国经济是建立在那些奴隶制度受罪者的基础之上的。

　　——道恩·巴特勒，国会议员，纪念废除奴隶贸易二百周年辩论，2007年3月20日

　　欧洲帝国在殖民过程中犯下了反人类罪行，特别是对土著人的大屠杀，以及对套着锁链的非洲人的贸易和奴役，加勒比地区赔偿运动是在道德、法律和政治上对以上行为所作出的回应。英国人是加勒比地区典型的奴役者。在2007年下议院举行的纪念废除奴隶贸易200周年辩论中，一位国会议员告诉议长一个辛酸的事实，"奴隶贸易……是处于英国经济的中心位置，而不是边缘，它牵涉英国社会的方方面面……既是教会繁荣的基础，也是王室存在的基础"。[1]

　　土著社区和被奴役的非洲人都明白，英国与其他欧洲国家的种族灭绝、奴役行为是罪恶的、不道德的。他们憎恨并且拒绝被囚禁、被奴役，要求重新获得田地和自由，坚持社会正义。加勒比地区赔偿运动在这样的历史和政治背景下开始了。

　　加勒比地区的英国殖民公司是建立在奴役加勒比土著人和

非洲被奴役者的种族主义基础之上的。土著人被灭绝，非洲人被奴役，两者都经历了社会、法律和军事上的种族主义行为。遭受社会攻击和军事打击的土著人和被奴役者被剥夺了自由，人格也不被尊重。为了生存两者被迫接受了强加给他们的奴隶身份，400 年间强大的商业军事力量一直压迫着他们。

英国的现代性首先体现在殖民背景下的集权主义。他们认 212 为土著人和非洲人可以随意处置，其新的社会结构中到处流淌着被奴役者和被殖民者的鲜血。劳动力和种族压迫是金币的两面，奴隶制度是一桩大生意，它确保了英国这个最大的殖民帝国在全球聚敛财富。

奴役非洲人在 18 世纪成为英国的一种流行文化，也是其在加勒比地区唯一的生活方式。奴隶制度在种植园中实行，同时也在城市和乡村实行。奴役文化已被制度化，黑人是牛马的概念不断加深。这种价值观无情地导致了在奴隶解放时被奴役的黑人只能被迫回去工作，没有得到赔偿和尊重，反而是奴隶主收到了 2000 万英镑的赔偿。

种族主义者所支持的奴隶解放法案，恰好促进了加勒比地区赔偿运动的核心政治和种族原则。2007 年 3 月 20 日，英国国会议员马尔科姆·莫斯（Malcolm Moss）提醒下议院注意托马斯·克拉克森（Thomas Clarkson）在 1785 年所提出的关键问题："让奴隶做违背他们意愿的事，这是合法的吗?"他当然知道答案，他的同事威廉·威尔伯福斯也知道。根据巴特西（Battersea）国会议员马丁·林顿（Martin Linton）的观点，威尔伯福斯早就强调过，"他之所以厌恶那 2000 万英镑……是因为它是赔偿给奴隶主的"。[2]

　　加勒比地区赔偿运动的核心正是反对极端的人类非正义行为，从奴隶解放运动起，加勒比地区就开始纠正这种罪恶奴役的暴行。但最终奴役者得到赔偿，被奴役者却被进一步剥削，这种非正义行为引发了要求赔偿的新一轮运动。

　　加勒比地区人一直在遭受大英帝国经济和政治上的非正义对待，他们深知这是掩盖在同情外衣下的种族主义行为。因此种族主义者的非正义行为无论在欧洲殖民帝国的任何地方发生，赔偿的精神都会激励着一代又一代人持续奋斗至今。1838 年以来，发生变化的只有赔偿运动的形式和作用，而赔偿的观点却一直是根深蒂固的。

　　海地的赔偿案例是西方国家对其他加勒比地区国家政府的一个恐吓——西方国家对海地犯下了奴役罪行，但是海地的解放却没有得到任何赔偿。1825 年托马斯·巴克斯顿提出拒绝对英国奴隶主进行赔偿，而建议对奴隶进行赔偿，但法国政府却开始迫使海地新政府再次臣服于其膝下。

　　当海地人在 1825 年庆祝独立 21 周年时，法国和英国要求海地对奴隶主进行赔偿，以换取他们对海地国家地位的正式认可。英国的奴隶主从海地政府那里得到了 2000 万英镑，法国奴隶主得到了 9000 万法郎，这两笔赔偿金导致海地背负着巨额债务。

　　海地是自我解放的国家，其政府为了得到国际认可而支付赔款。当法国炮舰不断在海地港口巡游时，两国政府才签订了赔偿协议。在英国和海地的赔偿案例中，海地的奴隶还是被奴隶主打败了。这是因为英国国会的奴隶主有着相当大的政治权力，加之法国也在军事上频繁威胁海地政府，因为法国仍旧为在海地自由革命战争中的失败而心怀不满。

在德班举行的"反对种族主义、种族歧视、仇外心理和相 214
关不容忍行为世界会议"（以下简称"德班会议"）使得加勒
比地区赔偿运动加快发展并获得了广泛关注。总体来说，加勒
比地区公民对于赔偿要求持支持态度，但至少在德班会议之前，
不管如何定义和设想，对于赔偿运动的积极支持仅局限于极端
左派。德班会议的灾难使得赔偿问题重返加勒比地区政治的中
心舞台，也在左派和右派之间搭建了一座桥梁，使赔偿运动尽
可能取得主流政治的支持，因为英国拒绝赔款的态度惹怒了大
众，使获得赔偿的民意更加坚定。

然而重要的是，德班会议将赔偿运动从空谈变成了现实。
谈判就如一个牌局，参加者采取的立场和方针策略都摆在牌桌
上。但德班会议的意义也不止于此，当在加勒比地区和非洲的
美洲人发现自己被夹在串通好的欧洲人和非洲人中间的时候，
地缘政治使得这一流散者群体重新团结起来并重返赔偿运动的
中心。

英国和美国对于赔偿运动的强烈反对也影响了加勒比地区
的官方观点。欧洲国家政府拒绝的第一个正式赔偿要求是 2004
年海地总统贝特朗·阿里斯蒂德（Bertrand Aristide）对法国政
府提出的。与英国不同的是，法国政府已经对参与奴隶贸易和
奴隶制度的罪恶作出了正式道歉。

最终海地支付法国的赔偿金为 9000 万法郎，这使刚刚独立
的海地在之后的半个世纪始终陷于瘫痪状态。海地人知道这是
犯罪者强加给他们的，因此在德班会议上海地正式要求对这笔
敲诈款进行赔偿，按照今天的价值大约是 21 685 135 571.48 美
元，这也是当时决策机构审议的重点。

加勒比地区集团认为法国的这一行为符合它所寻求的全球领导地位。现在大家都清楚了，海地之所以成为西半球最贫穷的国家，正是经济扼杀的结果。这些被掩藏的材料终于在今天得以发表，并在全世界范围内产生了一定的影响。海地的赔偿要求和理由也得到了全世界的广泛支持。

在德班会议之后，海地总统阿里斯蒂德立即积极促进双方对话，在 2004 年海地独立运动 200 周年来临之际，他要求法国政府赔偿海地 210 亿美金。"我们是要回本来属于我们的钱。"一个后殖民时期的加勒比地区国家对欧洲国家政府提出官方的赔偿要求，这在历史上还是第一次。严格来说，这并不是因反人类罪行而要求对奴隶作出赔偿，而是要回一个国家运用犯罪手段从另一个国家攫取的公共资金。[3]

海地于 1804 年 1 月 1 日宣布独立，正式结束了法国的统治，对于加勒比地区和美洲继续存在的以奴隶制度为基础的所有殖民地来说，这都是沉重的打击。因为害怕加勒比地区的黑人解放运动会扩散开来，美国开始声援法国，并在政治上孤立海地。美国国会和海地政权断绝了贸易关系，西班牙和英国也积极与法国合作，加入了反对海地革命的阵营。1806 年美国开始了贸易禁运，1807 年和 1809 年也继续执行禁运。同时海地也被数次恐吓，如果不赔偿法国，就会遭到军事入侵并再次被奴役。

得到英国支持的法国要求海地赔偿的数额是"整个国家净产值的两倍"，阿里斯蒂德总统要求法国也赔偿相同数额，说法国应当"交出这些钱，这样这个国家就可以庆祝它的 200 周年独立了"。1803 年黑人被奴役者打败了法国的军队，海地完成了革命战争，卫提耶尔斯战役（Battle of Vertieres）有着重要意义。

在纪念此次战役的特殊活动上，阿里斯蒂德总统告诉国民，"无论是今天还是明天，我们一定会赢得赔偿战争的胜利"。在纪念独立200周年的几个月里，阿里斯蒂德总统在整个国家重申他的赔偿要求，最终对法国政府提出了支付210亿美元"赎罪金"的正式要求。[4]

法国的政治回应快速且在预料之中。首先直接拒绝考虑正式的官方对话，随后提出一个外交动议，即从会议日程上删除"赔偿"这一条，随后便是一系列暗中威胁与颠覆。受人尊敬的法国社会主义知识分子雷吉斯·德布雷（Regis Debray）被派往太子港（Port-au-Prince），与海地政府就这一问题进行磋商。总理在外交部成立了一个海地问题反思委员会，对德布雷的报告进行仔细研究。

法国外交部长多米尼克·德维尔潘（Dominique de Villepin）同时向媒体概述了一个他准备于2004年2月26日递交给联合国的议案。他呼吁向海地派遣一支国际安全军队来替代阿里斯蒂德。在海地国内不稳定性不断增长的社会背景下，外交部长表示了对阿里斯蒂德的强烈反对。

不出意料，法国、英国和美国的反应也是咄咄逼人，这些以前拥有奴隶的西方国家再次在政治上围攻海地，要求海地改变政策。面对海地对奴隶制度的反抗，美国和欧洲从一开始就是同谋的关系。200年以后这些国家对于奴隶制度问题仍然保持着同样的观点。

阿里斯蒂德政权不稳的消息占据了主流媒体，为了制造社会的不稳定，那些被法国和美国所支持的反政府的非政府组织到处煽风点火，全球非洲会议（Global African Congress）的临时主席西科阿·托马斯（Cikiah Thomas）的一篇文章在媒体中广泛传播。他说："我们确实从情报机构获得消息，一旦这个赔偿要求被放到法国政府的桌面上，他们将联合美国资助一个非政府组织，该组织明显表达了学生和相关部门对政府的不满，认为总统对当前形势负有重大责任。"法国外交部长德维尔潘说，"海地的历史必须翻开新的一页。"5

法国总统雅克·希拉克（Jacques Chirac）支持托马斯的观点，当媒体问及他对阿里斯蒂德的评价时，他回答说，法国已经给海地提供了数百万法郎的援助。他继续警告海地政府："在将报告递上来之前，要好好想想后果。"他进一步威胁说："我应当怎么说呢，我已经一再提请海地政府小心其行动和政治行为的后果。"6

随后在2004年2月28日傍晚，就在德维尔潘外交部长说出需要"翻开海地历史新篇章"的两天后，一支法美联军入侵了海地，将阿里斯蒂德免了职。阿里斯蒂德不知道自己要被带到哪里，在美军监禁下飞行了24小时之后，他发现自己到了中非共和国，一个法国支持的独裁政府国家。雷吉斯·德布雷为政府做了他的分内之事，他向法国报告说阿里斯蒂德的赔偿要求"不具备法律基础"，无论是海地政府还是民众，都没有广泛支持阿里斯蒂德的要求。7

阿里斯蒂德的离开被说成"辞职"，然而阿里斯蒂德说，美国官员和海地军方已经很清楚地表明，为了他及其家庭成员的生命安全，他应当离开。阿里斯蒂德认为，美国为帮助法国而辜负了海地的信任。阿里斯蒂德的免职正是漫长戏剧的终结。一位学者认为，自2003年初海地政府与国际社会的关系就开始遭到破坏。"对海地的拨款、贷款和援助确实被美国、欧盟国家、加拿大及其他国家一拖再拖,总金额达到了 10 亿美金。"[8]当阿里斯蒂德要求法国赔偿 210 亿美金时,除掉阿里斯蒂德的 217计划就被提上了日程。如果阿里斯蒂德没有提出赔偿要求,就什么事情也不会发生。

阿里斯蒂德说对他的"绑架"是一种暴力,因为经过拘押后他被流放到一个不明目的地,他失去了方向,命运充满了不确定性。他很清楚他在海地的政治生涯结束了,永远也回不去了。200 年以前,法国政府绑架了第一个加勒比地区国家的政府首脑杜桑·卢维杜尔(Toussaint L'Ouverture),后来他死在了法国的地牢里,这与阿里斯蒂德事件如出一辙。法国所做的每一件事都是在暴力镇压其殖民地的解放运动。阿里斯蒂德引起了巴黎军界和政界的愤怒,其政权被暴力推翻了,他能继续活着已经很幸运了。

海地是加勒比共同体(Caribbean Community)的成员,在阿里斯蒂德被免职时,这个地区性组织的领导是牙买加总理 P. J. 帕特森(P. J. Patterson)。软弱无力的加勒比共同体号召在蒙特哥贝(Montego Bay)召开了一个政府首脑紧急会议,来商讨阿里斯蒂德事件。

媒体对于阿里斯蒂德被捕事件有着不同的看法,格林纳达总理基思·米切尔(Keith Mitchell)说,"领导人普遍感到有些慌乱,因为不知道到底发生了什么"。他号召美国以及"与此事有关联的被点到名字的国家"告诉世界海地的真相。媒体报道称,加勒比共同体急切要求联合国秘书长科菲·安南(Kofi Annan)展开一项调查,针对阿里斯蒂德"突然丧失权力展开缜密的调查"。[9]

帕特森作为加勒比共同体的主席告诉媒体，"要求联合国参与的策略在那时还没有考虑充分"。但是"外交事务和法律事务官员都建议这么做"。他强调说，这一建议对于加勒比地区来说"非常重要"。但是很快这一事件就在媒体上消失了，之后虽然出现过也很快被边缘化了。[10]

在阿里斯蒂德被逮捕和流放的几个小时内，1000 多名美国士兵登陆海地。3 月 5 日，加勒比共同体官方要求布什政府对此事件给出一个说明，美国的回答再清晰不过："没有什么值得去调查或者讨论的。"[11] 加勒比共同体成员国认为自己被美国的大国政策欺骗了，这在加勒比地区历史上是一大教训。这一事件所传递的信息非常明确：任何加勒比地区的国家政府如果对于赔偿提出官方要求，都将被视作侵略性的民族，也都将受到如此对待。加勒比地区各国政府明白这个信息的内涵，从此以后只是适度的谴责并逐步退缩，赔偿要求只停留在口头上了。

最为讽刺的是，2004 年 3 月 14 日阿里斯蒂德到达了牙买加，开始了他流亡的第二个阶段，将他与祖国隔开的只有奔流的大海。阿里斯蒂德在安全且隐匿处秘密接见地区和国际支持者，他也正是在蒙特哥贝第一次宣称向法国要求赔偿。

"泛非洲组织"（TransAfrica）的创立者兰德尔·罗宾逊，也是有关赔偿的重要著作《债务——美国对黑人的亏欠》一书的作者，他说，听到了"白宫的消息"，乔治·W. 布什总统的顾问康多莉扎·赖斯（Condoleezza Rice）"威胁牙买加政府，告知其必须驱逐阿里斯蒂德总统，否则后果自负"。[12]

阿里斯蒂德在南非开始了流亡的第三个阶段，相比于加勒比地区国家的政府首脑，非洲国家政府对于颠覆海地总统事件更加直言不讳。2002 年成立的由 50 个成员国组成的非洲联盟（The African Union）认为这是"不符合宪法的"，此次事件"在合法选举产生的总统中开了一个危险的先例"，进而呼吁对于法国所支持的颠覆政权的反叛力量不予认可。法国副总理盖伊·莫斯基特（Guy Moskit）回应说，既然阿里斯蒂德在离开海地前签署了辞呈，那么就是"符合宪法的"。[13]

"海地—牙买加交流委员会"（Haiti-Jamaica Exchange Committee）主席米尔色·德苏尔米（Myrtha Desulme）告诉国际新闻社（Inter Press Service News Agency），赔偿要求深深地干扰了法国政策，法国的很多官员都发表了充满敌意的评论。然而在海地深受尊重的纽约大学社会专家 J. 迈克尔·达什（J. Michael Dash）说，美法两国虽然在美国入侵伊拉克后由于意见不同而关系闹僵，但因为在推翻海地总统上的一致行动而结成了新型同盟关系。他评论道："法国不愿意面对其拥有奴隶的殖民历史"，但是我们就是处在这样一个各种赔偿要求都被提出的时代，而且其应该"赔偿海地的数额是有文件证明的，这笔钱正是当初海地赔偿给法国的，这也使得海地深陷几十年的债务泥潭之中"。[14]

情节按照预料展开，法国和美国为海地挑选了一个听话的领导人。2004 年 3 月 16 日，经过谨慎选择和重新包装的热拉尔·拉托尔蒂（Gérard Latortue）成为海地临时总理，他被描述为有名无实的"联合政府"的领导，阿里斯蒂德的政党拉瓦拉斯之家（Fanmi Lavalas）在新政府中没有任何席位。美国驻海地大使詹姆斯·福利（James Foley）告诉媒体，拉托尔蒂是一个上佳人选，他能够帮助这个国家重回稳定，"大量美国的和国际的援助"也可以按预期实现。同一天牙买加政府宣布，在 3 月 25 日加勒比共同体高层会议对此事件作出裁定之前，不承认海地临时政府。[15]

这一事件的结局也完全在意料之中，这也是由巴黎和华盛顿决定的。拉托尔蒂的第一个重要官方声明就是正式撤销阿里斯蒂德对于法国的赔偿要求。他急切地配合着法国，并说"赔偿要求是非法的"。事实上，"更荒谬的是这纯粹是政治操作，海地希望与法国保持良好的关系"。他补充到，对他的政府来说，"这个问题结束了"。他继续说，"我们现在需要改善与法国的关系，让法国帮助我们修建道路、医院、学校和其他基础设施"。[16]

拉托尔蒂可能已经忘记了，前年 12 月在佛罗里达州的博卡拉顿（Boca Raton），他告诉《迈阿密先驱报》（*Miami Herald*），尽管他不认为法国在法律上有义务作出赔偿，但"这是为了道德和政治责任而去做的事情。"时代变了，拉托尔蒂也变了。[17]法国国防部长米谢勒·阿利奥—玛里（Michele Alliot-Marie）在前往海地途中拒绝承认这些发展与赔偿要求相关，坚持认为法国的动机只是渴望帮助海地人民。

巴巴多斯利用其在德班会议的声望，于 2002 年 10 月举办了一个德班会议的后续会议，会议全名为"非洲人和非洲人后裔反对种族主义世界会议"（African and African Descendants World Conference against Racism），由政府组织"泛非洲委员会"（Pan-African Commission）主办，目的是将全球赔偿组织，特别是非政府组织重新召集起来。会议于 2003 年 10 月 1~5 日在雪邦会议中心举行。[18]

　　此次会议的领导者是著名律师、泛非洲主义者大卫·康米 220
西翁，他也一直是德班会议的主要发声者。会议第一天就在核
心问题上发生了动摇。50个英国代表团成员提出驱逐"白人"
的动议，得到了大多数与会者的支持。动议指出这次会议应是
一个"只有非洲人和非洲人后裔"参加的会议。黑人活动家克
瓦库·邦苏（Kwaku Bonsu）表示，"我们告诉'组织者'，特别
强调不希望有欧洲人或者亚洲人……确保这是一次非洲会议，
是只有非洲人参加的会议，这也是我们来这儿的原因"。

　　这个动议获得多数投票通过，"不是非洲人的都被要求悄悄
离开"。从古巴、英国和美国来的"白人"记者、翻译和人权领
导者都自己主动离开了，一些被驱逐的代表流泪表达了对事态
发展的悲伤。有一个泪流满面的白人母亲玛蒂娜·皮乐（Mar-
tine Pilé），她出生在卢森堡，和一个巴巴多斯黑人生了一个混
血女儿沙姆可·皮乐（Shamkoe Pilé）。她评论说，他们被驱逐
意味着"种族隔离在巴巴多斯又发生了"。她的女儿可以留下
来，但是她没有受到邀请。她说："我非常受伤，我和一个巴巴
多斯黑人结了婚，却有人在背后指指点点，说我不是一个好白
人，就是因为我和一个黑人结婚了。我很自豪我是刚刚成立的
国家中的一员，很自豪我的孩子在这儿，因为我希望这个世界
变得更美好。但是对于现在发生在我身上的事情，我真的很难
理解。"[19] 还有一些白人，如俄罗斯的人权学者莉莉·戈尔登
（Lily Golden）博士，提到被驱逐时的震惊感时说道，当西方国
家反对非洲黑人独立和非殖民化的时候，她的国家正在帮助黑
人的独立解放运动。[20]

对于赔偿运动的参与者来说，雪邦峰会毫无疑问是历史的倒退。作为联合国反对种族主义和排他主义的特别报道员而参会的杜杜·迪耶内（Doudou Diéne）抱怨说这次会议使"德班会议偏离了正常轨道"。他告诉媒体："一个强大的、有组织的、有预谋的事件削弱了德班会议的最后声明。这个事件确实非常有影响，不仅使得德班会议被遗忘了，而且断绝了任何形式的后续行动。如果我们试图支持削弱德班会议，那最好的办法就是支持这个会议。"[21] 迪耶内似乎并不知道，对于此次会议的很多参加者而言，德班宣言中的赔偿声明是对流散者运动的背叛，是与西方和欧盟联合起来的非洲国家领导人的胜利，是对赔偿议程的巨大破坏。

与德班会议的背景不同，此次会议驱逐非洲流散者，并激起了大家对非洲流散者不信任的情绪，康米西翁号召大家保持冷静并相互理解，当这个动议通过的时候，他不在现场，得知后他认为这个动议令人遗憾，但可以理解。他利用职务之便努力团结尽可能多的群体，也得到了"泛非洲委员会"的支持，他评论道："哪怕至少有一个白人是全力支持泛非洲运动和黑人问题的，我就为他发声。"[22]

毫不奇怪，这个动议的领导群体来自英国，因为英国黑人对于社会各阶层的白人所拥有的优势有着直接而恐怖的体验，他们非常气愤英国在德班会议上反对赔偿。由于几十年来制度性的种族主义的伤害，黑人对整个英国官方根本不信任。巴巴多斯是合适的通风口，因为英国在这儿建立了第一个加勒比地区奴隶社会。

巴巴多斯政府很快就开始抵制这些运动，谴责所有形式的种族主义，按照后殖民主义时代的管理思想，继续支持赔偿运动和维护黑人权利的全面议程。总检察长米娅·莫特利（Mia Mottley）在做文化部长时曾负责召集巴巴多斯代表团参加德班会议，她发表了一个声明："我们被迫作出绝对清晰的声明，政府不支持任何形式的种族隔离和任何伪装的种族主义。我们明确反对任何企图以种族和民族问题分裂社会的决定。我们民族与这非正义做斗争的时间已经太长了。"[23] 最后巴巴多斯政府安排"白人"代表来继续参加会议。

布莱尔首相对加勒比地区国家在德班会议上的要求所作出的回应，是经过高度组织和精心包装的，并以推动公共关系为主旨，表明了英国关注后殖民时代的非洲，却拒绝就奴隶制度向加勒比地区进行道歉。2004 年 5 月 4 日，他宣布其计划已形成一个新的全球共识，来处理"非洲灾难"。他说，在充满了贫穷、武装冲突和艾滋病（HIV/AIDS）的非洲大陆，非洲委员会将是一个强有力的变革者和鼓动者。他在唐宁街午餐会上继续说道，其目的是取得一个全球同意的变革日程。[24]

2004 年 2 月，布莱尔启动了非洲委员会，以履行英国在德班会议上与那些拒绝赔偿要求的非洲国家政府达成的协议。他在发布会上将非洲描述为"世界良心的疤痕"。他许诺将在 2005 年的八国集团首脑会议（G8 峰会）上将非洲问题作为中心议题。[25] 非洲委员会包括非洲政治家和公民社会领导人等在内的 14 位成员，被委托于 2005 年 7 月在 G8 峰会上递交报告。布莱尔领导的英国又一次粉饰了赔偿问题，让非洲委员会的委员来解释惨败的原因。[26]

与此同时，巴巴多斯政府建立的"全国法律和秩序委员会"

222

（National Commission on Law and Order）也开始运行，其研究重点是公共管理相关问题，特别是因奴隶制度和种族隔离的历史遗留而引起的黑人工人阶级的边缘化。

该委员会在2004年8月提交的报告中清楚地指出，政府和社会应该与"在跨大西洋奴隶贸易和奴隶制度中获益的欧洲列强"加强对话，从而"解决赔偿问题"。报告还指出，巴巴多斯黑人在奴隶解放时没有进入一个拥有"公平竞争环境"的新时代，"奴隶主的后代继承了一系列特权，使他们在财产、财富、教育、健康、社会地位、信誉、机会和发展上都具有长期优势"。[27]

报告注意到，20世纪后奴隶时代种族隔离制度的确立，保证了少数白人在经济和社会上的主导地位，奴隶遗留问题被认为是国家、社会和经济冲突的主要原因。委员会号召，"巴巴多斯政府为了国家和人民的利益，应该在赔偿运动上采取一个积极态度"。[28]数月之后，加勒比地区赔偿运动的中心移到了苏里南，代表们在2004年10月6日的会议上就种族问题达成了协议，团结世界的力量，力求从参与奴隶制度且从中获利的公司和国家那里寻求赔偿。

为期6天的全球非洲会议通过了一个章程，号召建立一个委员会来专门处理非洲奴隶后代的赔偿诉讼。《美国应该赔偿吗？奴隶制度和赔偿要求上的激烈辩论》（*Should America Pay? Slavery and the Raging Debate on Reparations*）一书的作者，巴尔的摩摩根州立大学的心理学家雷·温布什（Ray Wimbush）评论道："非洲人从未在这个问题上如此团结过。"200多名代表汇聚在帕拉马里博举办的第二届全球非洲会议上，这次会议也被宣传为 2001 年德班会议的继续。

二百周年纪念

　　随着 2007 年英国废除跨大西洋奴隶贸易 200 周年纪念日的临近，全球赔偿运动也不断高涨，在表彰仪式、公众教育传媒节目和政治领导人的声明方面都有所表现。对于非政府组织来说，赔偿运动的推进更多是通过法律和政治程序。在某些方面，道德十字军追求正义的理想主义信念在德班会议上已经破灭了，赔偿运动需要适应一个充满冲突的严峻政治环境。

　　加勒比地区各国政府在反对赔偿要求的德班会议上集体遭到忽视，在 200 周年纪念活动上所作的公开声明，一些是真诚的，另一些则是为了安抚群情激昂的赔偿运动支持者。大多数国家政府开始启动赔偿运动的国家议程，一些国家政府在正式活动上呼吁进行赔偿，另一些则认真制定了加强赔偿运动的具体方案。总体来说，虽然有强大影响力的"板球世界杯"（Cricket World Cup）占据了 2007 年舆论的中心，但是整个加勒比地区都知晓了赔偿运动。

　　特立尼达和多巴哥政府发布了一个为期 6 个月的 200 周年纪念活动的方案，预算为 360 万特元，计划开展一个有关奴隶制度和奴隶贸易的国家公共教育运动，但是没有对英国提出赔偿要求。巴巴多斯政府更进一步，外交部长比利·米勒夫人（Dame Billie Miller）在巴巴多斯和联合国都作了演讲，以一种建设性的方式将奴隶制度的残暴与加勒比地区现存问题联系起

224

来，并提出了正式赔偿。[29]

2007 年在赫尔（Hull）的威尔伯福斯讲座上，巴巴多斯总理欧文·阿瑟（Owen Arthur）也呼吁展开真诚的赔偿对话。他说，"我深知，至少对于跨大西洋奴隶贸易的受害者及其后代，赔偿问题是一个颇有争议的问题，而实际上不必如此。这不是一个惩罚的问题，而是一个道德的问题。我们需要将平等带到奴隶解放过程中，为种族奴隶制度的犯罪行为画上句号"。[30] 阿瑟说我们所为之奋斗的赔偿事业，并不是乞讨，而更像是基于理解、和解、治愈和社会正义的对话。我们需要通过几个赔偿项目来去除奴隶制度和殖民制度的残余。在教育领域的一个可行办法是设立一个威尔伯福斯教育基金，计划实现以下目标：

1. 通过设立奖学金或者优惠条件来资助教育，加勒比共同体每年有数百名学生到英国大学求学。

2. 在西印度群岛大学各校区及相关商定领域资助几十位讲师。

3. 资助非洲大学与西印度群岛大学之间的师生交流。

4. 资助在西印度群岛大学成立"英国—加勒比多种族主义研究和政策发展联合中心"。[31]

阿瑟说，这样的一个基金"将成为英国—加勒比新项目合作的中心，这超出经济和财务的范围，也超出了安全的范围，从社会发展的角度，在文化多样性与和谐关系上，在不同种族的人们之间发挥了决定性作用"。

225　以上许多建议，巴巴多斯代表团都在德班会议全会上或在与英国的双边谈判中提出过，因此参加赫尔集会的政府代表对于该计划应该不会感到新奇。

2007年3月27日，为了纪念废除跨大西洋奴隶贸易200周年，加勒比地区在中午12点举行了静默仪式，随后进行了一系列活动。圣文森特和格林纳丁斯（St Vincent and the Grenadines）总理拉尔夫·冈萨维斯（Ralph Gonsalves）再次强调，奴隶制度是一种"犯罪活动"，不可能不赔偿。其他人也表示了对加勒比地区赔偿运动的支持，东道主罗斯福·斯凯里特（Roosevelt Skerritt）总统提醒与会者，"我们生活在一个发达国家从发展中国家人民的劳苦中发财致富的世界里"。[32]

牙买加的金斯顿港是仪式的一个重要地点，历史上被奴役的非洲人被运达这里进行买卖。该活动由西印度群岛大学历史学家魏丽娜·谢泼德（Verene Shepherd）组织，最初在2005年时得到P. J. 帕特森（P. J. Patterson）政府的支持，帕特森总理的继任者波蒂亚·辛普森—米勒（Portia Simpson-Miller）也作了主题演讲，并支持提倡赔偿多年的塔法里教代表。

在加勒比地区国家的政府首脑代表中，圭亚那总统巴拉特·贾格迪奥（Bharrat Jagdeo）提出的赔偿要求最为强烈，认为应该提出更多要求，欧洲国家也必须为恐怖的奴隶贸易作出赔偿，同时对英国布莱尔政府只说空话表示遗憾。他在圭亚那的一个纪念仪式上说，"国际社会的一些成员已经认识到了他们在卑鄙的体系中所扮演的角色，他们应该再进一步并支持赔偿要求"。[33]

在对包括英国、欧盟和美国等外交使节的讲话中，贾格迪奥强调，"国际社会很快承认了对犹太人的大屠杀，而且理当如此，他们必须承认针对非洲人也有大屠杀"。[34]贾格迪奥补充说，若没有相关的赔偿行动，欧洲国家政府的"遗憾声明"就是

"毫无意义且陈腐的"。他明确表示，这个仪式不是英国反奴隶贸易的庆祝活动，而是一个纪念活动，纪念那些通过斗争以结束奴隶制度的被奴役的人以及他们的英国政治联盟。[35]

圭亚那文化、青年和体育部长弗兰克·安东尼（Frank Anthony）博士强调了总统的立场，他在国会上作了演讲，"奴隶制度是对人类的罪恶，我们希望这一点能够得到承认"。国会针对这个问题通过了一个动议，强调通过赔偿来赎罪。"我们很难通过报应来寻求正义，因此我们要求赔偿以获得正义。"安东尼强调，我们的政府"已经呼吁从奴隶制度中获利的欧洲国家政府作出赔偿并进行道歉"。[36]

在加勒比地区各国政府意见出现分歧时，英国副首相约翰·普雷斯科特（John Prescott）来到了加勒比地区，他此行的目的是强化布莱尔的"不道歉"策略。布莱尔的长篇大论已经在支持赔偿的圈子里产生了骚乱，让人读起来感到是一种亵渎。普雷斯科特到达了牙买加，而牙买加政府已经宣布建立一个赔偿委员会对赔偿问题进行研究，以便提出建议供国会考虑。

2007 年 5 月 22 日，在西印度群岛大学莫纳分校的一个公开讲座上，普雷斯科特副首相作了一个演讲。普雷斯科特代表英国政府作的声明激怒了牙买加，会场气氛非常紧张。牙买加工党议员迈克·亨利（Mike Henry）在会上暴跳如雷，认为普雷斯科特拒绝代表英国政府对奴隶制度的罪恶作出道歉，"是对加勒比地区被奴役后代情感的不尊重"。[37]

亨利认为普雷斯科特自视比牙买加人高出一等，他不愿意"礼节性地到访正在辩论这个问题的下议院"，这很令人不快。这次大学讲座被媒体描述为"狂风暴雨"。亨利质问普雷斯科特，"你怎么能够只赔付奴隶主，而不愿意赔偿奴隶呢？"[38]

同年夏天晚些时候，这些情绪得到了总理冈萨维斯的支持，他在巴巴多斯举行的非洲联盟成立200周年全球对话上作了演讲，说到了赔偿问题。他将英国跨大西洋奴隶贸易和对非洲人的奴役描述为"自由的人民所遭受的最大的罪恶"。"尽管从奴隶贸易和奴隶制度中收益巨大，但是没有任何个人、企业和国家曾对此进行过赔偿，也未曾给予适当的补偿。"[39]

冈萨维斯告诉听众，"赔偿要求确实很难实现"，他进而督促大家认识到赔偿问题"受到了欧洲国家的坚决对抗"。他说，"欧洲的对抗是由于非洲和加勒比地区流散者第五纵队的傲慢、龌龊以及无知，他们坚称非洲的奴隶贸易是在非洲合谋者的帮助下进行的，这些非洲国家也应当作出赔偿。这种观点很是荒谬"。

在3月召开的联合国200周年特别会议上，加勒比地区国家的政府首脑有机会表达其对赔偿运动的官方支持。圣基茨和尼维斯（St Kitts and Nevis）总理登齐尔·道格拉斯（Denzil Douglas）在2007年3月26日的会议上特别强调，欧洲国家是从奴隶贸易和奴隶制度中致富的，他们必须作出正式道歉并且进行赔偿。"毫无疑问，这些国家的发展是建立在奴隶祖先的汗水、泪水和鲜血之上的，他们能做的唯一正确且高贵的事情就是赔偿。为了他们曾经在法律和经济上支持奴隶制度，为了他们在奴隶贸易和奴隶制度中的所作所为，他们应当在口头上正式道歉，在行动上真诚赎罪。只有赔偿才能实现世界上真正的宽恕和进步。"[40]

这一观点得到了比利·米勒夫人的支持，她是经验丰富的

227

巴巴多斯外交和外贸部长，在 2007 年 10 月 3 日第 62 届联合国大会一般性辩论上发言时，将奴隶贸易描述为"对于人类的最早的犯罪之一"。米勒夫人注意到，欧洲的奴隶主在 19 世纪奴隶解放过程中已经有效地利用了法律工具。对于被奴役者的后代来说，为了寻求"奴隶解放过程中的平等性"，自然可以做类似的事情。[41]

牙买加在 2009 年 5 月 4 日建立了一个赔偿委员会，主席是著名的牙买加社会学者巴里·谢瓦内（Barry Chevannes），委员会于同年 10 月 15 日召开了第一次会议，职权范围是"收集提议，聆听证词，评价研究，与相关社会利益群体进行对话"。委员会的最大支持者是赔偿问题的持续推动力量——塔法里教社区，其将赔偿问题推向了舆论中心，其被限期在 18 个月内提交其审议和提案。委员会在加勒比地区是独一无二的，由牙买加工党（Jamaica Labour Party）成立，但议程早就被人民民族党（Peoples National Party）所确立，其赔偿运动的推动者就是魏丽娜·谢泼德。

当牙买加总理布鲁斯·戈尔丁（Bruce Golding）尚未表明支持赔偿运动时，政府和政党里的支持力量担负起了领导责任。然而总体来说，就如同在加勒比地区其他地方一样，牙买加赔偿运动的核心已深入公民社会组织和社会大多数人的意识中，虽然官方议程已经开始，只是时间早晚问题，但社会和政党在这个问题上依然很谨慎。

对于赔偿问题，大众明显支持建设性的策略，但是直到今天，反对力量仍然有意混淆和分解重要的共识和观点。加勒比地区的塔法里教在提高奴隶制度和殖民主义的犯罪意识方面，依然担负着领导作用。随着时间的推移，面对更广泛的社会群体，特别是年轻人，他们能够有效地宣传其观点。他们是运动的重要支柱，以创意和行为艺术作为交流和辩护的主要工具，取得了很好的效果。

　　加勒比地区国家和公民就这样逐渐达成了一条共识，如果计划更好地在法律和政治的框架下推动这项运动，就必须向英国和其他欧洲国家政府提交一个正式的赔偿要求。目前最好的办法是每个国家建立一个国家赔偿委员会，并在此基础上成立加勒比地区赔偿委员会作为地区性的沟通方式。在建立国家委员会方面起到了重要作用的西印度群岛大学凯夫希尔分校，应泛非洲委员会的请求同意负责召开一个会议，宗旨是建立地区性的赔偿组织以推动赔偿运动。会议的行动计划是，整个加勒比地区共同向英国和其他欧洲国家政府提交一个正式的赔偿要求，以使阿里斯蒂德总统的 2004 年的倡议合法化。

229

　　牙买加工党在 2001 年大选中失利后，波蒂亚·辛普森—米勒成为牙买加总理。作为一个资深的政治家，她有着很强的群众基础，民众都希望她对赔偿运动给予更多的支持。但是辛普森—米勒在 2012 年 3 月 5 日作了一个公开声明，引起了赔偿运动的轩然大波。她说奴隶制度是"邪恶和野蛮的"，但是"我不知道英国是否会作出赔偿，我们已经听到了这个号召，但是我不会向英国政府发出这个号召"。而且她补充说，"如果英国希望道歉，我们当然没有任何问题"。[42] 同时，辛普森—米勒政府开始重建国家赔偿委员会，主席是魏丽娜·谢泼德教授，主任是吉福德勋爵（Lord Gifford）。这样作为英国在加勒比地区最大的非洲奴隶接收市场——牙买加，与非洲奴隶最大的提供市

273

场——尼日利亚和塞内加尔，就开始共同反对赔偿运动了。[43]

在约克勋爵（后来的詹姆斯二世）领导的公司化管理模式下，非洲奴隶贸易在 1672 年达到了巨大规模。历史总是惊人地巧合，辛普森—米勒发表评论时正值威尔士亲王查尔斯的次子哈里王子（Prince Harry）访问牙买加期间。辛普森—米勒评论的影响已超出牙买加和加勒比地区，成为西非支持赔偿运动圈子的谈资。在德班宣言发表后的十年，草根阶层对于赔偿运动的支持和热情被激发了出来，但同时已有的官方立场的分化倾向也不断加深了。[44]

注 释

第一章 赔偿原则与政治

1. See Gert Oostindie, ed. , *Facing Up to the Past: Perspectives on the Commemoration of Slavery from Africa, the Americas, and Europe* (Kingston: Ian Randle, 2001); see also Mari J. Matsuda, "Looking to the Bottom: Critical Legal Studies and Reparations", *Harvard Civil Rights – Civil Liberties Law Review* 22, no. 323 (1987): 362–97.

2. Sandra Jamison, "A Permanent International Criminal Court: A Proposal That Overcomes Past Objections", *Denver Journal of International Law and Policy* 23 (1995): 419. See also Boris I. Bittker, *The Case for Black Reparations* (New York: Random House, 1973); and Roy L. Brooks "Not Even an Apology", in *When Sorry Isn't Enough: The Controversy over Apologies and Reparations for Human Injustice*, ed. Roy L. Brooks (New York: New York University Press, 1999), 309–14.

3. See Clarence J. Munford, *Race and Reparations: A Black Perspective for the Twenty-first Century* (Trenton, NJ: Africa World Press, 1996). See also Jared Taylor, *Paved with Good Intentions: The Failure of Race Relations in Contemporary America*

(New York: Carroll and Graf, 1992); Robert S. Lecky and H. Elliott Wright, eds. , *The Black Manifesto: Religion, Racism and Reparations* (New York: Sheed and Ward, 1969); and Manning Marable, *Speaking Truth to Power: Essays on Race, Resistance, and Radicalism* (Boulder: Westview Press, 1996).

4. See Anthony Gifford, *The Passionate Advocate* (Kingston: Arawak, 2007), 243–44. See also Manning Marable, *How Capitalism Underdeveloped Black America* (Washington, DC: Howard University Press, 1981); and Walter Rodney, *How Europe Underdeveloped Africa* (London: Bogle L'Ouverture, 1972).

5. See Michael T. Martin and Marilyn Yaquinto, eds. , *Redress for Historical Injustices in the United States: On Reparations for Slavery, Jim Crow, and Their Legacies* (Durham, NC: Duke University Press, 2007).

6. See Matsuda, "Looking to the Bottom".

7. See Gifford, *Passionate Advocate*, 243–44.

8. Ibid.

9. See Richard F. America, "Repara-

275

tions and Public Policy", *Review of Black Political Economy* 26, no. 3 （1999）: 77 - 83; Amiri Baraka, *The Essence of Reparations* (Philipsburg, St Martin: House of Nehesi, 2003); Watson Branch, "Reparations for Slavery: A Dream Deferred", *San Diego International Law Journal* 3 （2002）: 177 - 206; Roy L. Brooks, *Atonement and Forgiveness: A New Model for Black Reparations* (Berkeley: University of California Press, 2004).

10. See Neal Boudette, "Seeking Reparations: A Holocaust Claim Cuts to the Heart of the New Germany", *Wall Street Journal*, 29 March 2004, A1.

11. J. Angelo Corlett, *Race, Racism, and Reparations* (Ithaca: Cornell University Press, 2003); William Darity Jr and Dania Frank, "The Economics of Reparations", *American Economic Review* 93, no. 2 （2003）: 326-29.

12. See Henry Louis Gates Jr, "The Future of Slavery's Past", *New York Times*, 29 July 2001; Jeffrey Ghannam, "Repairing the Past: Demands Are Growing for Reparations for the Descendants of African Slaves in America", *American Bar Association Journal* 86 (November 2000): 39-43.

13. See Hilary Beckles, "The Concept of 'White Slavery' in the English Caribbean during the Early Seventeenth Century", in *Early Modern Conceptions of Property*, ed. John Brewer and Susan Staves (New York: Routledge, 1995), 572-85.

14. See Robin Blackburn, *The Making of New World Slavery: From the Baroque to the Modern, 1492-1800* (London: Verso, 1997), 255, 263-65.

15. See G. K. Lewis, *Main Currents in*

Caribbean Thought: The Historical Evolution of Caribbean Society in Its Ideological Aspects (London: Heinemann, 1983), 207-8.

第二章 将"野蛮人"斩尽杀绝
——向风群岛的种族主义

1. See Hilary Beckles, "The Genocide Policy in English-Karifuna Relations in the Seventeenth Century", in *Empire and Others: British Encounters with Indigenous People, 1600-1850*, ed. Martin Daunton and Rick Halpern (London: UCL Press, 1999), 280-302; see also Beckles, "Kalinago (Carib) Resistance to European Colonisation of the Caribbean", *Caribbean Quarterly* 21, no. 1 （1987）: 55-77.

2. J. Paul Thomas, "The Caribs of St Vincent: A Study in Imperial Maladministration, 1763-1773", *Journal of Caribbean History* 18, no. 2 （1984）: 60-73.

3. Jalil Sued-Badillo, "Ethnohistorical Research in the Hispanic Caribbean", in *General History of the Caribbean*, vol. 1, *Autochthonous Societies*, ed. Jalil Sued-Badillo (London: UNESCO, 2003), 8-29. See also Michael Craton, *Testing the Chains: Resistance to Slavery in the British West Indies* (Ithaca: Cornell University Press, 1982), 23.

4. William Stapleton to Lords of Trade and Plantations, 6 August 1681, *Calendar of State Papers, Colonial Series （CSPC）*, 1681-1685, no. 304.

5. Bernard Marshall, *Slavery, Law, and Society in the British Windward Islands, 1763-1823* (Kingston: Arawak, 2007), 21.

6. Ibid., 24.

7. Ibid., 22.

8. G. K. Lewis, *Main Currents in Caribbean Thought: The Historical Evolution of Caribbean Society in Its Ideological Aspects* (London: Heinemann, 1983), 104.

9. Ibid. , 105.

10. Ibid.

11. Ibid.

12. Richard S. Dunn, *Sugar and Slaves: The Rise of the Planter Class in the English West Indies, 1624–1713* (New York: Norton, 1973), 7, 15.

13. Carl Ortwin Sauer, *The Early Spanish Main* (Berkeley: University of California Press, 1966), 58, 193.

14. Troy S. Floyd, *The Columbian Dynasty in the Caribbean, 1492–1526* (Albuquerque: University of New Mexico Press, 1973), 97; see also Kenneth R. Andrews, *Trade, Plunder and Settlement: Maritime Enterprises and the Genesis of the British Empire, 1480–1630* (Cambridge: Cambridge University Press, 1984), 282; and Craton, *Testing the Chains*, 22.

15. See Sauer, *Early Spanish Main*, 35; Lewis, *Main Currents*, 64; Dunn, *Sugar and Slaves*, 24; John Eaden, ed. and trans. , *The Memoirs of Père Labat, 1693–1705* (London: Frank Cass, 1970), 75–76.

16. Eaden, *Memoirs*, 83, 98, 104, 109.

17. Dunn, *Sugar and Slaves*, 8; Lewis, *Main Currents*, 104.

18. Lewis, *Main Currents*, 105.

19. Eaden, *Memoirs*, 137.

20. Ibid.

21. Governor Stapleton of the Leewards to the Lords of Trade and Plantations, 22 November 1676, *CSPC* 1676, no. 499.

22. C. Gullick, "Black Caribes Origins and Early Society", in *Transactions of the Seventh International Congress on Pre-Columbian Cultures of the Lesser Antilles* (Montreal: Centre de Recherches Caraïbes, 1978), 283–87; William Young, *An Account of the Black Caribs in the Island of St Vincent's* (London, 1795; repr. , London: Frank Cass, 1971), 5–8; see also Nancy Gonzalez, *Sojourners of the Caribbean: Ethnogenesis and Ethnohistory of the Garifunas* (Urbana: University of Illinois Press, 1988).

23. "The State of the Case concerning our Title to St Lucia", n. d. 1664, *CSPC* 1661–68, no. 887; Rev. C. Jesse, "Barbadians Buy St Lucia from Caribs", *Journal of the Barbados Museum and Historical Society* 32 (1968): 180–82.

24. Governor Sir Thomas Modyford to the Duke of Albemarle, 16 March 1668, *CSPC* 1661–68, no. 1714.

25. Petition of Major John Scott to the King, n. d. 1667, *CSPC* 1661–68, no. 1525; Governor Lord William Willoughby to the King, 11 February 1668, *CSPC* 1661–68, no. 547; Henry Willoughby to William Willoughby, 15 June 1667, *CSPC* 1661–68, no. 1498; Craton, *Testing the Chains*, 22–23; Governor William Lord Willoughby to the King, 9 July 1668, *CSPC* 1661–68, no. 1788.

26. Copy of a Treaty between William Lord Willoughby and several of the chief captains of Caribs, 23 March 1668, *CSPC* 1661–68, no. 1717.

27. Lord Willoughby to the King, 13 March 1668, *CSPC* 1661–68, no. 1714.

28. Governor Sir Thomas Modyford to the Duke of Albemarle, 16 March 1668, *CSPC* 1661–68, no. 1714.

29. Governor Stapleton to the Lords of Trade and Plantations, 27 May 1672, *CSPC* 1669-72, nos. 46, 61.

30. Governor Atkinson to Lord of Trade and Plantations, 4 July 1676, *CSPC* 1676, no. 37; Governor Stapleton to Council of Trade and Plantations, December 1676, *CSPC* 1676, no. 43; Petition of Several Merchants of London on Adventures to the Caribbean Islands to the Lords of Trade and Plantations, 10 January 1676, *CSPC* 1676, no. 36.

31. Governor Stapleton to the Council of Trade and Plantations, 8 February 1675, *CSPC* 1675-76, no. 428; Governor Atkins to Secretary for Colonies, 17 February 1675, *CSPC* 1675-76, no. 439.

32. Petition of Several Merchants of London on Adventures, 10 January 1676, *CSPC* 1676, no. 36.

33. Governor Stapleton to Lords of Trade and Plantations, 16 August 1681, *CSPC* 1681-85, no. 410-11.

34. Governor Stapleton to Lords of Trade and Plantations, 3 January 1682, *CSPC* 1681 - 85, no. 204; Journal of Lords of Trade, 18 October 1681, no. 259.

35. King to Stapleton, February 1682, *CSPC* 1681-85, no. 411; Sir Richard Dutton to Lords of Trade, 3 January 1682, *CSPC* 1681-85, no. 181; Journal of the Assembly of Nevis, 14 June 1682, ibid.

36. Eaden, *Memoirs*, 110-11.

37. Craton, *Testing the Chains*.

38. Ibid.

39. Ibid. , 149

40. Ibid. , 206-7.

第三章　詹姆斯国王的版本
——英属加勒比地区的奴隶贸易

1. John C. Appleby, " War, Politics, and Colonisation, 1558-1625", in *The Origins of Empire*, ed. Nicholas Canny (London: Oxford University Press, 1998), 59.

2. Ibid.

3. Hugh Thomas, *The Slave Trade: The History of the Atlantic Slave Trade, 1440 - 1870* (London: Papermac, 1997), 156.

4. P. E. H. Hair and Robin Law, " The English in West Africa", in Canny, *Origins of Empire*, 246.

5. Thomas, *Slave Trade*, 156-57.

6. Hair and Law, "English", 261-62.

7. Moira Ferguson, *Subject to Others: British Women Writers and Colonial Slavery, 1670- 1834* (New York: Routledge, 1992), 11.

8. For summaries of this literature, see Winthrop D. Jordan, *White over Black: American Attitudes towards the Negro, 1550-1812* (Chapel Hill: University of North Carolina Press, 1968); and David Brion Davis, *Inhuman Bondage: The Rise and Fall of Slavery in the New World* (Oxford: Oxford University Press, 2006).

9. Robin Blackburn, *The Making of New World Slavery: From the Baroque to the Modern, 1492-1800* (London: Verso, 1997), 329.

10. Ibid.

11. Ibid. , 328; see also Hair and Law, "English", 254.

12. Blackburn, *Making of New World Slavery*, 328.

13. Hair and Law, " English", 255; see also *Calendar of State Papers Colonial, America and West Indies 1574-1660*, vol. 1.

14. George Zook, *The Company of Royal Adventurers Trading into Africa* (Lancaster, PA: New Era, 1919), 13, 16, 72.

15. Ibid. , 74.

16. Ibid. , 82.

17. Thomas, *Slave Trade*, 394; Hair and Law, "English", 257.

18. Hair and Law, "English", 259.

19. Christopher L. Brown, "The British Government and the Slave Trade: Early Parliamentary Enquiries, 1713 – 83", in *The British Slave Trade: Abolition, Parliament and People*, ed. Stephen Farrell, Melanie Unwin and James Walvin (Edinburgh: Edinburgh University Press, 2007), 26, 27, 28.

20. Ibid. , 29.

21. Ibid. , 30.

22. Martin Daunton and Rick Halpern, eds. , *Empire and Others: British Encounters with Indigenous People, 1600 – 1850* (London: UCL Press, 1999), 12.

23. Brown, "British Government", 30.

24. Ibid. , 30–31.

25. Ibid. , 32.

26. Ibid. , 33.

27. Ibid. , 34.

28. Daunton and Halpern, *Empire and Others*, 12.

29. James Walvin, *Black Ivory: A History of British Slavery* (London: Fontana Press, 1993), 30.

30. See Thomas, *Slave Trade*. See also Hilary Beckles, "The Wilberforce Song: How Enslaved Caribbean Blacks Heard British Abolitionists", in Farrell, Unwin and Walvin, eds. , *British Slave Trade*, 120–21.

31. See Winston McGowan, "African Resistance to the Atlantic Slave Trade in West Africa", *Slavery and Abolition* 11, no. 1 (May 1990): 5–29.

32. See Thomas, *Slave Trade*, 402 – 4; "An Account of the Voyage of the Hannibal, 1693/94", in *Documents Illustrative of the History of the Slave Trade to America*, ed. Elizabeth Donnan (1930; New York: Octagon, 1969), 1: 395–96, 401–3, 407–8.

33. Marcus Rediker, *The Slave Ship: A Human History* (New York: Viking, 2007), 40.

34. Ibid.

35. Ibid.

36. See Thomas, *Slave Trade*, 422; Hilary Beckles and Verene Shepherd, *Saving Souls: The Struggle to End the Transatlantic Slave Trade* (Kingston: Ian Randle, 2007), 12–13.

37. Paul E. Lovejoy, "The Volume of the Atlantic Slave Trade: A Synthesis", *Journal of African History* 23 (1982): 474–501. See also Joseph E. Inikori, *Africans and the Industrial Revolution in England: A Study in International and Economic Development* (Cambridge: Cambridge University Press, 2002); David Eltis, *The Rise of African Slavery in the Americas* (Cambridge: Cambridge University Press, 2000); Philip D. Curtin, *The Atlantic Slave Trade: A Census* (Madison: University of Wisconsin Press, 1969); Beckles, "The Wilberforce Song", 114–15.

38. Herbert S. Klein, *The Middle Passage: Comparative Studies in the Atlantic Slave Trade* (Princeton, NJ: Princeton University Press, 1978).

39. Hilary McD Beckles and Verene A. Shepherd, *Trading Souls: Europe's Transatlantic Trade in Africans* (Kingston: Ian Randle, 2007), 62.

40. Joseph C. Miller, "The Significance of Drought, Disease, and Famine in the Agriculturally Marginal Zones of West-Central Africa", *Journal of African History* 23 (1982): 17-61; Joseph C. Miller, "Capitalism and Slaving: The Financial and Commercial Organisation of the Angolan Slave Trade", *International Journal of African Historical Studies* 17 (1984): 1-52; Joseph C. Miller, *Way of Death: Merchant Capitalism and the Angolan Slave Trade, 1730-1830* (Madison: University of Wisconsin Press, 1988).

41. Patrick Manning, "The Slave Trade in the Bight of Benin, 1640-1890", in *The Uncommon Market: Essays in the Economic History of the Transatlantic Slave Trade*, ed. Henry Gemery and Jan Hogendorn (New York: Academic Press, 1979), 104-40; Patrick Manning, *Slavery and African Life: Occidental, Oriental, and African Slave Trades* (New York and Cambridge: Cambridge University Press, 1990).

42. Walvin, *Black Ivory*.

43. David Richardson, "Profits in the Liverpool Slave Trade: The Accounts of William Davenport, 1757-1784", in *Liverpool, the African Slave Trade and Abolition*, ed. Roger Anstey and P. E. H. Hair; Occasional Series (Bristol: Historical Society of Lancashire and Cheshire, 1976), 2: 69-90.

第四章　非人类
——英国的 "黑财产"

1. Richard S. Dunn, *Sugar and Slaves: The Rise of the Planter Class in the English West Indies, 1624-1713* (New York: Norton, 1973), 71, 227-28, 238-46; Winthrop Jordan, *White over Black: American Attitudes towards the Negro, 1550-1812* (Chapel Hill: University of North Carolina Press, 1968), ch. 1. Dunn noted that "the most tragic thing about Afro-American slavery is that all of the black man's admirable human qualities- his sociability, adaptability, endurance, loving kindness, and domesticated, disciplined culture-earned him nothing but debasement in the New World" (Dunn, *Sugar and Slaves*, 74).

2. See Hilary Beckles, "Social and Political Control in the Slave Society", in *General History of the Caribbean*, vol. 3, *The Slave Societies of the Caribbean*, Franklin W. Knight (London: UNESCO, 1997), 194-221.

3. "Voyage of the Hannibal, 1693-94", in *Documents Illustrative of the History of the Slave Trade to America*, ed. Elizabeth Donnan (New York: Octagon, 1969), 1: 395-96, 401-3, 407-8.

4. See Hugh Thomas, *The Slave Trade: The History of the Atlantic Slave Trade, 1440-1870* (London: Papermac, 1997), 395.

5. Colin A. Palmer, "The Slave Trade, African Slavers and the Demography of the Caribbean to 1750", in Knight, *General History*, 12.

6. Ibid., 13.

7. Robin Blackburn, *The Making of New World Slavery: From the Baroque to the Modern, 1492-1800* (London: Verso, 1997), 259.

8. Ibid., 260.

9. Dunn, *Sugar and Slaves*, 228.

10. *An Account of His Majesty's Island of Barbados and the Government Thereof* (1683), Sloane MS 2441, British Library, London.

See also Hilary Beckles, *Black Rebellion in Barbados: The Struggle against Slavery, 1627-1838* (Bridgetown, Barbados: Antilles, 1987), 23.

11. Richard B. Sheridan, *Sugar and Slavery: An Economic History of the British West Indies, 1623-1775* (Bridgetown, Barbados: Caribbean Universities Press, 1974), 67-69.

12. Acts of Barbados, 1645-1680, CO 30/2; 1682 - 1692, CO 30/5, PRO London.

13. Dunn, *Sugar and Slaves*, 246.

14. Richard Hall, *Acts Passed in the Island of Barbados, 1643 - 1762* (London, 1764), no. 42.

15. Dunn, *Sugar and Slaves*, 240.

16. Ibid.

17. Hall, *Acts Passed*, no. 42.

18. Ibid. , ff. 112-13.

19. Ibid.

20. Ibid.

21. Beckles, "Social and Political Control", 198.

22. *House of Commons Accounts and Papers*, vol. 26, 1789, no. 646a, pt. iii.

23. [John Poyer], "A letter to His Excellency the Right Honourable Francis Lord Seaforth by a Barbadian", 22 June 1801. (Reprinted in *Journal of the Barbados Museum and Historical Society* 8, no. 4 [1941]: 150-65.) See also Beckles, *Black Rebellion*, 82.

24. The Petition of Foyle and Rivers can be found in Thomas Burton, *Diary of Thomas Burton, Esq. , ... from 1656 to 1659* (London: Henry Colburn, 1828), 4: 252-307; also in Leo Stock, ed. , *Proceedings and Debates in the British Parliament Respecting North America* (Washington, DC: Carnegie Institute, 1924-41), 1: 247-73.

25. Burton, *Diary*, 4: 254.

26. Ibid. , 4: 355.

27. Ibid. , 4: 257.

28. Ibid. , 4: 256.

29. Ibid. , 4: 257.

第五章 "宗格号"大屠杀
——去往牙买加的非洲人遭遇谋杀

1. See Elsa V. Goveia, *West Indian Slave Laws of the 18th Century* (St Lawrence, Barbados: Caribbean Universities Press, 1970), 36; also published in *Revisita de Ciencias Sociales* 4, no. 1 (1960): 75-106.

2. Hilary Beckles, "Social and Political Control in the Slave Society", in *General History of the Caribbean*, vol. 3, *The Slave Societies of the Caribbean*, ed. Franklin W. Knight (London: UNESCO, 1997), 214-15.

3. Lowther Plantation Papers, Add. MS 43507, British Library, London.

4. Seymour Dresher, "Public Opinion and Parliament in the Abolition of the British Slave Trade", in *The British Slave Trade: Abolition, Parliament and People*, ed. Stephen Farrell, Melanie Unwin and James Walvin (Edinburgh: Edinburgh University Press, 2007), 43-44.

5. James Walvin, *Black Ivory: A History of British Slavery* (London: Fontana Press, 1993), 15.

6. Ibid.

7. Ibid. , 16.

8. John Weskett, *A Complete Digest of the Laws, Theory and Practice of Insurance* (London, 1781), 525. See also Walvin,

Black Ivory, 17.

9. See " The *Zong*, 1781 ", at http://www.umich.edu/~ece/student_projects/slavery/the_zong.html.

10. Walvin, *Black Ivory*, 17. In his book The Zong: *A Massacre, the Law, and the End of Slavery* (New Haven: Yale University Press, 2011), Walvin discusses the confusion over the numbers but consistently uses 132.

11. Ibid. , 19.

12. Ibid.

13. Ibid.

14. Ibid. , 20; emphasis added.

15. Ibid.

16. Ibid. , 20-21.

第六章　加勒比地区女性奴隶被迫沦为妓女

1. See Hilary Beckles, *Centering Woman: Gender Discourses in Caribbean Slave Society* (Kingston: Ian Randle, 1999), 22-30.

2. Orlando Patterson, *The Sociology of Slavery: An Analysis of the Origins, Development, and Structure of Negro Slave Society in Jamaica* (London: MacGibbon and Kee, 1967), 160; see also B. W. Higman, *Slave Population and Economy in Jamaica, 1807- 1834* (Cambridge: Cambridge University Press, 1976), 42.

3. Richard S. Dunn, *Sugar and Slaves: The Rise of the Planter Class in the English West Indies, 1624-1713* (New York: Norton, 1973), 253.

4. John Oldmixon, *The British Empire in America* (London: Mapp, 1708), 2: 129.

5. Colonel Hilton to Reverend John Snow, 16 August 1816, Codrington MSS, Barbados Accounts, *1721 - 1838*, Lambeth Palace Library, London.

6. F. W. N. Bayley, *Four Years' Residence in the West Indies* (London: William Kidd, 1830), 497.

7. See the letters of Elizabeth Fenwick, in *The Fate of the Fenwicks: Letters to Mary Hays, 1798-1828*, ed. A. F. Wedd (London: Methuen, 1927), 163-207.

8. See Hilary Beckles, *Natural Rebels: A Social History of Enslaved Black Women in Barbados* (London: Zed Books, 1989). Chapter 7 explores the roles of enslaved women as prostitutes and mistresses.

9. Claude Levy, *Emancipation, Sugar and Federalism: Barbados and the West Indies, 1833 - 1876* (Gainesville: University of Florida Press, 1980), 30; see also B. W. Higman, *Slave Populations of the British Caribbean, 1807 - 1834* (Baltimore: Johns Hopkins University Press, 1984), 231.

10. Fenwick, *Fate of the Fenwicks*, 169.

11. Report on the Negroes at Newton Plantation, 1796, Newton Papers, M523/288, ff. 1 - 20, Senate House Library, University of London.

12. Evidence of William Sharpe, in *A Report of a Committee of the Council of Barbados, Appointed to Inquire into the Actual Conditions of the Slaves of this Island* (Bridgetown, Barbados: W. Walker, 1822), 5-6; see also Evidence of Nicholas Brathwaite, British Sessional Papers, House of Commons, 1791 (34) vol. 42, p. 183.

13. See Thomas Cooper, *Facts Illustrative of the Condition of the Negro Slaves in Jamaica* (London: Hatchard, 1824), 42; J. B. Moreton, *Manners and Customs in the West India Islands* (London: W. Richard-

son, 1790), 132.

14. See *A Report of a Committee of the Council of Barbados*, 4–10; see also Edward Long, *The History of Jamaica*, 3 vols. (London, 1774).

15. Testimony of Captain Cook, British Sessional Papers: House of Commons, 1791 (34), vol. 42, p. 202.

16. Ibid.

17. Major Wyvill, "Memoirs of an Old Officer, 1776–1807", MSS Div., Library of Congress, Washington, DC, 386.

18. John Augustine Waller, *A Voyage in the West Indies* (London: Richard Phillips, 1820), 20–21.

19. George Pinckard, *Notes on the West Indies* (London: Longman, 1806), 1: 245–46.

20. J. Sturge and T. Harvey, *The West Indies in 1837* (London: Hamilton and Adams, 1837), 1; Wyvill, "Memoirs", 383.

第七章　罪恶敛财
——建立在奴隶制度基础之上的大不列颠

1. See R. Anstey, "The British Slave Trade, 1761–1807: A Comment", *Journal of African History* 17 (1976): 606–7; Richard N. Bean, *The British Transatlantic Slave Trade, 1650 – 1775* (New York: Ayer, 1975); William Darity Jr, "The Numbers Game and the Profitability of the British Trade in Slaves", *Journal of Economic History* 45 (1985): 693–703.

2. Patrick O'Brien, "European Economic Development: The Contribution of the Periphery", *Economic History Review* 35 (1982): 1–18; Patrick Karl O'Brien and Louis Prados de la Escosura, "The Costs and Benefits for Europeans from Their Empires O-

verseas", *Revista de Historia Economica* 16 (1988): 29–89; Cedric J. Robinson, "Capitalism, Slavery, and Bourgeois Historiography", *History Workshop: A Journal of Socialist and Feminist Historians* 23 (1987): 122–40; Richard B. Sheridan, "The Plantation Revolution and the Industrial Revolution, 1625 – 1775", *Caribbean Studies* 9 (1969): 5–25.

3. Kenneth Morgan, *Slavery, Atlantic Trade and the British Economy, 1660–1800* (Cambridge: Cambridge University Press, 2000), 10.

4. See Richard B. Sheridan, "The Wealth of Jamaica in the Eighteenth Century", *Economic History Review*, n. s., 18, no. 2 (1965): 292–311; Barbara L. Solow, "Caribbean Slavery and British Growth: The Eric Williams Hypothesis", *Journal of Development Economics* 17 (1985): 99 – 115; J. R. Ward, *British West Indian Slavery: The Process of Amelioration, 1750 – 1834* (Oxford: Clarendon Press, 1988).

5. Eric Williams, *Capitalism and Slavery* (Chapel Hill: University of North Carolina Press, 1944), 52; Adam Smith, *The Wealth of Nations*, ed. Edwin Cannan (1776; New York: Modern Library, 1937 ed.), 538; Arthur Young, "An Inquiry into the Situation of the Kingdom on the Conclusion of the Late Treaty", in *Annals of Agriculture and Other Useful Arts* (London, 1784), 1: 13; John J. McCusker and Russell R. Menard, *The Economy of British America, 1607–1789* (Chapel Hill: University of North Carolina Press, 1985), 144–45; Hilary Beckles, "The 'Hub of Empire': The Caribbean and Britain in the Seventeenth Century", in *The Oxford History of the*

British Empire, vol. 1, The Origins of Empire, ed. Nicholas Canny (Oxford: Oxford University Press, 1998), 218-19.

6. K. G. Davies, The North Atlantic World in the Seventeenth Century, vol. 4, Europe and the World in the Age of Expansionism (Minneapolis: University of Minnesota Press, 1974), 60.

7. McCusker and Menard, Economy of British America, 147; Nuala Zehedieh, "Trade, Plunder, and Economic Development in Early English Jamaica", Economic History Review 38 (1986): 205 - 22; Robert M. Bliss, Revolution and Empire: English Politics and the American Colonies in the Seventeenth Century (Manchester: Manchester University Press, 1990), 9.

8. Beckles, "Hub of Empire", 219.

9. Davies, North Atlantic World, 4: 60-61; McCusker and Menard, Economy of British America, 148.

10. John H. Parry, "The English in the New World", in The Westward Enterprise: English Activities in Ireland, the Atlantic and America, 1480-1650, ed. K. R. Andrews, N. P. Canny, P. E. H. Hair and D. B. Quinn (Liverpool: Liverpool University Press, 1978), 2; Jack P. Greene, The Intellectual Construction of America: Exceptionalism and Identity from 1492 to 1800 (Chapel Hill: University of North Carolina Press, 1993), 55; Karen Ordahl Kupperman, Providence Island, 1630-1641: The Other Puritan Colony (Cambridge: Cambridge University Press, 1993), ch. 7-8.

11. Davies, North Atlantic, 72 - 96; Henry A. Gemery, "Emigration from the British Isles to the New World", Research in Economic History 5 (1989): 179-23; Nicholas Canny, "English Emigration into and across the Atlantic during the Seventeenth and Eighteenth Centuries", in Europeans on the Move: Studies on European Migration 1550-1800, ed. Nicholas Canny (Oxford: Oxford University Press, 1994), 39-75.

12. Winthrop Jordan, "Unthinking Decision: Enslavement of Negroes in America", in Shaping Southern Society: The Colonial Experience, ed. T. H. Breen (New York: Oxford University Press, 1976), 100. See also Edmund S. Morgan, "The First American Boom: Virginia, 1618 to 1630", William and Mary Quarterly 28 (1971): 178-79.

13. David Galenson, White Servitude in Colonial America: An Economic Analysis (Cambridge: Cambridge University Press, 1981), 3-19; and Traders, Planters, and Slaves: Market Behavior in Early English America (New York: Cambridge University Press, 1986), 137. See also Abbot Emerson Smith, Colonists in Bondage: White Servitude and Convict Labor in America 1607-1776 (Chapel Hill: University of North Carolina Press, 1947), 5.

14. See Richard S. Dunn, Sugar and Slaves: The Rise of the Planter Class in the English West Indies, 1624-1713 (New York: Norton, 1973), 44-116; William Cronon, Changes in the Land: Indians, Colonists, and the Ecology of New England (New York: Hill and Wang, 1983).

15. Dunn, Sugar and Slaves, 188-223.

16. See E. Lipson, The Economic History of England (London: A. and C. Black, 1943), 3: 184; see also Edgar S. Furniss, The Position of the Laborer in a System of Nationalism (New York: Augustus M. Kelley,

1957）, 15－40; Josiah Child, *A New Discourse on Trade* (London, 1692); Sir Dalby Thomas, *An Historical Account of the Rise and Growth of the West India Colonies* (London, 1690).

17. Child, *A New Discourse*, 121, 163.

18. James A. Rawley, *The Transatlantic Slave Trade: A History* (New York: Norton, 1981), 129.

19. Ibid. , 133.

20. Ibid. , 135.

21. Ibid. , 138.

22. Ibid. , 143.

23. Ibid.

24. Ibid. , 146.

25. Ibid.

26. Ibid. ; see also C. L. R. James, *The Black Jacobins: Toussaint L'Ouverture and the San Domingo Revolution* (New York: Vintage, 1963).

27. Rawley, *Transatlantic Slave Trade*, 147.

28. Ibid.

29. Ibid. , 168.

30. Ibid. , 179.

31. Ibid. , 171.

32. Ibid. , 169.

33. Ibid.

34. Ibid. , 177.

35. Ibid. , 193.

36. Robin Blackburn, *The Making of New World Slavery: From the Baroque to the Modern, 1492-1800* (London: Verso, 1997), 514.

37. Ibid. , 517.

38. Ibid.

39. David Richardson, "The Slave Trade, Sugar, and British Economic Growth, 1748-1776", in *British Capitalism and Caribbean Slavery: The Legacy of Eric Williams*, ed. Barbara L. Solow and Stanley L. Engerman (Cambridge: Cambridge University Press, 1987), 107.

40. Kenneth Morgan, *Slavery, Atlantic Trade and the British Economy, 1660-1800* (Cambridge: Cambridge University Press, 2000), 33.

41. Blackburn, *Making of New World Slavery*, 511, 516.

42. Ibid. , 517.

43. Ibid. , 519.

44. Ibid. , 522.

45. Ibid. , 533, 535, 536.

46. Ibid. , 542.

47. Ibid. , 543.

48. Ibid. , 376, 378, 385, 395.

49. Ibid. , 403, 404.

50. Ibid. , 423.

51. Ibid. , 421.

52. Ibid. , 422.

53. Ibid.

54. Richardson, "Slave Trade", 105.

55. Ibid. 132.

56. Morgan, *Slavery*, 33.

57. Ibid. , 97, 98.

58. See Barbara L. Solow, "Capitalism and Slavery in the Exceedingly Long Run", in Solow and Engerman, *British Capitalism*, 51-77.

59. Ibid. , 52, 55.

60. Ibid. , 55, 57.

61. Ibid. , 70.

62. Ibid. , 71, 72.

63. Ibid. , 75.

64. Ibid.

第八章 魔鬼利润
——巴巴多斯英国国教会的奴隶

1. See Edward Long, *The History of Jamaica* (London, 1774), 2: 378–79; Bryan Edwards, *The History, Civil and Commercial of the British Colonies of the West Indies* (London: Stockdale, 1793), 2: 92–94; Elsa V. Goveia, *Slave Society in the British Leeward Islands at the End of the Eighteenth Century* (New Haven: Yale University Press, 1965), 290–92.

2. Mary Turner, *Slaves and Missionaries: The Disintegration of Jamaican Slave Society, 1787–1834* (Urbana: University of Illinois Press, 1982).

3. Nicholas Draper, *The Price of Emancipation: Slave-Ownership, Compensation and British Society at the End of Slavery* (Cambridge: Cambridge University Press, 2010), 314–16.

4. Draper, *Price of Emancipation*, 160. See also Frank J. Klingberg, ed., *Codrington Chronicle: An Experiment in Anglican Altruism on a Barbados Plantation, 1710–1834* (Berkeley: University of California Press, 1949); Vincent T. Harlow, *Christopher Codrington, 1668–1710* (London: Oxford University Press, 1928).

5. J. Harry Bennett, *Bondsmen and Bishops: Slavery and Apprenticeship on the Codrington Plantations of Barbados, 1710–1838* (Berkeley: University of California Press, 1958), 1.

6. Ibid., viii.

7. Ibid., 10.

8. Ibid., 27.

9. Ibid., 44.

10. Ibid.

11. Ibid., 22, 44, 45, 46.

12. Ibid., 48.

13. Ibid., 52.

14. Ibid.

15. Ibid., 26, 27, 29, 30.

16. Ibid., 77.

17. Ibid., 77, 78, 80, 81.

18. Ibid., 72.

19. Ibid., 87, 88.

20. Ibid., 89.

21. Ibid., 90.

22. Ibid., 90, 91.

23. Ibid., 94.

24. Ibid., 116.

25. Ibid., 119.

26. Ibid.

第九章 哈伍德伯爵
——通往白金汉宫的奴隶之路

1. See Kathleen Mary Butler, *The Economics of Emancipation: Jamaica and Barbados, 1823–1843* (Chapel Hill: University of North Carolina Press, 1995); Kathleen Mary Butler, " 'Fair and Equitable Consideration': The Distribution of Slave Compensation in Jamaica and Barbados", *Journal of Caribbean History* 22 (1988): 138–62.

2. Richard Pares, *A West-India Fortune* (London: Longman, 1950); Richard Pares, "Merchants and Planters", *Economic History Review*, supp. 4 (1960): 1–13, 26–33; S. G. Checkland, *The Gladstones: A Family Biography, 1764–1851* (Cambridge: Cambridge University Press, 1971); S. G. Checkland, "John Gladstone as Trader and Planter", *Economic History Review*, n. s., 7, no. 2 (1954): 216–29; S. G. Checkland, "Finance for the West Indies, 1780–1815", *Economic History Review*, n. s., 10, no. 3 (1958): 461–69; V. E. Chancellor,

"Slave-Owner and Anti-Slaver: Henry Richard Vassall Fox, 3rd Lord Holland, 1800 – 1840 ", *Slavery and Abolition*1, no. 3 (1980): 263–75.

3. S. D. Smith, *Slavery, Family, and Gentry Capitalism in the British Atlantic: The World of the Lascelles, 1648 – 1834* (Cambridge: Cambridge University Press, 2006); S. D. Smith, "Merchants and Planters Revisited", *Economic History Review*, n. s. , 55, no. 3 (2002): 434–65.

4. Nicholas Draper, *The Price of Emancipation: Slave-Ownership, Compensation and British Society at the End of Slavery* (Cambridge: Cambridge University Press, 2010), 9.

5. See Smith, *Slavery, Family, and Gentry*, 6.

6. Ibid. , 48.

7. Ibid.

8. Ibid. , 86.

9. Ibid. , 87.

10. Ibid. , 138.

11. Ibid. , 186.

12. Ibid.

13. Edwin Lascelles, James Colleton, Edwin Drax, Francis Ford, Reverend John Brathwaite, John Walter, William Holder, James Holder, Philip Gibbes and John Barney, *The Following Instructions are offered for the consideration of Proprietors and Managers of a Plantation in Barbados and for the Treatment of Negroes* (London, 1786).

Reprinted in *Journal of Barbados Museum and Historical Society* 11, no. 1 (1934): 23–31.

14. Ibid.

15. Ibid. , 25.

16. Ibid. , 27.

17. Draper, *Price of Emancipation*, 320.

18. Ibid. , 313.

19. Ibid. , 313–14.

20. Ibid. , 315.

第十章 国会和私人部门的奴隶主

1. Eric Williams, *Capitalism and Slavery* (Chapel Hill: University of North Carolina Press, 1944), 154–78; see also Nicholas Draper, *The Price of Emancipation: Slave-Ownership, Compensation and British Society at the End of Slavery* (Cambridge: Cambridge University Press, 2010), 87, 93; Christopher L. Brown, *Moral Capital: Foundations of British Abolitionism* (Chapel Hill: University of North Carolina Press, 2006); P. J. Cain and A. G. Hopkins, " Gentlemanly Capitalism and British Overseas Expansion, I: The Old Colonial System, 1688 – 1850 ", *Economic History Review*, n. s. , 39, no. 4 (1986): 501 – 25; T. M. Devine, " An 18th Century Business Elite: Glasgow – West India Merchants, 1750–1815", *Scottish Historical Review* 57, no. 1 (1978): 40 – 67; Nicholas Draper, "The City of London and Slavery: Evidence from the First Dock Companies, 1785 – 1800", *Economic History Review* 61, no. 2 (2008): 432–66; Douglas Hamilton, *Scotland, the Caribbean and the Atlantic World, 1750– 1820* (Manchester: Manchester University Press, 2005).

2. Draper, *Price of Emancipation*, 90–91.

3. Ibid. , 156.

4. Ibid. , 157.

5. Ibid.

6. Ibid. , 168.

7. Ibid.

8. Ibid. , 176.

9. Ibid. , 178.

10. Ibid. , 250.

11. Ibid. , 140.

12. Ibid. , 212.

13. Ibid. , 242.

14. Ibid.

15. Williams, *Capitalism and Slavery*, 101.

16. Draper, *Price of Emancipation*, 243.

17. Ibid. , 244.

18. Ibid. , 245.

19. Ibid. , 246. See "Lehman Brothers Admits Profits from Slavery; Makes Insensitive Comments ", *Chicago Sun Times*, 25 November 2003; James Cox, "Corporations Challenged by Reparations Activists ", *USA Today*, 21 February 2002; "Lehman Bros; 1 Brother Owned 7 Slaves in 1860", *USA Today*, 21 February 2002.

20. Draper, *Price of Emancipation*, 246.

21. Ibid. , 248-49.

22. Ibid. , 249.

23. Kenneth Morgan, *Slavery, Atlantic Trade and the British Economy, 1660-1800* (Cambridge: Cambridge University Press, 2000), 77.

24. Ibid.

第十一章　2000 万英镑
——对奴隶主的赔偿

1. See Kathleen Mary Butler, *The Economics of Emancipation: Jamaica and Barbados, 1823-1843* (Chapel Hill: University of North Carolina Press, 1995), 1-5; Thomas Bender, ed. , *The Anti-Slavery Debate: Capitalism and Abolitionism as a Problem of Historical Interpretation* (Berkeley: University of California Press, 1992); Dalton Conley, "Calculating Slavery Reparations: Theory, Numbers, and Implications", in *Politics and the Past: On Repairing Historical Injustices*, ed. John Torpey (Lanham, MD: Rowman and Littlefield, 2003), 117-25; Ben Dalbey, "Slavery and the Question of Reparations", *International Socialist Review* 26 (2002): 74-80.

2. See B. W. Higman, "The West India 'Interest' in Parliament, 1807 - 1833 ", *Historical Studies* 13, no. 49 (1967): 1-19; Peter Marshall, *Bristol and the Abolition of Slavery: The Politics of Emancipation* (Bristol: Bristol Historical Association, 1975); Michael Moohr, "The Economic Impact of Slave Emancipation in British Guiana, 1832-1852", *Economic History Review* 25, no. 4 (1972): 588 - 607; A. C. Pigou, "The Problem of Compensation", *Economic Journal* 35, no. 140 (1925): 568-82.

3. Nicholas Draper, *The Price of Emancipation: Slave-Ownership, Compensation and British Society at the End of Slavery* (Cambridge: Cambridge University Press, 2010), 106-7.

4. Ibid. , 74.

5. Ibid. , 72, 90-93.

6. Ibid. , 79.

7. Ibid. , 81.

8. Ibid. , 82.

9. Ibid. , 85.

10. Ibid. , 87.

11. Ibid. , 89.

12. Butler, *Economics of Emancipation*, 8.

13. Ibid. , 9.

14. Ibid.

15. Ibid. , 35.

16. Ibid. , 19, 21.

17. Ibid. , 23, 24.

18. Ibid. , 27.

19. B. W. Higman, *Slave Populations of the British Caribbean, 1807 – 1834* (Baltimore: Johns Hopkins University Press, 1984), 80.

20. Draper, *Price of Emancipation*, 191– 203.

21. Ibid. , 4.

22. Ibid. , 115.

23. Draper, *Price of Emancipation*, appendix 16.

24. Ibid. , 16.

25. Ibid. , 244.

26. Butler, *Economics of Emancipation*, xvi.

27. Ibid. , 71.

28. Ibid. , 44.

第十二章 赔偿诉讼

1. See foreword by Frederico Mayor, director general of United Nations Educational, Scientific and Cultural Organization (UNESCO) , and introduction by Doudou Diène, director of intercultural projects, UNESCO, in "The Slave Route", http: // unesdoc. unesco. org/images/0011/001144/ 114427eo. pdf. See also Nicholas Canny, ed. , *The Origins of Empire*, vol. 1 of *The Oxford History of the British Empire* (Oxford: Oxford University Press, 1998).

2. See Eric Williams, *Capitalism and Slavery* (Chapel Hill: University of North Carolina Press, 1944) ; Hilary Beckles, "Capitalism and Slavery: The Debate over the Williams Thesis", *Social and Economic Studies* 33 (1984), 171–90.

3. G. K. Lewis, *Main Currents in Caribbean Thought: The Historical Evolution of Caribbean Society in Its Ideological Aspects* (London: Heinemann, 1983) ; Denis M. Benn, "The Theory of Plantation Economy and Society: A Methodological Critique", *Journal of Commonwealth and Comparative Politics* 12 (1974): 249–60.

4. See Hilary Beckles and Verene Shepherd, eds. , *Caribbean Slavery in the Atlantic World* (Kingston: Ian Randle, 2000).

5. See Anthony Gifford, *The Passionate Advocate* (Kingston: Arawak, 2007).

6. See Hilary Beckles, "The Genocide Policy in English–Karifuna Relations in the Seventeenth Century", in *Empire and Others: British Encounters with Indigenous People, 1680 – 1850*, ed. Martin Daunton and Rick Halpern (London: UCL Press, 1999), 280–302.

7. See Hugh Thomas, *The Slave Trade: The History of the Atlantic Slave Trade, 1440– 1870* (London: Papermac, 1997).

8. See Barbara L. Solow and Stanley L. Engerman, eds. , *British Capitalism and Caribbean Slavery: The Legacy of Eric Williams* (New York: Cambridge University Press, 1987).

9. See Gert Oostindie, ed. , *Facing Up to the Past: Perspectives on the Commemoration of Slavery from Africa, the Americas, and Europe* (Kingston: Ian Randle, 2001).

10. Randall Robinson, *The Debt: What America Owes to Blacks* (New York: Dutton, 2000) ; Rhoda E. Howard-Hassmann and Anthony P. Lombardo, "Framing Reparations Claims: Differences between the African and Jewish Social Movements for Reparations", *African Studies Review* 50, no. 1 (2007): 27–48; Ricardo Laremont, "Political versus Legal Strategies for the African

Slavery and Reparations Movement", *African Studies Quarterly* 2, no. 4 (1999): 13-17.

11. Cited in Clarence Munford, *Race and Reparations: A Black Perspective for the Twenty-first Century* (Trenton, NJ: Africa World Press, 1996), 428-29.

12. Ali Mazrui and Alamin Mazrui, *Black Reparations in the Era of Globalization* (Binghamton, NY: Institute of Global Cultural Studies, 2002).

第十三章 "在非洲被贩卖"
——联合国和德班会议的赔偿议题

1. See Hilary Beckles, "Report of the World Conference against Racism, Racial Discrimination, Xenophobia and Related Intolerance, Durban, South Africa, 31 August-8 September, 2001", http://www.un.org/WCAR/aconf189_12.pdf; see also the United Nations Human Rights Commission's report on the World Conference against Racism, Racial Discrimination, Xenophobia and Related Intolerance, http://www.un.org/WCAR/durban.pdf.

2. See "Rice Says US Blacks Should Not Be Paid for Slavery", *Daily Observer*, Monday, 10 September 2001.

3. See Anthony Gifford, *The Passionate Advocate* (Kingston: Arawak, 2007), 243-54; "The Legal Basis for the African Claims of Reparations for the Slave Trade" (typescript, 1993).

4. Gifford, *Passionate Advocate*, 243-44.

5. Ibid., 245.

6. Ibid., 246-51.

7. Ibid., 251.

8. Ibid., 252.

9. Ibid., 252-53.

10. Ibid., 253.

11. Ibid.

12. Ibid.

13. Ibid.

14. *Slave Trade and Reparations: Gorèe Initiative* (pamphlet, Geneva, 2001).

15. Ibid.

16. Abdelbagi G. Jibril, "The Legal Basis for the African Claim of Reparation for the Slave Trade" [amended version of Lord Anthony Gifford's paper of the same title], International Seminar on Reparation (Gorèe Island), 26 June 2001.

17. Ibid., 1.

18. Ibid.

19. Ibid., 2.

20. *Slave Trade and Reparations: Gorèe Initiative*.

21. Ibid.

22. Kofi Annan, plenary presentation to the UN World Conference against Racism, Discrimination, Xenophobia and Related Intolerance, Durban, South Africa, 31 August 2001.

23. Ibid.

24. Government of the United States, official press release, UN World Conference against Racism, Discrimination, Xenophobia and Related Intolerance, 4 May 2001, http://lists.topica.com/lists/TheBlackList/read/message.html?sort=d&mid=900057969.

25. Fidel Castro, plenary presentation, UN World Conference against Racism, Discrimination, Xenophobia and Related Intolerance, Durban, South Africa, 31 August 2001.

26. Ibid.

27. "Slavery Issue: A World Divid-

ed", *Conference News Daily*, 6 September 2001.

28. See also Gifford, *Passionate Advocate*, 264-65.

29. Robert E. Sullivan, *Conference News Daily*, 6 September 2001.

第十四章 英国政策
——不道歉，不赔偿

1. "Thomas Fowell Buxton: The Fight for Abolition", British Broadcasting Corporation (BBC) Norfolk, Abolition of the Slave Trade, http://www.bbc.co.uk/Norfolk, last updated 9 April 2008.

See Nicholas Draper, *The Price of Emancipation: Slave-Ownership, Compensation and British Society at the End of Slavery* (Cambridge: Cambridge University Press, 2010), 106-7; see also R. E. P. Wastell, "The History of Slave Compensation, 1833 to 1845" (MA thesis, London University, 1932), 233-34.

2. Colin Brown, "Blair Admits to 'Deep Sorrow' Over Slavery - But No Apology", *Independent*, 27 November 2006, http://news.bbc.co.uk/2/hi/6185176.stm.

3. Ibid.

4. See Anthony Gifford, "Reparations and the Bicentennial of the Abolition of Slave Trade", posted 3 July 2008, http://ijchr.org.archives/23.

5. Joe Churcher and Ben Padley, "Blair Refuses to Bow to Slave Trade Apology", *Independent*, 26 March 2007, 1-3.

6. See Joe Churcher and Ben Padley, "Blair Refuses".

7. Quotes in respect of Baroness Amos, in Brown, "Blair Admits".

8. "Blair 'Sorrow' over Slave Trade", BBC News, 27 November 2006, http://news.bbc.co.uk/2/hi/6185176.stm.

9. "Blair's Slavery Sorrow Not Enough, Say Activists", *Gleaner*, 28 November 2006, http://www.jamaica-gleaner.com/gleaner/20061128/news/news2.html.

10. "Church Considers Slavery Payments", BBC News, posted 26 March 2007, http://news.bbc.co.uk/2/hi/uk_news/6494243.stm.

11. "Protester Demands an Apology from Queen over Slavery", 28 March 2007, http://www.scotsman.com/news/uk/protester-demands-an-apology-from-queen-over-slavery-1-692628.

12. Royson James, "This Is a Disgrace", 28 March 2007, http://www.thestar.com/article/196773.

13. Ibid.

14. All subsequent quotations in the debate are from the House of Commons Official Report, Parliament 2007, *Hansard*, 20 March 2007, vol. 458, no. 64, http://www.publications.parliament.uk/pa/cm200607/cmhansrd/cm070320/debtext/70320-0007.htm.

15. House of Lords, *Hansard*, 10 May 2007, http://www.publications.parliament.uk/pa/ld200607/ldhansrd/text/70510-0003.htm. Subsequent quotations from the debate are taken from this source.

16. See Anthony Gifford, *The Passionate Advocate* (Kingston: Arawak, 2007), 258.

17. Ibid., 259.

18. Ibid.

第十五章　加勒比地区赔偿运动

1. Vincent Cable, member of Parliament, speaking in Parliament on 20 March 2007. Cited in House of Commons Official Report, Parliamentary Debates, *Hansard*, 20 March 2007, vol. 458, no. 64, 708 – 9, http: //www. publications. parliament. uk/pa/cm200607/cmhansrd/cm070320/debtext/70320-0007. htm. All references cited in this chapter to the House of Commons debate are from this volume.

2. Debates, 738, 770.

3. President Aristide, press briefing, Montego Bay, Twenty-fourth CARICOM Summit, Jamaica, July 2003, *Asia Africa Intelligence Wire*, 5 July 2003, http: //www. access mylibrary. com/coms2/Summary_ 0286-23721073_ ITM; see also "Crisis Linked to Reparations", *Sunday Sun*, 7 March 2004, 12A.

4. See Jacqueline Charles, " Aristide Pushes for Restitution from France ", http: //www. latinamericanstudies. org/haiti/haiti-restitution. htm.

5. Paul Farmer, "Who Removed Aristide?", *London Review of Books* 26, no. 8 (15 April 2004): 28 – 29.

6. Charles, "Aristide Pushes for Restitution".

7. Peter Hallward, to the editor, *London Review of Books* 26, no. 9 (6 May 2004), http: //www. lrb. co. uk/v26/n08/paul-farmer/who-removed-aristide.

8. Anthony Fenton, letter to the editor, *London Review of Books* 26, no. 11 (3 June 2004), http: //www. lrb. co. uk/v26/n08/paul-farmer/who-removed-aristide.

9. "Mitchell: Haiti Needs International Intervention", *Sunday Sun*, 7 March 2004;

"Caricom Calls for UN Probe", *Sunday Sun*, 7 March 2004.

10. Ibid.

11. Sourcewatch, " Haiti's Thirty-third Coup?", http: //Sourcewatch. org/index. php? title = International_ Politics_ and_ Haiti in_ 2004, 2.

12. Ibid.; see also "International Politics in Haiti in 2004 ", http: //www. sourcewatch. org/index. php? title = International_ Politics_ and_ Haiti_ in_ 2004.

13. Agence France Presse, " Aristide's ' Removal' from Haiti Unconstitutional: African Union", Common Dreams website, 9 March 2004, http: //www. commondreams. org/headlines 04/0309-06. htm.

14. Dione Miller, " Aristide's Call for Reparations from France Unlikely to Die", Inter Press Service, 12 March 2004, http: //ipsnews. net/news. asp? idnews = 22828.

15. Sourcewatch, " Haiti's Thirty-third Coup".

16. Joseph Guyler Delva, " Haiti Drops ' Ridiculous ' MYM22 Billion Claim (of Money Owed by France)", *Reuters*, 18 April 2004, http: //www. democraticunderground. com/discuss/duboard. php.

17. Charles, "Aristide Pushes for Restitution".

18. "British Delegates: We Were Misled", *Daily Nation*, 3 October 2002.

19. Ibid.

20. Ibid.

21. "Move to Derail Durban Gains", *Daily Nation*, 4 October 2002.

22. "Commissiong: Issue Should Not Have Arisen ", *Daily Nation*, 3 October 2002; "Commissiong Not Involved in Passing Resolution", *Advocate News*, 3 October

2002.

23. "Mottley Knocks 'Banning' Resolution", *Daily Nation*, 4 October 2002; see also "Whites Not to Be Left Out: Mottley Knocks 'Banning' Resolution", *Barbados Advocate*, 4 October 2002.

24. See Commission for Africa, http://www.commissionforafrica.info.

25. http://www.news.bbc.co.uk/2/hi/Africa/1575428.stm.

26. "Commission for Africa Holds 1st Meeting", *Advocate News*, 5 May 2004.

27. "Focus on Reparations", *Advocate News*, 18 August 2004.

28. Ibid.

29. "Statement by the Hon. Dame Billie A. Miller, M. P; Senior Minister and Minister of Foreign Affairs and Foreign Trade of Barbados to the General Debate of the 62nd Session of the UN General Assembly, Oct. 3, 2007", http://www.un.org/webcast/ga/62/2007/pdfs/barbados.

30. "Arthur: Give Back to Slave Children", *Daily Nation*, 27 March 2007.

31. Ibid.

32. "Caribbean Marks 200th Anniversary of End of Britain's Transatlantic Slave Trade", *Advocate News*, 27 March 2007.

33. "Guyana Calls for Reparations", BBCCaribbean.com, 27 March 2007, http://www.bbc.co.uk/caribbean/news/story/2007/03/070327_jagdeore parations.shtml.

34. Ibid.

35. Ibid.

36. "Guyana's Government Calls for Reparatory Justice for African Slavery", *Advocate News*, 8 February 2007.

37. "MP Walks Out on Blair's no. 2", *Sun on Saturday*, 26 May 2007.

38. Ibid.

39. "Gonsalves Puts Case for Reparations", *Daily Nation*, 30 August 2007.

40. "Apology for Slavery Not Enough", *Daily Nation*, 27 March 2007.

41. Statement by Dame Billie Miller, United Nations General Assembly, 3 October 2007.

42. Gordon Rayner, "Jamaican PM: It Would Be 'Fine with Us' if Britain Apologised for 'Wicked and Brutal' Slavery", Telegraph, 6 March 2012, http://www.telegraph.co.uk/news/uknews/prince-harry/9125124/Jamaican-PM-it-would-be-fine-with-us-if-Britain-apologised-for-wicked-and-brutal-slavery.html.

43. "Jamaica Will Seek No Reparation from Britain", *Gleaner*, 7 March 2012.

44. "Henry Bashes Simpson Miller for Reparation Comments", *Gleaner*, 8 March 2012.

参考文献

America, Richard F. "Reparations and Public Policy". *Review of Black Political Economy* 26, no. 3 (1999): 77–83.

Andréadès, A. *History of the Bank of England, 1640–1903.* London: P. S. King and Son, 1909.

Andrews, Kenneth R. *Trade, Plunder and Settlement: Maritime Enterprises and the Genesis of the British Empire, 1480–1630.* Cambridge: Cambridge University Press, 1984.

Anstey, Roger. *The Atlantic Slave Trade and British Abolition, 1760–1810.* London: Macmillan, 1975.

——. "The British Slave Trade, 1761–1807: A Comment". *Journal of African History* 17 (1976): 606–7.

Asante, Molefi Kete. *Afrocentricity.* Trenton, NJ: Africa World Press, 1988.

Aufhauser, Keith. "Profitability of Slavery in the British Caribbean". *Journal of Interdisciplinary History* 5, no. 1 (1974): 45–67.

Austen, Ralph A. "The Slave Trade as History and Memory: Confrontations of Slaving Voyage Documents and Communal Traditions". *William and Mary Quarterly* 58 (2001): 229–44.

Azeez, James. *The Compensation Controversy.* History Gazette, no. 12. Georgetown: History Society, University of Guyana, 1989.

Baraka, Amiri. *The Essence of Reparations.* Philipsburg, St Martin: House of Nehesi, 2003.

Barbour, Violet. "Marine Risk and Insurance in the 17th Century". *Journal of Economic and Business History* 1 (1929): 561–96.

Barclay, Alexander. *A Practical View of the Present State of Slavery in the West Indies.* London: Smith, Elder and Co., 1826.

Bayley, F. W. N. *Four Years' Residence in the West Indies.* London: William Kidd, 1830.

Bean, Richard N. *The British Transatlantic Slave Trade, 1650–1775.* New York: Ayer, 1975.

——. "A Note on the Relative Importance of Slaves and Gold in West African Exports". *Journal of African History* 15 (1974): 351–96.

Beckles, Hilary. *Black Rebellion in Barbados: The Struggle against Slavery, 1627–1838.* Bridgetown, Barbados: Antilles, 1987.

——. "Capitalism and Slavery: The Debate over the Williams Thesis". *Social and E-*

conomic Studies 33 (1984): 171–90.

——. *Centering Woman: Gender Discourses in Caribbean Slave Societies*. Kingston: Ian Randle, 1999.

——. "The Concept of 'White Slavery' in the English Caribbean during the Early Seventeenth Century". In *Early Modern Conceptions of Property*, edited by John Brewer and Susan Staves, 572–85. New York: Routledge, 1995.

——. "An Economic Life of Their Own: Slaves as Commodity Producers and Distributors in Barbados". In *The Slaves' Economy: Independent Production by Slaves in the Americas*, edited by Ira Berlin and Philip Morgan, 31–47. London: Frank Cass, 1991.

——. "The Genocide Policy in English – Karifuna Relations in the Seventeenth Century". In *Empire and Others: British Encounters with Indigenous People, 1600–1850*, edited by Martin Daunton and Rick Halpern, 280–302. London: UCL Press, 1999.

——. "The 'Hub of Empire': The Caribbean and Britain in the Seventeenth Century". In *The Oxford History of the British Empire*. vol. 1, *The Origins of Empire: British Overseas Enterprise to the Close of the Seventeenth Century*, edited by Nicholas Canny, 218–40. Oxford: Oxford University Press, 1998.

——. "Kalinago (Carib) Resistance to European Colonisation of the Caribbean". *Caribbean Quarterly* 21, no. 1 (1987): 55–77.

——. *Natural Rebels: A Social History of Enslaved Black Women in Barbados*. London: Zed Books, 1989.

——. "Property Rights in Pleasure: The Marketing of Enslaved Women's Sexuality". In *West Indies Accounts: Essays on the History of the British Caribbean and the Atlantic*, edited by Roderick A. McDonald, 169–87. Kingston: University of the West Indies Press, 1996.

——. "A 'Riotous and Unruly Lot': Irish Indentured Servants and Freemen in the English West Indies, 1644–1713". *William and Mary Quarterly* 47 (1990): 503–22.

——. "Social and Political Control in the Slave Society". In *General History of the Caribbean*. vol. 3, *The Slave Societies of the Caribbean*, edited by Franklin W. Knight, 194–221. London: UNESCO, 1997.

——. "The 200 Years War: Slave Resistance in the British West Indies: An Overview of the Historiography". *Jamaican Historical Review* 14 (1982): 1–10.

——. *White Servitude and Black Slavery in Barbados*. Knoxville: University of Tennessee Press, 1989.

——. "The Wilberforce Song: How Enslaved Caribbean Blacks Heard British Abolitionists". In *The British Slave Trade: Abolition, Parliament and People*, edited by Stephen Farrell, Melanie Unwin and James Walvin, 113–127. Edinburgh: Edinburgh University Press, 2007.

Beckles, Hilary, and Andrew Downes. "The Economic Transition to the Black Labour System in Barbados, 1630–1680". *Journal of Interdisciplinary History* 18 (1987): 225–47.

Beckles, Hilary, and Verene Shepherd, eds.

Caribbean Slavery in the Atlantic World. Kingston: Ian Randle, 2000.

———. Saving Souls: The Struggle to End the Transatlantic Slave Trade. Kingston: Ian Randle, 2007.

———. Trading Souls: Europe's Transatlantic Trade in Africans. Kingston: Ian Randle, 2007.

Bender, Thomas, ed. The Anti-Slavery Debate: Capitalism and Abolitionism as a Problem of Historical Interpretation. Berkeley: University of California Press, 1992.

Benn, Denis M. "The Theory of Plantation Economy and Society: A Methodological Critique". Journal of Commonwealth and Comparative Politics 12 (1974): 249 – 60.

Bennett, J. Harry. Bondsmen and Bishops: Slavery and Apprenticeship on the Codrington Plantations in Barbados, 1710 – 1838. Berkeley: University of California Press, 1958.

Berlin, Ira. "American Slavery in History and Memory and the Search for Social Justice". Journal of American History 90, no. 4 (2004): 1251–68.

Bickell, Rev. R. The West Indies as They Are: or A Real Picture of Slavery. London: Hatchard, 1825.

Billingsley, Andrew. Climbing Jacob's Ladder: The Enduring Legacy of African-American Families. New York: Simon and Schuster, 1992.

Bittker, Boris I. The Case for Black Reparations. New York: Random House, 1973.

Blackburn, Robin. The Making of New World Slavery: From the Baroque to the Modern, 1492 – 1800. London: Verso, 1997.

———. The Overthrow of Colonial Slavery, 1776–1848. London: Verso, 1999.

Blake Hannah, Barbara, et al. Jamaica Reparations document, Jamaica Reparations Committee. Kingston, 2003.

Bliss, Robert M. Revolution and Empire: English Politics and the American Colonies in the Seventeenth Century. Manchester: Manchester University Press, 1990.

Bollard, O. Nigel. The Formation of a Colonial Society: Belize from Conquest to Crown Colony. Baltimore: Johns Hopkins University Press, 1977.

Branch, Watson. "Reparations for Slavery: A Dream Deferred". San Diego International Law Journal 3 (2002): 177–206.

Brathwaite, C. K. "London Bourne of Barbados, 1793–1869". Slavery and Abolition 28, no. 1 (2007): 23–40.

Brathwaite, Edward Kamau. The Development of Creole Society in Jamaica, 1770–1820. Oxford: Clarendon Press, 1971.

———. "The Slave Rebellion in the Great River Valley of St James, 1831/32". Jamaican Historical Review 13 (1982): 11–30.

Brewer, John, and Susan Staves, eds. Early Modern Conceptions of Property. New York: Routledge, 1995.

Brooks, Roy L. Atonement and Forgiveness: A New Model for Black Reparations. Berkeley: University of California Press, 2004.

———, ed. When Sorry Isn't Enough: The Controversy over Apologies and Reparations for Human Injustice. New York: New York University Press, 1999.

Brophy, Alfred L. "Some Conceptual and Legal Problems in Reparations for Slavery". *Annual Survey of American Law* 58 (2003): 497–558.

Brown, Christopher L. "The British Government and the Slave Trade: Early Parliamentary Enquiries, 1713–83". In *The British Slave Trade: Abolition, Parliament and People*, edited by Stephen Farrell, Melanie Unwin and James Walvin, 27–41. Edinburgh: Edinburgh University Press, 2007.

———. *Moral Capital: Foundations of British Abolitionism*. Chapel Hill: University of North Carolina Press, 2006.

Brown, David. *Race, Class, Politics and the Struggle for Empowerment in Barbados, 1914–1937*. Kingston: Ian Randle, 2012.

Brown, Elaine. *A Taste of Power: A Black Woman's Story*. New York: Pantheon, 1992.

Browne, Robert. "The Economic Basis for Reparations to Black America". *Review of Black Political Economy* 21, no. 3 (1993): 99–110.

Burn, W. L. *Emancipation and Apprenticeship in the British West Indies*. London: Jonathan Cape, 1937.

Burnard, Trevor. "European Migration to Jamaica, 1655–1780". *William and Mary Quarterly* 53 (1996): 769–96.

———. "Passengers Only: The Extent and Significance of Absenteeism in Eighteenth-Century Jamaica". *Atlantic Studies* 1, no. 2 (2004): 178–95.

———. "Prodigious Riches: The Wealth of Jamaica Before the American Revolution". *Economic History Review* 54 (2001): 514–16.

———. "Who Bought Slaves in America? Purchasers of Slaves from the Royal African Company in Jamaica, 1674–1709". *Slavery and Abolition* 17 (1996): 68–92.

Burnley, William H. *Opinions on Slavery and Emancipation in 1823*. London: James Ridgway, 1833.

Burton, Thomas. *Diary of Thomas Burton, Esq., . . . from 1656 to 1659*. London: Henry Colburn, 1828.

Bush, Barbara. "White 'Ladies', Coloured 'Favourites', and Black 'Wenches': Some Considerations on Sex, Race, and Class Factors in Social Relations in White Creole Society in the British Caribbean". *Slavery and Abolition* 2 (1981): 245–62.

Butler, Kathleen Mary. *The Economics of Emancipation: Jamaica and Barbados, 1823–1843*. Chapel Hill: University of North Carolina Press, 1995.

———. "Fair and Equitable Consideration: The Distribution of Slave Compensation in Jamaica and Barbados". *Journal of Caribbean History* 22, nos. 1–2 (1988): 138–62.

Cain, P. J., and A. G. Hopkins. "Gentlemanly Capitalism and British Overseas Expansion, I: The Old Colonial System, 1688–1850". *Economic History Review*, n. s., 39, no. 4 (1986): 501–25.

———. "Gentlemanly Capitalism and British Overseas Expansion, II: New Imperialism, 1850–1945". *Economic History Review*, n. s., 40, no. 1 (1987): 1–26.

Cannadine, David. "Aristocratic Indebtedness in the Nineteenth Century: The Case Reopened". *Economic History Review*, n. s., 30, no. 4 (1977): 624–50.

Canny, Nicholas, ed. *The Origins of Em-*

pire: *The Oxford History of the British Empire*. Oxford: Oxford University Press, 1998.

Canny, Nicholas, and Anthony Pagden, eds. *Colonial Identity in the Atlantic World, 1500 – 1800*. Princeton, NJ: Princeton University Press, 1992.

Carmichael, A. C. *Domestic Manners and Social Condition of the White, Coloured, and Negro Population of the West Indies*. 2 vols. London: Whittacker, 1833.

Carrington, Selwyn. "Management of Sugar Estates in the British West Indies at the End of the Eighteenth Century". *Journal of Caribbean History* 33 (1999): 27–53.

——. "The State of the Debate on the Role of Capitalism in the Ending of the Slave System". In *Caribbean Slave Society and Economy: A Student Reader*, edited by Hilary Beckles and Verene Shepherd, 435 – 46. New York: The New Press, 1991.

Carmichael, Stokely, and Charles V. Hamilton. *Black Power: The Politics of Liberation*. New York: Penguin Books, 1967.

Carter, Henderson. *Labour Pains: Resistance and Protest in Barbados, 1838 – 1904*. Kingston: Ian Randle, 2012.

Chancellor, V. E. "Slave-Owner and Anti-Slaver: Henry Richard Vassall Fox, 3rd Lord Holland, 1800–1840". *Slavery and Abolition* 1, no. 3 (1980): 263–75.

Checkland, S. G. "American versus West Indian Traders in Liverpool, 1793–1815". *Journal of Economic History* 18, no. 2 (1958): 141–60.

——. "Finance for the West Indies, 1780–1815". *Economic History Review*, n. s., 10, no. 3 (1958): 461–69.

——. *The Gladstones: A Family Biography, 1764–1851*. Cambridge: Cambridge University Press, 1971.

——. "John Gladstone as Trader and Planter". *Economic History Review*, n. s., 7, no. 2 (1954): 216–29.

Child, Josiah. *A New Discourse on Trade*. London, 1692.

Cohen, William B. *The French Encounter with Africans: White Responses to Blacks, 1530 – 1880*. Bloomington: Indiana University Press, 1980.

Coleridge, Henry. *Six Months in the West Indies in 1825*. London: John Murray, 1832.

Collins, D. R. *Practical Rules for the Management and Medical Treatment of Negro Slaves in the Sugar Colonies*. London: J. Barfield, 1803.

Colthurst, John Bowen. *The Colthurst Journal: Journal of a Special Magistrate in the Islands of Barbados and St Vincent, July, 1835–September, 1838*, edited by Woodville Marshall. Millwood: KTO Press, 1977.

Conley, Dalton. "Calculating Slavery Reparations: Theory, Numbers, and Implications". In *Politics and The Past: On Repairing Historical Injustices*, edited by John Torpey, 117 – 25. Lanham, MD: Rowman and Littlefield, 2003.

Cooper, Thomas. *Facts Illustrative of the Condition of the Negro Slaves in Jamaica*. London: Hatchard, 1824.

Corlett, J. Angelo. *Race, Racism, and Reparations*. Ithaca: Cornell University Press, 2003.

Costo, Rupert, and Jeannette Costo. *Indian Treatises: Two Centuries of Dishonor*. San

Francisco: Indian Historical Press, 1977.

Cracknell, Everill, ed. *The Barbadian Diary of General Robert Haynes, 1787 - 1836.* Medstead, Hampshire: Azania Press, 1934.

Craton, Michael. "Property and Propriety: Land Tenure and Slave Property in the Creation of a British West Indian Plantocracy, 1612 - 1740". In *Early Modern Conceptions of Property*, edited by John Brewer and Susan Staves, 497-529. New York: Routledge, 1995.

——. *Sinews of Empire: A Short History of British Slavery.* New York: Anchor Books, 1974.

——. *Testing the Chains: Resistance to Slavery in the British West Indies.* Ithaca: Cornell University Press, 1982.

Craton, Michael, and James Walvin. *A Jamaican Plantation: A History of Worthy Park, 1670 - 1970.* London: Allen, 1970.

Cress-Welsing, Francis. *The Isis Papers: The Keys to Colors.* Chicago: Third World Press, 1991.

Cronon, William. *Changes in the Land: Indians, Colonists, and the Ecology of New England.* New York: Hill and Wang, 1983.

Curtin, Philip D. *The Atlantic Slave Trade: A Census.* Madison: University of Wisconsin Press, 1969.

——. "The British Sugar Duties and West Indian Prosperity". *Journal of Economic History* 14 (1954): 157-73.

——. *Economic Change in Pre-Colonial Africa: Supplementary Evidence.* Madison: University of Wisconsin Press, 1975.

——. "Epidemiology and the Slave Trade".

Political Science Quarterly 83 (1968): 190-216.

Daget, Serge. "The Abolition of the Slave Trade by France: The Decisive Years, 1826-1831". In *Abolition and Its Aftermath: The Historical Context, 1790 - 1916*, edited by David Richardson. London: Frank Cass, 1985.

——. "France, Repression of the Illegal Slave Trade, and England, 1817 - 1850". In *The Abolition of the Atlantic Slave Trade: Origins and Effects in Europe, Africa, and the Americas*, edited by David Eltis and James Walvin, 193-217. Madison: University of Wisconsin Press, 1982.

Dalbey, Ben. "Slavery and the Question of Reparations". *International Socialist Review* 26 (2002): 74-80.

Darity, William, Jr. "British Industry and the West Indies Plantations". In *The Atlantic Slave Trade: Effects on Economies, Societies, and Peoples in Africa, the Americas, and Europe*, edited by Joseph E. Inikori and Stanley L. Engerman, 247-79. Durham, NC: Duke University Press, 1992.

——. "The Numbers Game and the Profitability of the British Trade in Slaves". *Journal of Economic History* 45 (1985): 693-703.

Darity, William, Jr, and Dania Frank. "The Economics of Reparations". *American Economic Review* 93, no. 2 (2003): 326-29.

Daunton, Martin. "Gentlemanly Capitalism and British Industry, 1820-1914". *Past and Present* 122 (1989): 119-58.

Daunton, Martin, and Rick Halpern, eds.

Empire and Others: British Encounters with Indigenous Peoples, 1600 – 1850. London: University College of London Press, 1999.

Davidoff, Leonore, and Catherine Hall. *Family Fortunes: Men and Women of the English Middle Class, 1780 – 1850.* London: Hutchinson, 1991.

Davidson, Basil. *The African Slave Trade.* Boston: Atlantic, Little and Brown, 1961.

Davies, K. G. "Joint-Stock Investment in the Later Seventeenth Century". *Economic History Review* 4, no. 3 (1952): 283 – 301.

——. *The North Atlantic World in the Seventeenth Century.* vol. 4, *Europe and the World in the Age of Expansionism.* Minneapolis: University of Minnesota Press, 1974.

——. *The Royal African Company.* Atheneum, NY: Holiday House, 1970.

Davis, David Brion. *Inhuman Bondage: The Rise and Fall of Slavery in the New World.* Oxford: Oxford University Press, 2006.

——. *The Problem of Slavery in an Age of Revolution, 1770 – 1823.* Ithaca: Cornell University Press, 1975.

Davis, Ralph. *The Industrial Revolution and British Overseas Trade.* Leicester: Leicester University Press, 1979.

Dean, Warren. *Rio Claro: A Brazilian Plantation System, 1820 – 1920.* Palo Alto, CA: Stanford University Press, 1976.

Delgado, Richard. *The Coming Race War? And Other Apocalyptic Tales of America after Affirmative Action.* New York: New York University Press, 1996.

Devine, Thomas M. "An Eighteenth Century Business Elite: Glasgow-West India Merchants, 1795 – 1800". *Scottish Historical Review* 57, no. 1 (1978): 40 – 67.

Dickson, William. *Mitigation of Slavery.* London: Longman, 1814.

Diop, Cheikh. *The Cultural Unity of Black Africa.* Chicago: Third World Press, 1978.

Donnan, Elizabeth, ed. *Documents Illustrative of the History of the Slave Trade to America.* 4 vols. 1930; repr. New York: Octagon, 1969.

Draper, Nicholas. "The City of London and Slavery: Evidence from the First Dock Companies, 1795 – 1800". *Economic History Review* 61, no. 2 (2008): 432 – 66.

——. " 'Possessing Slaves': Ownership, Compensation, and Metropolitan Society in Britain at the Time of Emancipation, 1834 – 40". *History Workshop: A Journal of Socialist and Feminist Historians* 64 (2007): 74 – 102.

——. *The Price of Emancipation: Slave-Ownership, Compensation and British Society at the End of Slavery.* Cambridge: Cambridge University Press, 2010.

Drescher, Seymour. *Capitalism and Anti-Slavery: British Popular Mobilization in Comparative Perspective.* New York: Oxford University Press, 1987.

——. *Econocide: British Slavery in the Era of Abolition.* Pittsburgh, PA: Pittsburgh University Press, 1977.

——. *The Mighty Experiment: Free Labour versus Slavery in British Emancipation.* Oxford: Oxford University Press, 2002.

——. "Public Opinion and Parliament in the Abolition of the British Slave Trade".

In *The British Slave Trade: Abolition, Parliament and People*, edited by Stephen Farrell, Melanie Unwin and James Walvin, 42–65. Edinburgh: Edinburgh University Press, 2007.

Dresser, Madge. *Slavery Obscured: The Social History of the Slave Trade in an English Provincial Port*. New York: Continuum, 2001.

Du Bois, William E. B. *The World and Africa*. New York: International Publishers, 1965.

Dunn, Richard S. *Sugar and Slaves: The Rise of the Planter Class in the English West Indies, 1624–1713*. New York: Norton, 1973.

Eaden, John, ed. and trans. *The Memoirs of Père Labat, 1693–1705*. London: Frank Cass, 1970.

Edwards, Bryan. *The History, Civil and Commercial, of the British Colonies in the West Indies*. 5 vols. London: Stockdale, 1793–1819.

Elbl, Ivana. "The Volume of the Early Atlantic Slave Trade". *Journal of African History* 38 (1997): 31–75.

Elder, Melinda. *The Slave Trade and the Economic Development of Eighteenth-Century Lancaster*. Halifax: Ryburn, 1992.

Eltis, David. "The British Contribution to the Transatlantic Slave Trade". *Economic History Review* 32 (1979): 211–27.

———. *Economic Growth and the Ending of the Transatlantic Slave Trade*. New York: Oxford University Press, 1987.

———. "Europeans and the Rise and Fall of African Slavery in the Americas". *American Historical Review* 98 (1993): 1399–423.

———. *The Rise of African Slavery in the Americas*. Cambridge: Cambridge University Press, 2000.

———. "The Traffic in Slaves between the British West Indian Colonies, 1807–1833". *Economic History Review* 25 (1972): 55–64.

———. "The Volume and African Origins of the Seventeenth Century English Transatlantic Trade: A Comparative Assessment". *Cahiers d'Etudes d'Africanes* 138 (1995): 617–27.

Eltis, David, Stephen D. Behrendt, David Richardson and Herbert S. Klein, eds. *The Transatlantic Slave Trade: A Database on CD-ROM*. Cambridge: Cambridge University Press, 1999.

Eltis, David, and James Walvin, eds. *The Abolition of the Atlantic Slave Trade: Origins and Effects in Europe, Africa and the Americas*. Madison: University of Wisconsin Press, 1981.

Engerman, Stanley L. "The Atlantic Economy of the Eighteenth Century: Some Speculations on Economic Development in Britain, America, Africa, and Elsewhere". *Journal of European Economic History* 24 (1995): 145–75.

———. "The Realities of Slavery: A Review of Recent Evidence". *International Journal of Comparative Sociology* 20 (1979): 44–66.

———. "Economic Change and Contract Labour in the British Caribbean: The End of Slavery and the Adjustment to Emancipation". *Explorations in Economic History* 21 (1984): 133–50.

———. "Coerced and Free Labour: Property Rights and the Development of the Labour

Force". *Explorations in Entrepreneurial History* 29 (1992): 1–29.

——. "Some Considerations Relating to the Property Rights in Man". *Journal of Economic History* 33 (1973): 43–65.

Engerman, Stanley L., and Eugene D. Genovese, eds. *Race and Slavery in the Western Hemisphere*. Princeton, NJ: Princeton University Press, 1975.

Fackenheim, Emil. *The Jewish Return into History: Reflections in the Age of Auschwitz and a New Jerusalem*. New York: Schocken, 1978.

Farrell, Stephen, Melanie Unwin and James Walvin, eds. *The British Slave Trade: Abolition, Parliament and People*. Edinburgh: Edinburgh University Press, 2007.

Ferguson, Moira. *Subject to Others: British Women Writers and Colonial Slavery, 1670–1834*. New York: Routledge, 1992.

Fick, Carolyn. *The Making of Haiti: The San Dominique Resolution from Below*. Knoxville: University of Tennessee Press, 1990.

Fiskus, Ronald J. *The Constitutional Logic of Affirmative Action*. Durham, NC: Duke University Press, 1992.

Flaherty, Peter, and John Carlisle. *The Case against Slave Reparations*. Falls Church, VA: National Legal and Policy Centre, 2004. http://nlpc.org/sites/default/files/Reparationsbook.pdf.

Floyd, Troy S. *The Columbian Dynasty in the Caribbean, 1492–1526*. Albuquerque, NM: University of New Mexico Press, 1973.

Fogel, Robert William, and Stanley L. Engerman. "Philanthropy at Bargain Prices: Notes on the Economics of Gradual Emancipation". *Journal of Legal History* 3, no. 2 (1974): 377–401.

Fortune, Stephen. *Merchants and Jews: The Struggle for British West Indian Commerce, 1650–1750*. Gainesville: University of Florida Press, 1984.

Foyle, Oxenbridge, and Marcellus Rivers. "England's Slaves or Barbados' Merchandise?" Represented in a Petition to the High and Honourable Court of Parliament, London, 1659. Reproduced in *Gentleman's Magazine* 43, 1773.

Franklin, John Hope. *The Color Line: Legacy for the Twenty-first Century*. Columbia: University of Missouri Press, 1993.

Frederickson, George M. *White Supremacy: A Comparative Study in American and SouthAfrican History*. Oxford: Oxford University Press, 1981.

Friedlander, Henry. *The Origins of Nazi Genocide: From Euthanasia to the Final Solution*. Chapel Hill: University of North Carolina Press, 1995.

Furniss, Edgar S. *The Position of the Laborer in a System of Nationalism*. New York: Augustus M. Kelley, 1957.

Galenson, David. *Traders, Planters and Slaves: Market Behaviour in Early English America*. Cambridge: Cambridge University Press, 1986.

——. *White Servitude in Colonial America: An Economic Analysis*. Cambridge: Cambridge University Press, 1981.

Gaspar, David Barry. *Bondmen and Rebels: A Study of Master-Slave Relations in Antigua*. Baltimore: Johns Hopkins University Press, 1985.

Gates, Henry Louis, Jr. "The Future of

Slavery's Past". *New York Times*, 29 July 2001.

Geggus, David Patrick. *Slavery, War, and Revolution: The British Occupation of Saint Dominique, 1793 - 1798*. Oxford: Clarendon Press, 1982.

Gemery, Henry A., and Jan S. Hogendorn. "The Atlantic Slave Trade: A Tentative Economic Model". *Journal of African History* 15 (1974): 223–46.

Gemery, Henry A., and Jan S. Hogendorn, eds. "Assessing Productivity in Pre-Colonial African Agriculture and Industry, 1500 - 1800". *African Economic History* 19 (1990–91): 31–35.

——. "Comparative Disadvantage: The Case for Sugar Cultivation in West Africa". *Journal of Interdisciplinary History* 9 (1979): 429–49.

——. *The Uncommon Market: Essays in the Economic History of the Transatlantic Slave Trade*. New York: Academic Press, 1979.

Genovese, Eugene D. *From Rebellion to Revolution: Afro-American Slave Revolts in the Making of the Modern World*. Baton Rouge: Louisiana State University Press, 1979.

Ghannam, Jeffrey. "Repairing the Past: Demands Are Growing for Reparations for the Descendants of African Slaves in America". *American Bar Association Journal* 86 (November 2000): 38–43, 70.

Gifford, Anthony. *The Passionate Advocate*. Kingston: Arawak, 2007.

Gilmore, John. "The Rev. William Harte and Attitudes to Slavery in Early Nineteenth Century Barbados". *Journal of Ecclesiastical History* 30 (1979): 461–74.

Gimbel, John. *Science, Technology, and Reparations: Exploitation and Plunder in Postwar Germany*. Palo Alto, CA: Stanford University Press, 1990.

Goldin, Claudia. "The Economics of Emancipation". *Journal of Economic History* 33 (1973): 66–85.

Gomez, Michael. *Exchanging our Country Marks: The Transformation of African Identities in the Colonial and Antebellum South*. Chapel Hill: University of North Carolina Press, 1998.

Goveia, Elsa V. *Slave Society in the British Leeward Islands at the End of the Eighteenth Century*. New Haven: Yale University Press, 1965.

——. *The West Indian Slave Laws of the 18th Century*. St Lawrence, Barbados: Caribbean Universities Press, 1970.

Gragg, Larry. "To Procure Negroes: The English Slave Trade to Barbados, 1627–60". *Slavery and Abolition* 16 (1995): 65–84.

Grant, Bernie. "Reparations or Bust". Speech, 12 November 1993, Birmingham Town Hall, Birmingham. See Bernie Grant Archives, Middlesex University, BG/ARM/16/4/4.

Green, William A. *British Slave Emancipation: The Sugar Colonies and the Great Experiment, 1830 - 1865*. Oxford: Clarendon Press, 1976.

——. "The Planter Class and British West Indian Sugar Production, Before and After Emancipation". *Economic History Review* 26 (1973): 448–63.

——. "Race and Slavery: Considerations of the Williams Thesis". In *British Capital-*

ism and Slavery: The Legacy of Eric Williams, edited by Barbara L. Solow and Stanley L. Engerman. Cambridge: Cambridge University Press, 2004.

Greene, Jack P. The Intellectual Construction of America: Exceptionalism and Identity from 1492 to 1800. Chapel Hill: University of North Carolina Press, 1993.

——. "Society and Economy in the British Caribbean during the Seventeenth and Eighteenth Centuries". American Historical Review 79 (1974): 1499–1517.

Gross, Izhak. "The Abolition of Negro Slavery and British Parliamentary Politics, 1832–3". Historical Journal 23, no. 1 (1980): 63–85.

Gullick, C. "Black Caribs Origins and Early Society". In Transactions of the Seventh International Congress on Pre-Columbian Cultures of the Lesser Antilles, 283–87. Montreal: Centre de Recherches Caraïbes, 1978.

Hall, Catherine. Civilising Subjects: Metropole and Colony in the English Imagination, 1830–1867. Cambridge: Polity Press, 2002.

Hall, Catherine, and Sonya Rose, eds. At Home with the Empire: Metropolitan Culture and the Imperial World. Cambridge: Cambridge University Press, 2006.

Hall, Douglas. "Absentee Proprietorship in the British West Indies to about 1850". Jamaican Historical Review 4 (1964): 15–35.

——. Five of the Leewards, 1834–1870. St Lawrence, Barbados: Caribbean Universities Press, 1971.

——. Free Jamaica, 1838–1865. New Haven: Yale University Press, 1959.

Hall, Richard. Acts Passed in the Island of Barbados, 1643–1762. London, 1764.

Hamilton, Douglas. Scotland, the Caribbean, and the Atlantic World, 1750–1820. Manchester: Manchester University Press, 2005.

Handler, Jerome S. "The Amerindian Slave Population of Barbados in the Seventeenth and Early Eighteenth Centuries". Caribbean Studies 8 (1969): 38–64.

——. The Unappropriated People: Freedmen in the Slave Society of Barbados. Baltimore: Johns Hopkins University Press, 1974.

Handler, Jerome S., and Frederick W. Lange. Plantation Slavery in Barbados: An Archaeological and Historical Investigation. Cambridge, MA: Harvard University Press, 1978.

Harlow, Vincent T. Christopher Codrington, 1668–1710. London: Oxford University Press, 1928.

Hart, Richard. Slaves Who Abolished Slavery. 2 vols. Kingston: Institute of Social and Economic Research, University of the West Indies, 1980–85.

Heuman, Gad J. Between Black and White: Race, Politics and the Free Coloreds in Jamaica, 1792–1865. Westport, CT: Greenwood Press, 1981.

Higman, B. W. "Growth in the Afro-Caribbean Slave Populations". American Journal of Physical Anthropology 50 (1979): 373–86.

——. "The Internal Economy of the Jamaican Pens, 1760–1890". Social and Economic Studies 38 (1989): 61–86.

——. "The Slave Family and Household in the British West Indies, 1800–1824".

Journal of Interdisciplinary History 6 (1975): 261-87.

——. *Slave Population and Economy in Jamaica, 1807 - 1834*. Cambridge: Cambridge University Press, 1976.

——. *Slave Populations of the British Caribbean, 1807 - 1834*. Baltimore: Johns Hopkins University Press, 1984.

——. "The Sugar Revolution". *Economic History Review* 53 (2000): 213-36.

——. "The West India 'Interest' in Parliament, 1807 - 1833". *Historical Studies* 13, no. 49 (1967): 1-19.

Hilberg, Raul. *The Destruction of the European Jews*. New York: Holmes and Meiers, 1985.

Holt, Thomas. *The Problem of Freedom: Race, Labor, and Politics in Jamaica and Britain, 1832 - 1958*. Baltimore: Johns Hopkins University Press, 1992.

Horowitz, David. "Ten Reasons Why Reparations Is a Bad Idea for Blacks—and Racist Too". Front Page Mag. com, 3 January 2001. http: //archive. frontpagemag. com/readArticle. aspx? ARTID = 24317.

——. *Uncivil Wars: The Controversy over Reparations for Slavery*. San Francisco: Encounter Books, 2002.

Howard-Hassmann, Rhoda E., and Anthony P. Lombardo. "Framing Reparations Claims: Differences between the African and Jewish Social Movements for Reparations". *African Studies Review* 50, no. 1 (April 2007): 27-48.

Huggins, Nathan I. *Black Odyssey: The African-American Ordeal in Slavery*. New York: Vintage Books, 1990.

Inikori, Joseph E. *Africans and the Industrial Revolution in England: A Study in International and Economic Development*. Cambridge, Cambridge University Press, 2002.

——. "Export versus Domestic Demand: The Determinants of Sex Ratios in the Transatlantic Slave Trade". *Research in Economic History* 14 (1992): 117-66.

——. "Measuring the Unmeasured Hazards of the Atlantic Slave Trade: Documents Relating to the British Trade". *Revue Francaise d'Histoire d'Outre*83 (1996): 53-92.

——. "Slavery and the Development of Industrial Capitalism in England". In *British Capitalism and Caribbean Slavery: The Legacy of Eric Williams*, edited by Barbara L. Solow and Stanley L. Engerman, 79 - 102. Cambridge: Cambridge University Press, 2004.

Irons, Peter. *Justice at War: The Story of the Japanese Internment Cases*. Oxford: Oxford University Press, 1983.

James, C. L. R. *The Black Jacobins: Toussaint L'Ouverture and the San Domingo Revolution*. New York: Vintage, 1963.

Jamison, Sandra. "A Permanent International Criminal Court: A Proposal That Overcomes Past Objections". *Denver Journal of International Law and Policy* 23 (1995): 419-32.

Jenkinson, Hilary. "The Records of the English African Companies". *Transactions of the Royal Historical Society* 6 (1912): 185-220.

Jennings, Lawrence. "French Perceptions of British Slave Emancipation". *French Colonial Studies* 3 (1979): 72-85.

——. "The French Press and Great Britain's Campaign against the Slave Trade". *Re-*

vue Francaise d'Histoire Outre-mer 67 (1980): 5–24.

Jensen, Richard, and Richard Steckel. "New Evidence on the Causes of Slave and Crew Mortality in the Transatlantic Slave Trade". *Journal of Economic History* 46 (1986): 57–78.

Jeremie, John. *Four Essays on Colonial Slavery*. London: Hatchard and Son, 1831.

Jesse, Rev. C. "Barbadians Buy St Lucia from Caribs". *Journal of the Barbados Museum and Historical Society* 32 (1968): 180–82.

Jordan, Winthrop. "The Influence of the West Indies on the Origins of New England Slavery". *William and Mary Quarterly* 18 (1961): 243–50.

———. *White over Black: American Attitudes toward the Negro, 1550–1812*. Chapel Hill: University of North Carolina Press, 1968.

Karras, Alan L. *Sojourners in the Sun: Scottish Migrants in Jamaica and Chesapeake, 1740–1800*. Ithaca: Cornell University Press, 1992.

Katz, Stephen T. *Post-Holocaust Dialogues: Critical Issues in Modern Jewish Thought*. New York: New York University Press, 1983.

Kea, Ray. "Firearms and Warfare on the Gold and Slave Coasts from the Sixteenth Century to the Nineteenth Century". *Journal of African History* 12 (1971): 185–213.

Kiple, Kenneth. "Deficiency Diseases in the Caribbean". *Journal of Interdisciplinary History* 11 (1980): 197–215.

Klein, Herbert S. *The Middle Passage: Comparative Studies in the Atlantic Slave Trade*. Princeton, NJ: Princeton University Press, 1978.

Klein, Herbert S., and Stanley L. Engerman. "Fertility Differentials between Slaves in the United States and the British West Indies". *William and Mary Quarterly* 35 (1978): 358–73.

Klingberg, Frank J. *The Anti-Slavery Movement in England: A Study in British Humanitarism*. New Haven: Yale University Press, 1926.

———, ed. *Codrington Chronicle: An Experiment in Anglican Altruism on a Barbados Plantation, 1710–1834*. Berkeley: University of California Press, 1949.

Kopytoff, Igor, and Suzanne Miers, eds. *Slavery in Africa: Historical and Anthropological Perspectives*. Madison: University of Wisconsin Press, 1977.

Kovel, Joel. *White Racism: A Psychohistory*. New York: Vintage Books, 1971.

Kupperman, Karen. *Providence Island, 1630–1641: The Other Puritan Colony*. Cambridge: Cambridge University Press, 1993.

Lascelles, Edwin, James Colleton, Edwin Drax, Francis Ford, Reverend John Brathwaite, John Walter, William Holder, James Holder, Phillip Gibbes and John Barney. *The Following Instructions are offered for the consideration of Proprietors and Managers of a Plantation in Barbados and for the Treatment of Negroes* (London, 1786). Reprinted in *Journal of Barbados Museum and Historical Society* 11, no. 1 (1934): 23–31.

Law, Robin. "Ethnicity and the Slave Trade: 'Lucumi' and 'Nago' as Ethonyms in West Africa". *History in Africa* 24 (1997): 205–19.

——. " 'Here Is No Resisting the Country' : The Realities of Power in Afro-European Relations on the West African 'Slave Coast' ". *Itinerario: European Journal of Overseas History* 18 (1994): 50–64.

——. *The Slave Coast of West Africa, 1550–1750*. Oxford: Oxford University Press, 1991.

Lecky, Robert S. , and H. Elliott Wright, eds. *The Black Manifesto: Religion, Racism, and Reparations*. New York: Sheed and Ward, 1969.

Levy, Claude. "Barbados: The Last Years of Slavery, 1823–1833". *Journal of Negro History* 44 (1959): 308–45.

——. *Emancipation, Sugar, and Federalism: Barbados and the West Indies, 1833–1876*. Gainesville: University of Florida Press, 1980.

Lewis, G. K. *Main Currents in Caribbean Thought: The Historical Evolution of Caribbean Society in its Ideological Aspects*. London: Heinemann, 1983.

Lipson, E. *The Economic History of England*. London: A. and C. Black, 1943.

Long, Edward. *The History of Jamaica*. 3 vols. London, 1774.

Lovejoy, Paul E. *Transformations in Slavery: A History of Slavery in Africa*. Cambridge: Cambridge University Press, 1983.

——. "The Volume of the Atlantic Slave Trade: A Synthesis". *Journal of African History* 23 (1982): 474–501.

Mandle, Jay R. *The Plantation Economy: Population and Economic Change in Guy-*

ana, 1838–1960. Philadelphia, PA: Temple University Press, 1973.

Manning, Patrick. *Slavery and African Life: Occidental, Oriental, and African Slave Trades*. Cambridge: Cambridge University Press, 1990.

——. "The Slave Trade in the Bight of Benin, 1640–1890". In *The Uncommon Market: Essays in the Economic History of the Transatlantic Slave Trade*, edited by Henry Gemery and Jan Hogendorn, 107–40. New York: Academic Press, 1979.

Marable, Manning. *How Capitalism Underdeveloped Black America*. Washington, DC: Howard University Press, 1981.

——. *Speaking Truth to Power: Essays on Race, Resistance, and Radicalism*. Boulder: Westview Press, 1996.

Marshall, Bernard. *Slavery, Law, and Society in the British Windward Islands, 1763–1823*. Kingston: Arawak, 2007.

Marshall, Peter. *Bristol and the Abolition of Slavery: The Politics of Emancipation*. Bristol: Bristol Historical Association, 1975.

Martin, Michael T. , and Marilyn Yaquinto, eds. *Redress for Historical Injustices in the United States: On Reparations for Slavery, Jim Crow, and Their Legacies*. Durham, NC: Duke University Press, 2007.

Martin, Robert. *History of the Colonies of the British Empire*. London: Whittaker, 1843.

——. *Statistics of the Colonies of the British Empire*. London: Allen, 1839.

Mathieson, William. *British Slavery and Its Abolition, 1823–1838*. London: Longman, 1926.

Mathurin-Mair, Lucille. " Women Field Workers in Jamaica during Slavery". *El-*

sa *Goveia Lecture*, University of the West Indies, Mona, Jamaica, 1986.

Matsuda, Mari J. "Looking to the Bottom: Critical Legal Studies and Reparations". *Harvard Civil Rights – Civil Liberties Law Review* 22, no. 323 (1987): 362–97.

Mazrui, Ali, and Alamin Mazrui. *Black Reparations in the Era of Globalization*. Binghamton, NY: Institute of Global Cultural Studies, 2002.

McCusker, John J., and Russell R. Menard. *The Economy of British America, 1607 – 1789*. Chapel Hill: University of North Carolina Press, 1985.

McDonald, Roderick A. "Measuring the British Slave Trade to Jamaica, 1789 – 1808: A Comment". *Economic History Review*, n. s., 33, no. 2 (1980): 253–58.

McGowan, Winston. "African Resistance to the Atlantic Slave Trade in West Africa". *Slavery and Abolition* 11, no. 1 (May 1990): 5–29.

Menezes, Mary Noel. *British Policy towards the Amerindians in British Guiana, 1803–1873*. Oxford: Clarendon Press, 1977.

Michie, R. C., ed. *The Development of London as a Financial Centre*. 4 vols. London: I. B. Tauris, 2005.

Midgley, Clare. "Slave Sugar Boycotts, Female Activism and the Domestic Base of British Anti-Slavery Culture". *Slavery and Abolition* 17, no. 3 (1996): 137–62.

Miller, Joseph C. "Capitalism and Slaving: The Financial and Commercial Organisation of the Angolan Slave Trade". *International Journal of African Historical Studies* 17 (1984): 1–52.

——. "The Significance of Drought, Dis-ease, and Famine in the Agriculturally Marginal Zones of West-Central Africa". *Journal of African History* 23 (1982): 17–61.

——. *Way of Death: Merchant Capitalism and the Angolan Slave Trade, 1730 – 1830*. Madison: University of Wisconsin Press, 1988.

Mintz, Sidney W. "Slavery and the Rise of Peasantries". *Historical Reflection* 6 (1979): 213–42.

——. "Was the Plantation Slave a Proletariat?" *Fernand Braudel Center Review* 2 (1978): 81–98.

Mintz, Sidney W., and Richard Price. *An Anthropological Approach to the Afro-American Past: A Caribbean Perspective*. Philadelphia, PA: Institute for the Study of Human Issues, 1976.

Moohr, Michael. "The Economic Impact of Slave Emancipation in British Guiana, 1832 – 1852". *Economic History Review* 25, no. 4 (1972): 588–607.

Moore, Brian L. *Race, Power, and Social Segmentation in Colonial Society; Guyana after Slavery, 1838 – 1891*. New York: Gordon and Breach, 1987.

Moreton, J. B. *Manners and Customs in the West India Islands*. London: W. Richardson, 1790.

Morgan, Edmund S. "The First American Boom: Virginia, 1618 to 1630". *William and Mary Quarterly* 28 (1971): 178–79.

——. "Slavery and Freedom: The American Paradox". *Journal of American History* 59 (1972): 169–98.

Morgan, Kenneth. *Bristol and the Atlantic Trade in the Eighteenth Century*. Cambridge: Cambridge University Press, 1993.

——. *Slavery, Atlantic Trade and the British Economy, 1660 - 1800.* Cambridge: Cambridge University Press, 2000.

Morgan, Philip D. "The Cultural Implications of the Atlantic Slave Trade: African Regional Origins, American Destinations, and New World Developments". *Slavery and Abolition* 18 (1997): 122-45.

——. "Work and Culture: The Task System and the World of Low Country Blacks, 1700-1880". *William and Mary Quarterly* 39 (1982): 563-99.

Morgan, Philip D., and David Eltis. "New Perspectives on the Transatlantic Slave Trade". *William and Mary Quarterly* 58 (2001): 551-96.

Morrissey, Marietta. *Slave Women in the New World: Gender Stratification in the Caribbean.* Lawrence, KS: University Press of Kansas, 1989.

Munford, Clarence J. *The Black Ordeal of Slavery and Slave Trading in the French West Indies, 1625 - 1715.* 3 vols. New York: Edwin Mellen Press, 1991.

——. *Race and Reparations: A Black Perspective for the Twenty-first Century.* Trenton, NJ: Africa World Press, 1996.

Murray, David John. *The West Indies and the Development of Colonial Government, 1801 - 1834.* Oxford: Clarendon Press, 1965.

Newson, Linda A. *Aboriginal and Spanish Colonial Trinidad: A Study in Culture Contact.* London: Academic Press, 1976.

Newton, Nell. "Compensation, Reparations, and Restitution: Indian Property Claims in the United States". *Georgia Law Review* 28 (1994): 453-60.

Nichols, Charles H. *Many Thousand Gone: The Ex-Slaves' Account of Their Bondage and Freedom.* Leiden: E. J. Brill, 1963.

Northrup, David. *Trade without Rulers: Pre-Colonial Economic Development in South-Eastern Nigeria.* Oxford: Oxford University Press, 1978.

O'Brien, Patrick. "European Economic Development: The Contribution of the Periphery". *Economic History Review* 35 (1982): 1-18.

O'Brien, Patrick Karl, and Louis Prados de la Escosura, "The Costs and Benefits for Europeans from Their Empires Overseas". *Revista de Historia Economica* 16 (1988): 29-89.

Oldmixon, John. *The British Empire in America.* 2 vols. London: Mapp, 1708.

Oliver, Melvin, and Thomas Shapiro. *Black Wealth/White Wealth: A New Perspective on Race Equality.* New York: Routledge, 1995.

Oliver, Vere Langford. *The History of the Island of Antigua.* 3 vols. London: Mitchell and Hughes, 1894-99.

Oostindie, Gert, ed. *Facing Up to the Past: Perspectives on the Commemoration of Slavery from Africa, the Americas, and Europe.* Kingston: Ian Randle, 2001.

O'shaughnessy, Andrew Jackson. *An Empire Divided: The American Revolution and the British Caribbean.* Philadelphia: University of Pennsylvania Press, 2000.

——. "The Formation of a Commercial Lobby: The West Indies, British Colonial Policy, and the American Revolution". *Historical Journal* 40 (1997): 71-95.

Owen, N. "Conflict and Ethnic Boundaries:

A Study of Carib-Black Relations". *Social and Economic Studies* 29 (1990): 264-74.

——. "Land, Politics, and Ethnicity in a Carib Indian Community". *Ethnology* 14, no. 4 (1975): 385-393.

Packwood, Cyril. *Chained on the Rock: Slavery in Bermuda*. New York: Elisco Press, 1975.

Palmer, Colin A. *Human Cargoes: The British Slave Trades to Spanish America, 1700 - 1739*. Urbana: University of Illinois Press, 1981.

——. "The Slave Trade, African Slavers and the Demography of the Caribbean to 1750". In *General History of the Caribbean*. vol. 3, *The Slave Societies of the Caribbean*, edited by Franklin W. Knight, 9-44. London: UNESCO, 1997.

Pares, Richard. "The London Sugar Market, 1740-1769". *Economic History Review* 9 (1956): 254-70.

——. "Merchants and Planters". *Economic History Review*, supplement, no. 4 (1960).

——. *A West-India Fortune*. London: Longman, 1950.

Parry, John H. "The English in the New World". In *The Westward Enterprise: English Activities in Ireland, the Atlantic and America, 1480 - 1650*, edited by K. R. Andrews, N. P. Canny, P. E. H. Hair and D. B. Quinn, 1-3. Liverpool: Liverpool University Press, 1978.

Parry, J. H., and P. A. Sherlock. *A Short History of the West Indies*. 3rd ed. London: Longman, 1971.

Patterson, Orlando. *Freedom: Freedom in the Making of Western Culture*. New York: Basic Books, 1991.

——. "On Slavery and Slave Formations". *New Left Review* 117 (1979): 31-69.

——. *Slavery and Social Death: A Comparative Study*. Cambridge: Cambridge University Press, 1982.

——. *The Sociology of Slavery: An Analysis of the Origins, Development, and Structure of Negro Slave Society in Jamaica*. London: MacGibbon and Kee, 1967.

Peabody, Sue. "*There Are No Slaves in France*": *The Political Culture of Race and Slavery in the Ancient Regime*. New York: Oxford University Press, 1996.

Pigou, A. C. "Problems of Compensation". *Economic Journal* 35, no. 140 (1925): 568-82.

Pinckard, George. *Notes on the West Indies*. 3 vols. London: Longman, 1806.

Pitman, Frank. "The Treatment of the British West Indian Slaves in Law and Custom". *Journal of Negro History* 11, no. 4 (1926): 610-28.

Pope, D. "The Wealth and Social Aspirations of Liverpool's Slave Merchants of the Second Half of the Eighteenth Century". In *Liverpool and Transatlantic Slavery*, edited by David Richardson, Anthony Tibbles and Suzanne Schwarz, 164-226. Liverpool: Liverpool University Press, 2007.

Price, Richard, ed. *Maroon Societies: Rebel Slave Communities in the Americas*. New York: Anchor Books, 1973.

Puckerin, Gary. *Little England: Plantation Society and Anglo-Barbadian Politics, 1627- 1700*. New York: New York University Press, 1984.

Ragatz, Lowell. *The Fall of the Planter Class in the British Caribbean, 1763 - 1833*.

1928; reprint, New York: Octagon.

Rathbone, Richard. "Some Thoughts on Resistance to Enslavement in West Africa". *Slavery and Abolition* 6 (1986): 5–22.

Rawley, James A. *The Transatlantic Slave Trade: A History*. New York: Norton, 1981.

Rawls, John. *A Theory of Justice*. Cambridge, MA: Harvard University Press, 1971.

Rediker, Marcus. *The Slave Ship: A Human History*. New York: Viking, 2007.

Report of a Committee of the Council of Barbados, Appointed to Inquire into the Actual Conditions of the Slaves of this Island. Bridgetown: W. Walker, 1822.

Richardson, David. "Profits in the Liverpool Slave Trade: The Accounts of William Davenport, 1757–1784". In *Liverpool, the African Slave Trade, and Abolition*, edited by Roger Anstey and P. E. H. Hair, vol. 2, 69–90. Bristol: Historical Society of Lancashire and Cheshire, Occasional Series, 1976.

——. "Slavery and Bristol's 'Golden Age'". *Slavery and Abolition* 26, no. 1 (2005): 35–54.

——. "The Slave Trade, Sugar, and British Economic Growth, 1748–1776". In *British Capitalism and Caribbean Slavery: The Legacy of Eric Williams*, edited by Barbara L. Solow and Stanley L. Engerman, 103–34. Cambridge: Cambridge University Press, 1987.

Richardson, David, Anthony Tibbles, and Suzanne Schwarz, eds. *Liverpool and Transatlantic Slavery*. Liverpool: Liverpool University Press, 2007.

Roberts, G. W. "A Life Table of a West Indian Slave Population". *Population Studies* 5 (1952): 238–43.

Robertson, Claire, and Martin Klein, eds. *Women and Slavery in Africa*. Madison: University of Wisconsin Press, 1983.

Robinson, Cedric J. "Capitalism, Slavery and Bourgeois Historiography". *History Workshop: A Journal of Socialist and Feminist Historians* 23, no. 1 (1987): 122–140.

Robinson, Randall. *The Debt: What America Owes to Blacks*. New York: Dutton, 2000.

Rodney, Walter. "African Slavery and Other Forms of Social Oppression on the Upper Guinea Coast in the Context of the Atlantic Slave Trade". *Journal of African History* 7 (1966): 131–43.

——. "Gold and Slaves on the Gold Coast". *Transactions of the Historical Society of Ghana* 10 (1969): 13–28.

——. *How Europe Underdeveloped Africa*. London: Bogle L'Ouverture, 1972.

Rubinstein, W. D. "British Millionaires, 1809–1949". *Bulletin of the Institute of Historical Research* 47, no. 116 (1974): 202–23.

——. "The End of 'Old Corruption' in Britain, 1780–1860". *Past and Present* 101 (1983): 55–86.

——. *Men of Property: The Very Wealthy in Britain since the Industrial Revolution*. 2nded. London: The Social Affairs Unit, 2006.

Rupprecht, Anita. "Excessive Memories: Slavery, Insurance and Resistance". *History Workshop: A Journal of Socialist and Feminist Historians* 64, no. 1 (2007): 6–28.

Ryden, David. "Does Decline Make Sense? The West Indian Economy and the Abolition of the British Slave Trade". *Journal of Interdisciplinary History* 31 (2001): 347–74.

Sauer, Carl Ortwin. *The Early Spanish Main*. Berkeley: University of California Press, 1966.

——. " ' One of the Fertilist Pleasantest Spotts ' : An Analysis of the Slave Economy in Jamaica's St. Andrew Parish, 1753". *Slavery and Abolition* 21 (2000): 32–55.

Schama, Simon. *Rough Crossing: Britain, the Slaves, and the American Revolution*. New York: Harper Collins, 2006.

Schomburgk, Robert. *The History of Barbados*. London: Longman, 1848.

Schumpeter, Elizabeth B. *English Overseas Trade Statistics, 1697 – 1808*. Oxford: Clarendon Press, 1960.

Schwartz, Stuart. *Sugar Plantations in the Formation of Brazilian Society*. Cambridge: Cambridge University Press, 1985.

——. *Tropical Babylons: Sugar and the Making of the Atlantic World, 1450 – 1680*. Chapel Hill: University of North Carolina Press, 2004.

Scott, Rebecca. " Comparing Emancipations: A Review Essay". *Journal of Social History* 20 (1987): 565–83.

Searing, James F. *West African Slavery and Atlantic Commerce: The Senegal River Valley, 1700 – 1860*. Cambridge: Cambridge University Press, 1993.

Semmel, Bernard. *The Governor Eyre Controversy*. London: MacGibbon and Kee, 1962.

Shepherd, Verene A. , ed. *Engendering Caribbean History: Cross-Cultural Perspectives*. Kingston: Ian Randle, 2011.

——. " Livestock and Sugar: Aspects of Jamaica's Agricultural Development from the Late Seventeenth to the Early Nineteenth Century". *Historical Journal* 34, no. 3 (1991): 627–43.

——, ed. *Slavery without Sugar: Diversity in Caribbean Economy and Society since the Seventeenth Century*. Gainesville: University of Florida Press, 2002.

Sheridan, Richard B. "The Commercial and Financial Organisation of the British Slave Trade, 1750–1907". *Journal of Economic History* 53, no. 1 (1987): 249–63.

——. "The Plantation Revolution and the Industrial Revolution, 1625 – 1775 ". *Caribbean Studies* 9 (1969): 5–25.

——. "The Rise of a Colonial Gentry: A Case Study of Antigua, 1730–1775". *Economic History Review*, n. s. , 13, no. 3 (1961): 342–57.

——. "Simon Taylor, Sugar Tycoon in Jamaica, 1740–1813". *Agricultural History* 45 (1971): 285–96.

——. "Sir William Young (1749 – 1815): Planter and Politician with Special Reference to Slavery in the British West Indies". *Journal of Caribbean History* 33, no. 1–2 (1999): 1–26.

——. *Sugar and Slavery: An Economic History of the British West Indies, 1623 – 1775*. St Lawrence, Barbados: Caribbean Universities Press, 1974.

——. "The Wealth of Jamaica in the Eighteenth Century". *Economic History Review*, n. s. , 18, no. 2 (1965): 292–311.

——. "The Wealth of Jamaica in the Eighteenth Century: A Rejoinder". *Economic History Review*, n. s. , 21, no. 1 (1968): 46–61.

——. "The West India Sugar Crisis and British Slave Emancipation, 1830–1833". *Journal of Economic History* 21 (1961): 539–51.

Smith, Abbot Emerson. *Colonists in Bondage: White Servitude and Convict Labor in America, 1607–1776*. Chapel Hill: University of North Carolina Press, 1947.

Smith, Adam. *An Inquiry into the Nature and Causes of the Wealth of Nations*, edited by Edwin Cannan. 2 vols. 1776; repr. New York: Modern Library, 1937.

Smith, James. *Slavery in Bermuda*. New York: Vantage Press, 1976.

Smith, S. D. "Merchants and Planters Revisited". *Economic History Review*, n. s. , 55, no. 3 (2002): 434–65.

——. "Gedney Clarke of Salem and Barbados: Transatlantic Super-Merchant". *New England Quarterly* 76 (2003): 499–51.

——. *Slavery, Family, and Gentry Capitalism in the British Atlantic: The World of the Lascelles, 1648–1834*. Cambridge: Cambridge University Press, 2006.

——. "Sugar's Poor Relations: British Coffee Planting in The West Indies, 1720–1833". *Slavery and Abolition* 19 (1998): 68–89.

Solow, Barbara L. "Capitalism and Slavery in the Exceedingly Long Run". In *British Capitalism and Caribbean Slavery: The Legacy of Eric Williams*, edited by Barbara L. Solow and Stanley L. Engerman, 51–77. Cambridge: Cambridge University Press, 1987.

——. "Caribbean Slavery and British Growth: The Eric Williams Hypothesis". *Journal of Developmental Economics* 17 (1985): 99–115.

Solow, Barbara L. , and Stanley L. Engerman, eds. *British Capitalism and Caribbean Slavery: The Legacy of Eric Williams*. Cambridge: Cambridge University Press, 1987.

Stein, Robert. "The Revolution of 1789 and the Abolition of Slavery". *Canadian Journal of History* 17 (1982): 447–67.

Stephen, James. *The Slavery of the British West India Colonies Delineated*. 2 vols. London, 1824–30.

Stinchcombe, Arthur L. *Sugar Island Slavery in the Age of Emancipation: The Political Economy of the Caribbean World*. Princeton, NJ: Princeton University Press, 1995.

Stock, Leo, ed. *Proceedings and Debates in the British Parliament Respecting North America*. vol. 1. Washington, DC: Carnegie Institute, 1924–41.

Sturge, J. , and Harvey T. *The West Indies in 1837*. London: Hamilton and Adams, 1837.

Sued-Badillo, Jalil. "Ethnohistorical Research in the Hispanic Caribbean". In *General History of the Caribbean*. vol. 1, *Autochthonous Societies*, edited by Jalil Sued-Badillo, 8–29. London: UNESCO, 2003.

Tadman, Michael. "The Demographic Cost of Sugar: Debates on Slave Societies and Natural Increases in the Americas". *American Historical Review* 105, no. 1 (2000): 534–75.

Taylor, D. "Our Man in London: John Pollard Mayers, Agent for Barbados and the British Abolition Act 1832–33". *Caribbean Studies* 16 (1977): 60–74.

Taylor, Jared. *Paved with Good Intentions: The Failure of Race Relations in Contemporary America*. New York: Carroll and Graf, 1992.

Temperly, Howard. *British Anti-Slavery, 1830–1870*. Columbia, SC: University of South Carolina Press, 1972.

———. "Capitalism, Slavery, and Ideology". *Past and Present* 75 (1977): 94–118.

Thomas, Sir Dalby. *An Historical Account of the Rise and Growth of the West India Colonies*. London, 1690.

Thomas, Hugh. *The Slave Trade: The History of the Atlantic Slave Trade, 1440–1870*. London: Papermac, 1997.

Thomas, J. Paul. "The Caribs of St Vincent: A Study in Imperial Maladministration, 1763–73". *Journal of Caribbean History* 18, no. 2 (1984): 60–73.

Thomas, Robert Paul. "The Sugar Colonies of the Old Empire: Profit or Loss for Great Britain?" *Economic History Review*, n. s., 21, no. 1 (1968): 30–45.

Thompson, Alvin O. *Confronting Slavery: Breaking through the Corridors of Silence*. Bridgetown: Thompson Business Associates, 2010.

Thornton, A. P. *West India Policy under the Restoration*. Oxford: Clarendon Press, 1956.

Thornton, John. *Africa and Africans in the Making of the Atlantic World, 1400–1800*. Cambridge: Cambridge University Press, 1992.

———. "The Slave Trade in Eighteenth Century Angola: Effects On Demographic Structures". *Canadian Journal of African*

Studies 14 (1980): 417–27.

Thornton, Russell. *American Indian Holocaust and Survival: A Population History since 1992*. Norman, OK: University of Oklahoma Press, 1987.

Topley, John. " 'Making Whole What Has Been Smashed': Reflections on Reparations". *Journal of Modern History* 73 (2001): 331–61.

Turley, David. *The Culture of English Anti-slavery, 1780–1860*. London: Routledge, 1991.

Turner, Mary. *Slaves and Missionaries: The Disintegration of Jamaican Slave Society, 1787–1834*. Urbana, IL: University of Illinois Press, 1982.

Tyrrell, Alex. "A House Divided Against Itself: The British Abolitionists Revisited". *Journal of Caribbean History* 22, no. 1–2 (1988): 42–67.

Van den Boogart, Ernst. "The Trade between West Africa and the Atlantic World, 1600–1690". *Journal of African History* 33 (1992): 369–85.

Waller, John Augustine. *A Voyage in the West Indies*. London: Richard Phillips, 1820.

Walvin, James. *Black Ivory: A History of British Slavery*. London: Fontana Press, 1993.

———. "The Colonial Origins of British Wealth: The Harewoods of Yorkshire". *Journal of Caribbean History* 39, no. 1 (2005): 38–53.

Ward, J. R. *British West Indian Slavery: The Process of Amelioration, 1750–1834*. Oxford: Clarendon Press, 1988.

———. "Emancipation and the Planters". *Journal of Caribbean History* 22, no. 1–2

(1988): 116-37.

——. "The Profitability of Sugar Planting in the British West Indies, 1650 – 1834". *Economic History Review*, n. s. , 31, no. 2 (1978): 197-213.

Wastell, R. E. P. "The History of Slave Compensation, 1833 to 1845". MA thesis, London University, 1932.

Wedd, A. F. , ed. *The Fate of the Fenwicks: Letters to Mary Hays, 1798 – 1828*. London: Methuen, 1927.

Welch, Pedro L. V. "The Lascelles and their Contemporaries: Fraud in Little England, 1700 – 1820". *Journal of the Barbados Museum and Historical Society* 48 (2002): 175-91.

——. *Slave Society in the City: Bridgetown, Barbados, 1680 – 1834*. Kingston: Ian Randle, 2003.

Weskett, John. *A Complete Digest of the Laws, Theory and Practice of Insurance*. London, 1781.

Williams, Eric. "The British West Indian Slave Trade after Its Abolition in 1807". *Journal of Negro History* 27, no. 2 (1942): 17-91.

——. *Capitalism and Slavery*. Chapel Hill: University of North Carolina Press, 1944.

——. *From Columbus to Castro: The History of the Caribbean, 1492 – 1969*. London: Andre Deutsch, 1970.

Wilmot, Swithin, ed. *Freedom: Retrospective and Prospective*. Kingston: Ian Randle, 2009.

Wright, James Martin. *History of the Bahamas Islands, with a Special Study of the Abolition of Slavery in the Colony*. Baltimore: Friedenwald, 1905.

Young, Arthur. "An Inquiry into the Situation of the Kingdom on the Conclusion of the Late Treaty". In *Annals of Agriculture and Other Useful Arts*. London, 1784.

Young, William. *An Account of the Black Caribs in the Island of St Vincent's*. 1795; reprint, London: Frank Cass, 1971.

Zehedieh, Nuala. "Making Mercantilism Work: London Merchants and Atlantic Trade in the Seventeenth Century". *Transactions of the Royal Historical Society* 9 (1999): 152-58.

——. "Trade, Plunder, and Economic Development in Early English Jamaica". *Economic History Review* 38 (1986): 205-22.

Ziegler, Jean. *The Swiss, the Gold, and the Dead: How Swiss Bankers Helped Finance the Nazi War Machine*. Translated by John Brownjohn. New York: Harcourt Brace, 1997.

Zook, George Frederick. *The Company of Royal Adventurers Trading into Africa*. Lancaster, PA: New Era, 1919.

索引

(索引中出现的页码为原书页码，即本书边码)

Britain's Black Debt: Reparations for Caribbean Slavery and Native Genocide, by Hilary McD. Beckles, was originally published by the University of the West Indies Press, with offices located at 7A Gibraltar Hall Road, Kingston 7, Jamaica. Copyright © 2013 by Hilary McD. Beckles. This translated edition is published by arrangement with the University of the West Indies Press. All rights reserved.

本书原版由西印度群岛大学出版社出版，此简体中文版经其授权翻译出版。版权所有，侵权必究。

No part of this book may be reproduced or transmitted in any other language or by any means electronic or mechanical, including photocopying, reprinting or on any information storage or retrieval system or device, without the written permission of the University of the West Indies Press.

未经西印度群岛大学出版社书面许可，不得以任何方式复制或抄袭本书的任何部分。

声　明　1. 版权所有，侵权必究。

　　　　2. 如有缺页、倒装问题，由出版社负责退换。

图书在版编目（CIP）数据

历史中的英国：加勒比地区的奴隶制度与种族主义/（巴巴）希拉里·麦克唐纳·比克尔斯著；宋庆宝译. —北京：中国政法大学出版社，2022.12

书名原文：Britain's Black Debt: Reparations for Caribbean Slavery and Native Genocide

ISBN 978-7-5764-0397-8

Ⅰ.①历…　Ⅱ.①希…　②宋…　Ⅲ.①加勒比海－群岛－奴隶制度－研究　Ⅳ.①D775.09

中国版本图书馆CIP数据核字(2022)第210752号

出　版　者　中国政法大学出版社

地　　　址　北京市海淀区西土城路 25 号

邮寄地址　北京 100088 信箱 8034 分箱　邮编 100088

网　　　址　http://www.cuplpress.com (网络实名：中国政法大学出版社)

电　　　话　010－58908583(编辑部) 58908334(邮购部)

承　　　印　固安华明印业有限公司

开　　　本　880mm×1230mm　1/32

印　　　张　11

字　　　数　238 千字

版　　　次　2022 年 12 月第 1 版

印　　　次　2022 年 12 月第 1 次印刷

定　　　价　59.00 元